発明と技術の百科図鑑

Inventions: A Children's Encyclopedia

DK社 [編著]
柴田譲治 [訳]

原書房

発明と技術の百科図鑑

Inventions: A Children's Encyclopedia

DK

DK社
［編著］

柴田譲治
［訳］

Original Title: Inventions A Children's Encylcopedia
Copyright © 2018 Dorling Kindersley Limited
A Penguin Random House Company

Japanese translation rights arranged with
Dorling Kindersley Limited,London
through Fortuna Co., Ltd. Tokyo.

For sale in Japanese territory only.

発明と技術の百科図鑑

2019年10月29日　初版第1刷発行

編著者
DK社

訳者
柴田 譲治

発行者
成瀬雅人

発行所
株式会社原書房
〒160-0022 東京都新宿区新宿1-25-13
電話・代表03-3354-0685
http://www.harashobo.co.jp
振替・00150-6-151594

ブックデザイン
小沼宏之[Gibbon]

カバー印刷
シナノ印刷株式会社

©Office Suzuki, 2019
ISBN978-4-562-05674-3
Printed and bound in China

A WORLD OF IDEAS: SEE ALL THERE IS TO KNOW
www.dk.com

目次

古代の大発明　6

最古の道具	8
農耕	10
車輪の発明	12
陸を移動する	14
航海	16
帆船	18
アルキメデス	20
工業の始まり	22
初期の機械装置	24
未来を設計する	26
火薬の威力	28
火薬を使う武器	30
印刷革命	32
筆記と印刷	34
張衡(ヂァンホン)	36

現代へ　38

産業と道具	40
いろいろな道具	42
食料生産	44
農業の動力	46
建設	48
アルフレッド・ノーベル	50
工業化	52
電子制御生産ライン	54
エネルギー源	56
再生可能エネルギー	58
ニコラ・テスラ	60
プラスティック	62
人工素材	64
ショッピング	66
貨幣	68
オンラインショッピング	70
事務用品	72
3-Dプリント	74
ロボット	76
支援ロボット	78
ロボットがやってくる	80

移動　82

自転車	84
二輪車	86
スケートボード	88
オートバイ	90
大衆向けの自動車	92
自動車の移り変わり	94

ヘンリー・フォード	96
納車準備完了	98
公共交通機関	100
道路	102
帆の力	104
海をゆく	106
いろいろな船	108
航海術	110
海中へ	112
航空母艦	114
空へ	116
ライト兄弟	118
ジェット機からソーラー・プレーンへ	120
その他の飛行機械	122
ドローン宅配	124
鉄道	126
鉄路を走る	128
空中鉄道	130
スティーヴンソン親子	132

コミュニケーション　134

電信	136
時刻を知る	138
時刻を告げる	140
電話の発明	142
電話機	144
スマートフォン	146
スーパーコンピューター	148
無線	150
ラジオを聴く	152
大陸をつなぐ	154
カメラ	156
いろいろなカメラ	158
映画	160
テレビ	162
大型画面	164
文字で伝える	166
明るい光	168
コンピューター	170
パソコン	172
ワールド・ワイド・ウェブ（WWW）	174
エイダ・ラヴレス	176

生活　178

電球	180
世界を照らす	182
養殖と太陽光発電	184
トマス・エディソン	186
高電圧	188
電池	190
洗濯	192
キッチン用品	194
冷蔵技術	196

素早く手軽に食べる	198
電気掃除機	200
ジェームズ・ダイソン	202
レコード	204
音楽を聴く	206
ゲームで気分転換	208
テレビゲーム	210
水洗トイレ	212
身だしなみ	214
お風呂のひととき	216
衣服	218
ファスナー（留め金具）	220

健康　222

身体の内部を見る	224
マリー・キュリー	226
診察器具	228
麻酔	230
医薬の開発	232
顕微鏡	234
細菌との戦い	236
治療の進歩	238
素晴らしきカビ	240
予防接種	242
ルイ・パスツール	244
歯の健康	246
新しい身体	248

宇宙　250

星を見る	252
望遠鏡	254
アタカマ天文台	256
ガリレオ・ガリレイ	258
衛星	260
地球を監視する	262
衛星通信	264
宇宙ゴミ	266
ロケット	268
ロケット開発競争	270
有人宇宙飛行	272
有人ミッション	274
宇宙ステーション	276
宇宙での生活	278
宇宙開発機関	280
地上の宇宙テクノロジー	282
探査ロボット	284
限界を超えて	286
天才的発明家	288
用語集	292

古代の大発明

古代の大発明

わたしたちの祖先が最初に発明したのは簡単な石器だっただろう。さらに車輪などの大発明があって人間の生活は一変した。

最古の道具

わたしたちの最古の祖先は200万年以上前のアフリカに姿を現した。科学者はこの祖先に「器用な人間」という意味の *Homo habilis*（ホモ・ハビリス）という名をつけた。それは彼らが最古の発明である石器を製作し利用していたと考えられるからだ。そして人間は進化するにつれ、いっそう複雑な道具を工夫し様々な作業を効率的にこなせるようになった。

古代の大発明

燧石製の鏃（紀元前4000年ころ）

石器

先史時代の人々は燧石（フリント）や石英などの丸い石片を別の硬い石で打ち割って道具を作っていた。石を割って用途に適した形状にし、切ったり、こすったり、彫ったりできる様々な道具を作り出した。こうした先史時代の道具で最も有名なのが手斧。穴を掘ったり獲物を倒したり、肉を切り分けたり、木を伐採したりするのに使った。

薄片を割り落とすようにして形を整えた。

150万年前ころの手斧

猟の飛び道具

狩猟には武器が必要だった。最初に発明した武器のひとつが先端に鋭利な石鏃を付けた槍で、40万年以上前に作られた。槍を使えば獲物から遠く離れて攻撃でき、大型で危険な動物に対しては接近して攻撃するより安全だった。6万〜7万年前ころには、最初の弓矢が発明され、槍よりさらに射程が延びた。

シカの角を利用した銛（紀元前6500-4000年ころ）

火をおこす

火は調理や暖房、照明に欠かせなかった。先史時代の人々が火をおこすために「弓ぎり」を発明したのは、おそらく6000年以上前のエジプトの人びとだっただろう。回転によって摩擦熱を生み、その熱で細かい木の粉などに火種を作った。

片手で「火きりぎね」という棒をしっかり支える

弓を前後に動かし「火きりぎね」を回転させる

弦と「火きりぎね」は直角に保つ

「火きりうす」（下に敷いてある板）に対して「火きりぎね」が回転する。

摩擦で生じる熱によって火きりぎねの木粉に火種ができる。

銅製品を製作するエジプト人

ふいごから炉へ空気を送る管

金属製の道具

ヨーロッパやアジア、アフリカの人々は紀元前3500年前ころまでには金属を利用するようになっていた。金属は石よりも圧倒的に優れた材料で、形を作るのが容易で道具にした場合に使いやすく、刃は鋭利な状態に保つことができた。最初に使われた金属は銅と青銅だったが、紀元前1200年からは鉄が使われるようになった。武器や甲冑、農機具、宝飾品、釘さらに調理用の鍋など多くの道具が金属で製作された。

木製の柄に銅製の刃をつけ、革ひもを巻き付けて固定している。

先史時代の銅製の斧

青銅製の刃

青銅器時代の鎌

鉄器時代の鎌

この鎌もおそらく木製の柄に取り付けられていたものだろう。

古代の大発明

WOW! ワーオ！

「オルドワン石器」と呼ばれる最古の石器は260万年前のもの。アフリカのオルドヴァイ峡谷で発見された。

農具▶
ふつう鎌は穀物を収穫するために使い、斧は開墾のため森林を伐採するのに用いた。これら3つの農具はそれぞれ銅、青銅、鉄が使われている。

製錬と合金

金属で道具を作る前にまず「製錬」という作業が必要になる。金属鉱物（金属を含む天然の岩石）を非常に高温の炎で熱し、不要物を除去して金属を取り出す作業だ。金属の抽出の仕方がわかると、人々はさらに進んで、金属を混ぜ合わせればもっと強力な合金という材料が得られることを発見した。最初に発明された合金が銅に錫を加えて作る青銅だった。

鉱石を入れた鍋を下から高温で熱し、銅を分離する

ふいご

9

農耕

古代の大発明

わたしたちの祖先は何千年もの間狩猟・採集生活者だった。陸上を歩き回っては食料となる動物を狩り、野生植物を採集した。しかし1万2000年前ころになると、中東の人々が集まって定住し農耕をはじめた。こうした変化を「農業革命」といい、人々はかつてより確実に食料を得られるようになった。紀元前500年までには世界の大部分の地域で農耕が行われるようになっていた。

作物の改良

古代の農民は同じ種類の野生植物の中から一番大きく食物として優れたものだけを選んで育てれば、すこしずつ作物が改良されていくことを発見した。こうした技術を「栽培化」という。中東の人々は野生のイネ科植物を改良した小麦や大麦を栽培した。いっぽう南北アメリカ大陸ではトウモロコシが最も重要な作物で、紀元前7000年ころに栽培化された。

◀原種と現代の品種
トウモロコシの原種(左)が改良され現在のトウモロコシ(右)はずっと大きくなった。

肥沃な三日月地帯

農耕をする人々(農民)がはじめて現れたのはメソポタミア地域で、現在のイラク南部にあたる。チグリス川とユーフラテス川という2本の川に挟まれた一帯で、その肥沃な土壌のおかげで作物がよく育ち家畜もすくすくと育った。三日月形をした中東一帯に広がった農耕は、紀元前9000年になるとエジプトまで広がっていた。

馬鍬(まぐわ)

最も初期に発明された重要な農具のひとつが「馬鍬」。熊手のような形で、農地を耕したあと土を砕き、土の表面を平らにならす道具だ。そうすることで作物の植え付けが容易になる。最初は木製だったが、のちに鉄製の馬鍬が使われるようになった。

犁は動物が引き、2頭立てのことも多かった。犁を使うことで堅い土壌も素早く切り進むことができた。

シュメール犁（プラウ）の模型

犁(すき)(プラウ)

犁(プラウ)は紀元前5000年までに東アジアで発達した。木製の枠に刃を取り付けて表土を切り進む道具だ。表土をえぐり地中の養分を地表に運ぶことができた。犁をかけた後には溝ができるので、そこに種をまいた。

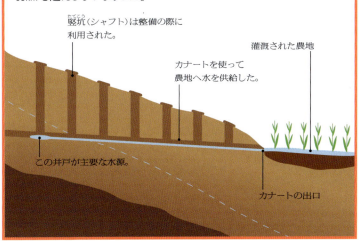

ペルシャの地下用水路「カナート」

農業に欠かせないのが水。乾燥地帯では農地へ水を引く何らかの仕組みが必要になる。1世紀のはじめにペルシャ人が築いたのは地下水路だった。この水路を「カナート」といい、わずかに傾斜がつけられ重力で水を導いた。カナートはふつうは5kmほどの長さだが、なかには65kmを超えるものもあった。

竪坑（シャフト）は整備の際に利用された。
カナートを使って農地へ水を供給した。
灌漑された農地
この井戸が主要な水源。
カナートの出口

古代の大発明

▼馬鍬で代掻き
馬鍬などの農具は、下の図のようにふつうはウシあるいはウマに引かせた。こうした動物は家畜化され農作業や食用に利用された。

粘土製の穀物倉庫の小像（中国、紀元前150年ころ）

地面より高い2階に穀物を貯蔵することで、適切な温度で乾燥状態を保つことができる。

階段で2階へ登る。

穀物倉庫

最初の穀物倉庫が現在のヨルダンに建設されたのは、紀元前9000年ころ。このころになると、すぐに食べたり売ったりしない作物を貯蔵する場所が必要になってきた。そこでコメなどの穀物やその他の作物を乾燥させて腐らないようにしてからこうした倉庫に貯蔵した。

車輪の発明

車輪は人類史上最も重要な発明のひとつだが、誰が考案したのかはわからない。もともと車輪はきれいな円形をした土器の壺を作るためにろくろとして使われていた。その後紀元前3500年ころになって、陸上で人や物を移動させるのにも利用できることがわかった。車輪の利用によって容易に旅をしたり商売したりできるようになり、力仕事も楽になって、人々の生活は一変した。

古代の大発明

木製の栓で車軸が抜けないようにしている。

横木を当てて厚板を固定。

コロとソリ

車輪が発明されるまで、とても重い物は「コロとソリ」を使って動かしていた。丸太(コロ)をたくさん並べその上に台(ソリ)を乗せた。荷物の載ったソリを引っ張っては、一番後ろでソリから外れたコロを一番前に移動させた。重労働ではあったが、それまで動かせなかった重い物でも移動させることができた。

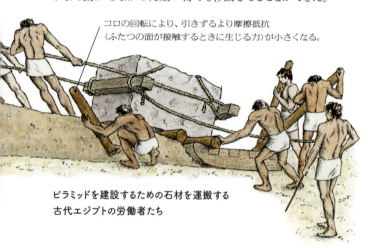

コロの回転により、引きずるより摩擦抵抗(ふたつの面が接触するときに生じる力)が小さくなる。

ピラミッドを建設するための石材を運搬する古代エジプトの労働者たち

車輪を使って土器を作る

メソポタミアの人びとは現在のイラクにあたる地域で生活し、紀元前5000年ころには最初の車輪を作ったと考えられている。そのころの車輪は石や粘土製の円盤で、土器の製作に使われた。車輪の上に湿った粘土を置き、車輪を手で回して成形しながら壺などの容器を製作した。

車輪(ろくろ)

古代エジプトの陶芸家の小像

12

円盤形の車輪

輸送に使われた最も古い車輪は、木製の堅い厚板で作られた円盤だった。この円盤を簡単な作りの荷車やチャリオット（古代の戦車）に取り付け、ウマやウシを使って牽引した。こうした乗り物での移動は激しく揺さぶられるため、耐えがたかっただろう。

荷車を押したり引いたりするハンドル

中国の一輪車

手押し一輪車

一輪車が発明されたのは紀元前6-4世紀の古代ギリシャ、あるいは2世紀の中国と考えられている。ギリシャの一輪車は現在もよく見られる手押し車と同じように、進行方向の前方に車輪があったが、中国の一輪車は車輪が中央についていた。

古代の大発明

マニ車

世界の主要宗教のひとつ仏教（とくにチベット仏教）で重要な仏具がマニ車。金属製の中空の筒で、中にはマントラ（経文）が記された巻物が入っている。仏教徒の間ではこのマニ車を回転させたり、風が吹いて回ったりすれば、お経を読んだのと同じご利益があると信じられている。

車輪と車軸

現代の乗り物の場合、エンジンの動力が伝えられる車輪は円柱状のシャフト（車軸）に固定されている。乗り物が動くときには、この車軸と車輪がいっしょに回転する。動力がかからない車軸は車体に固定され、車輪だけが回転する。最古の四輪荷車などの車輪はすべて車軸に固定されていた。

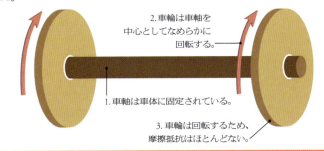

1. 車軸は車体に固定されている。
2. 車輪は車軸を中心としてなめらかに回転する。
3. 車輪は回転するため、摩擦抵抗はほとんどない。

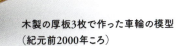
木製の厚板3枚で作った車輪の模型
（紀元前2000年ころ）

陸を移動する

車輪のついた乗り物を利用して
陸上を移動するようになったのは
今から5000年以上も前のこと。
古代の乗り物は動物に引かせて
動かすのがふつうだった（人間が引っ張ることもあった）。
こうした古代の荷車や貨車にはいろいろな種類がある。
人や商品を乗せるものや、
戦争用に設計されたものもあった。

古代の大発明

戦車

❖ **発明** シュメール人の戦車
❖ **発明者** 不明
❖ **時代と国** 紀元前2500年ころのメソポタミア

シュメール人は現在のイラクにあたる地域で生活していた人々で、4つの堅木で作った円盤形の車輪を付けた戦車を発明した。オナガーと呼ばれる野生のロバがこの戦車を引き、位の高い指揮官たちを戦線に運んだ。また投げ槍で武装した兵士はこの戦車の上に乗って攻撃することもできた。

古代の荷車

❖ **発明** 二輪車
❖ **発明者** 不明
❖ **時代と国** 紀元前3000年ころのメソポタミア

最も古い陸上の乗り物のひとつが簡単な作りの二輪車で、ウシやウマなど大型の家畜1〜2頭で引いていた。こうした乗り物は同時に様々な地域で発明され、メソポタミア（現在のイラク）やコーカサス（ヨーロッパとアジアの中間地域）そして東ヨーロッパでも発明された。その後この二輪車はアフリカやアジアなどさらに遠くの地域にも広がった。

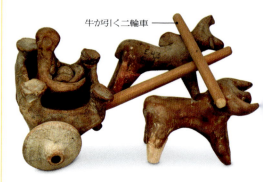

インダス渓谷（パキスタン）の古代遺跡で出土したテラコッタ製の小像（紀元前2400年ころ）

古代メソポタミアのウルという都市で作られた飾り箱に描かれた戦車（紀元前2500年ころ）。

商業用貨車

- ❖ 発明　幌馬車
- ❖ 発明者　不明
- ❖ 時代と国　紀元前2500年ころのユーラシア

ヨーロッパとアジアの一帯では紀元前2500年までには四輪車が普及した。力のある家畜をチームにして引かせたため、非常に重い荷物でも運搬できた。こうした四輪車には商人や乗客のことを考え雨風を防ぐ幌がかけられた。

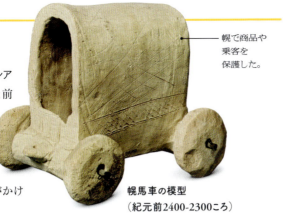

幌で商品や乗客を保護した。

幌馬車の模型（紀元前2400-2300ころ）

エジプトのチャリオット（二輪戦車）

- ❖ 発明　チャリオット（二輪戦車）
- ❖ 発明者　不明
- ❖ 時代と国　紀元前1600年ころのエジプト

チャリオットは古代世界のレーシングカーだ。馬が引く小型二輪車で、ふつうはふたり乗りだった。このチャリオットを最初に発明したのはメソポタミアの人びとだったが、エジプト人が車輪を堅木製の円盤からスポーク車輪へと改良した。この改良により車両が軽量になり、高速で走行でき操縦も容易になった。

古代の大発明

くびき（2頭の馬を首の部分でつなぐ道具）を利用し2頭の馬で牽引。

▲軽量の戦闘用チャリオット（二輪戦車）
戦闘用チャリオット（二輪戦車）は高速で走行でき、しかも機敏な操縦ができた。そのため戦場では射手を乗せて移動式の投射台として使われた。

操縦士と射手が乗る台

軽量のスポーク車輪で高速走行ができた。

屋根なし四輪馬車

- ❖ 発明　ラエダ
- ❖ 発明者　不明
- ❖ 時代と国　紀元前2世紀のローマ

古代ローマ人は帝国中に道路網を張り巡らした。ローマ人がこの道路で使った乗り物が「ラエダ」という四輪車で、最大10頭のウマかラバで牽引した。乗客数名とその手荷物など約350kgまで積んで、1日に最大25km移動できた。

駅馬車システム

- ❖ 発明　駅馬車
- ❖ 発明者　不明
- ❖ 時代と国　17世紀のヨーロッパ

駅馬車がはじめて登場したのはイギリスで、現在のバスのように停車場の間を決まった経路で定刻通りに運行した。駅馬車には衝撃を吸収する仕組みが備わっていたので、改良された道路での走行なら、かつての乗り物より揺れが少なくなった。駅馬車は19世紀中ごろまで重要な公共輸送機関として利用されたが、その後は鉄道がその役割を担った。

駅馬車に使われたのは、箱馬車という形状の馬車で、乗客や商品を室内に乗せて輸送した。

4頭立て

駅馬車の版画（19世紀）

航海

人々が航海を始めたのは1万年以上前のこと。最初の船は簡単なカヌーや筏（いかだ）で、櫂や竿を使って進んだ。長い時間をかけて船はだんだん大きく複雑な構造になり、布や動物の皮を使った帆を張り風の力を利用するようになった。長距離の航海もできるようになった。そうなると今度は海上での船の位置と、進行方向を知る装置を発明しなければならなくなった。

古代の大発明

三段櫂船（トライリーム）

櫂の漕ぎ手が上下3段にわかれて推進した船で、帆も1枚あるいは2枚装備されていた。紀元前700年ころにこの三段櫂船を開発したのはギリシャ人かフェニキア人で、両文明社会はこの船で地中海を航海し貿易をすることができた。

上下3段に分かれた漕ぎ手は互いの櫂が接触しないように配置された。

船を導く光

灯台は船舶に危険の存在を知らせ安全な航路へ導く。紀元前280年、エジプトの都市アレクサンドリア近くの小さな島ファロス島に建設された灯台が最初のものとされている。「アレクサンドリアのファロス」と呼ばれ、高さはおよそ110mもあり、古代世界の七不思議のひとつとされる。

頂上部に鏡が設置され日中は太陽光を、夜間はかがり火を反射させた。

「アレクサンドリアのファロス」（灯台）の模型

ポリネシアの「スティック・チャート」

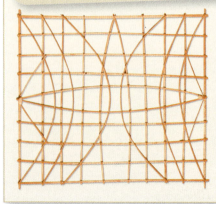

ポリネシアの人々は南太平洋の大海原で舵を取り、何百kmも離れた島の間を航海した。彼らは乾燥させたココナッツの葉の繊維や木、貝殻で作った「スティック・チャート」と呼ばれる海図を使い、島や環礁（環状になった珊瑚礁）、海流の位置を地図のように表した。

正しい方角を知る

コンパスは紀元前3世紀の中国で発明された。現在のコンパスは中央に磁化された針があって、それに地球の磁場が作用して針の先端が常に北を指すようになっている。ただし初期のコンパスの針は南を指すように作られていた。船乗りが航海で磁石を使うようになったのは11世紀ころからだ。

コンパスの針は自由に回転する状態でうまく機能する。

中国のコンパス（19世紀中ごろ）

アストロラーベはこの環の部分を手でつるして使う。

大海原で位置を知る

昔の船乗りは、月などの天体と水平線の間の角度を測定する「（船乗りの）アストロラーベ」という装置（とコンパス）を使って現在位置を計算していた。初期のアストロラーベは紀元前200年ころの古代ギリシャで設計されたようで、7世紀までには実用化されていた。その後イスラムの天文学者により改良され、彼らは聖地メッカの方角を知るために利用した。

水平線より上にある恒星や惑星の高度を測定する目盛り。

装置の中央に回転する方向示準器（アリダード）が取り付けられている。

▼船乗りのアストロラーベ
16世紀に発明されたこの装置は航海中の船上でも測定値を正確に読み取ることができた。

穴からのぞいて星を視野に入れる。

底を重くしてアストロラーベを安定させている。

古代の大発明

帆船

はじめて木造帆船が建造されたのは5000年前ころのエジプトだが、世界中の文明社会で同じような船が造られた。19世紀まで航海用の船舶は主に布製の帆に風を受けて航行していた。こうした船は貿易、探検さらに戦争にも利用された。

古代の大発明

中国のジャンク船

- **発明** 中国の帆船
- **発明者** 不明
- **時代と国** 2世紀ごろの中国

ジャンク船など中国で設計された初期の帆船は現在もアジアで利用されている。ジャンク船の帆はマストの片側にだけ展開する縦帆で、帆は「バテン」という数本の木製の棒に固定され、すべての帆を容易にかつ素早く開閉できた。

現在の中国で見られるジャンク船

ロングシップ

- **発明** バイキング船
- **発明者** 不明
- **時代と国** 9世紀ころのノルウェー

バイキングとも呼ばれたスカンディナヴィアのノース人が開発したのがロングシップ。このタイプの船は軽量で細長いため河川でも航行でき、外海での航行にも耐えられるほど頑丈だった。浅瀬も苦にしなかった。ロングシップは中央に設置した大型の帆で推進し、無風の時に備え櫂も搭載していた。

ウールかリネンでできた大きな横帆をマストで支える。

バイキングのロングシップの模型

帆にはふつう織布が使われた。

ラウンドシップ

- **発明** コグ
- **発明者** 不明
- **時代と国** 10世紀ころの北ヨーロッパ

中世ヨーロッパの海洋船舶で最も多かったのが「ラウンドシップ」だ。なかでも一般的だったのが「コグ」。その船体構造は「クリンカービルド」(鎧張り)といい、厚板の一端を重ね合わせて船体を作りあげている。コグは建造が容易なうえ丈夫で、しかも積み荷の収納スペースを大きくとることができたため、主に交易に利用された。

宝船(ほうせん)バオチュアン

- **発明** 中国の宝船
- **発明者** 不明
- **時代と国** 15世紀の中国

中国の武将鄭和(ていわ)チェン・ホーは1405年から1433年にかけてアジアから東アフリカに及ぶ7度の「宝探し航海」を指揮した。船隊は数十隻の「宝船(ほうせん)バオチュアン」で構成された。多数の帆を張った宝船の大きさは、当時ヨーロッパで使われていた船舶のおよそ2倍あったといわれる。中国はこの大型船舶を使って宝石などを運び、その富と最先端のテクノロジーを誇示した。

帆は竹を薄くそいだものでできていた。

中国の探検家鄭和の宝船の模型

甲鉄船

- **発明** 韓国の亀甲船
- **発明者** 不明
- **時代と国** 15世紀の韓国

韓国では敵からの攻撃を防御するため、はじめて船の甲板を鉄板で覆った。「亀甲船(きっこうせん)コブクサン」として知られるこの船には大砲も数多く搭載されていた。舳先に竜頭を載せた亀甲船もあり、竜頭から煙幕を吹き出して船の動きを隠した。

上甲板は針山のような鉄板で覆われていた。

舳先の竜頭部分に大砲が隠されていることもあった。

韓国の亀甲船の模型

長距離航海用ヨーロッパ帆船

- **発明** キャラック
- **発明者** 不明
- **時代と国** 15世紀のヨーロッパ

15世紀までにヨーロッパで最も普及していた船が「キャラック」。荒海でも航行できる大型の船舶で、長距離航海に必要となる食料も積載できた。イタリアの探検家クリストファー・コロンブスが1492年にアメリカへ航海した時の船もキャラックだった。

復元された中世のキャラック

コグの模型

コグは戦艦に改装されたものもあり、その場合はこのように舳先に船首楼が設けられ、そこから水兵が敵に向かって矢を放ち大砲で攻撃した。

古代の大発明

アルキメデス

古代の偉大な発明家のひとりアルキメデスは、天才的な数学者であり物理学者でもあった。紀元前287年に現在のシチリア島にあった古代ギリシャの植民都市シュラクサイ（現在のシラクーザ）で生まれ、教育を受けるためにエジプトへ派遣されたと考えられている。アルキメデスは重要な機械装置を数多く発明しているが、大きな重量物を持ち上げる滑車機構もそのひとつ。アルキメデスの科学的著作は現代の研究者にとっても有益だ。

古代の大発明

ローマ軍との戦い

紀元前214年にローマ軍がシュラクサイに攻め入った時、アルキメデスは生まれ故郷を防衛するため、ふたつの発明を利用したと考えられている。そのひとつが太陽光線を反射させる鏡で、ローマ軍の戦艦に焦点を当てて火を付けたとされる。もうひとつの発明が「鉄の手」（図下）といわれる巨大な「つかみ鉤」のあるクレーンで、船をつかんで転覆させたといわれる。

巨大な手のようなアルキメデスの「つかみ鉤」を描いたイタリア絵画（1600年）

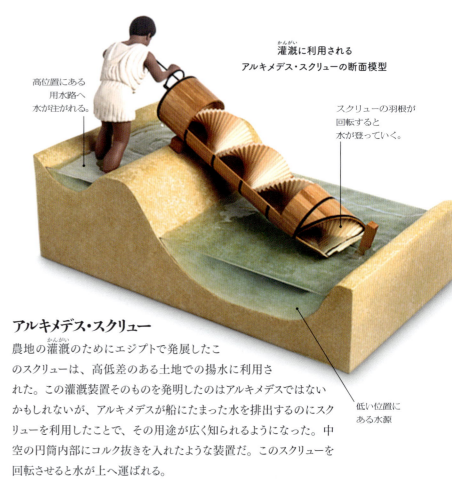

灌漑に利用される
アルキメデス・スクリューの断面模型

高位置にある用水路へ水が注がれる。

スクリューの羽根が回転すると水が登っていく。

低い位置にある水源

アルキメデス・スクリュー

農地の灌漑のためにエジプトで発展したこのスクリューは、高低差のある土地での揚水に利用された。この灌漑装置そのものを発明したのはアルキメデスではないかもしれないが、アルキメデスが船にたまった水を排出するのにスクリューを利用したことで、その用途が広く知られるようになった。中空の円筒内部にコルク抜きを入れたような装置だ。このスクリューを回転させると水が上へ運ばれる。

生涯

紀元前287年	紀元前250年ころ	紀元前225年ころ	紀元前218年
ギリシャの植民都市だったシチリア島のシュラクサイで生まれる。父親は天文学者で数学者でもあった。	アルキメデスはエジプトに留学したと考えられている。このころ「円周の測定」という幾何学の論文と「浮体の原理」という流体に関する論文を著している。	「螺旋について」と「球と円柱について」という重要な論文を執筆。	カルタゴとローマの間で第二次ポエニ戦争が始まる。アルキメデスの故国シュラクサイはカルタゴと同盟していた。

古代の大発明

王のため金を検証

シュラクサイの王は自分の新しい王冠が本当に純金製なのかを疑い、それを確かめたかった。アルキメデスはその王冠を風呂桶に沈めてみると、あふれ出る水の量が同じ重量の金塊を沈めた場合より多くなることに気付いた。このことからその王冠には密度の小さい他の金属が含まれていることがわかった。

▲ヘウレーカ わかった！
流体に物体を沈めると、その物体によって押しのけられる流体の量(重さ)の分だけその物体が軽くなること(浮力)を、アルキメデスがはじめて発見した。アルキメデスは風呂に入っていて思いついたと伝えられている。

紀元前214年	紀元前212年ころ		紀元前75年
ローマ軍はシュラクサイへの包囲攻撃を開始。	ローマ軍によりシュラクサイは壊滅。アルキメデスに危害を加えてはならないとの命令は出ていたが、殺害された。	ローマ軍に殺害されるアルキメデス	シチリア島を訪れたローマ人のキケロは、入念に作られたアルキメデスの墓が荒れたままになっているのを発見し、それを修復した。

21

工業の始まり

機械装置の発明によって、人間や家畜が担っていた労力が軽減され、そのことが文明誕生への第一歩となった。最初の機械は水力や風力、重力を利用して少ない人間でも作業がはかどるようにした装置だった。大きな工業が発達するようになるのは、工場ができ多くの労働者が働くようになる18世紀後半になってからだ。

古代の大発明

> **WOW!**
> ワーオ！
> 初期の機械には人や家畜が踏み車を回転させて駆動させるものもあった。踏み車の労働は罪人の処罰にも用いられた。

▶世界最大
中世の最も有名な水くみ水車（ノーリア）がシリアのハマにあった。今も17基が現存する。写真の水くみ水車もそのひとつで、直径は22mで世界最大だ。

家畜を動力とした古代ギリシャの揚水装置の模型

水をくみ取る青銅製の容器

車輪を動かすのは家畜の力。

古代の機械

紀元前4世紀になると、水をくみ上げたり装置を動かしたりするための巨大な車輪が発明された。どこで最初に発明されたのかははっきりしていないが、インドかギリシャあるいはエジプトだった可能性が高い。人間や家畜が動かす車輪もあった。しかし川や小川の流水を利用すると、もっと効率的に車輪を回すことができた。自然の力を機械的なエネルギーに変換する最初の機械が水車だった。

トリップ・ハンマー

古代中国では紀元前1世紀ころまでに、「トリップ・ハンマー」という巨大な杵のような道具を使って食物を加工したり、竹を砕いて紙を作ったり、灼熱した金属を成形したりしていた。トリップ・ハンマーは非常に重く人の手では持ち上げられないため、機械的な仕組みを利用しなければならなかった。最も初期のトリップ・ハンマーは水車を動力源にした。

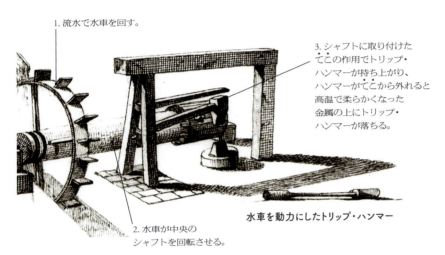

1. 流水で水車を回す。
2. 水車が中央のシャフトを回転させる。
3. シャフトに取り付けたてこの作用でトリップ・ハンマーが持ち上がり、ハンマーがてこから外れると高温で柔らかくなった金属の上にトリップ・ハンマーが落ちる。

水車を動力にしたトリップ・ハンマー

水力を動力にした織物工場。17世紀の版画

織物工場

水車の重要な用途に織物製造があった。回転する水車の力で機械を動かし糸を紡ぎ、布を織り、仕上げの加工を施すことができた。したがって18世紀に石炭をエネルギー源とする蒸気機関が発明されるまで、織物工場といえば河川など水の流れのそばに建っているものだった。

水くみ水車（ノーリア）

中世にはアラブ人技師が「水くみ水車」(ノーリア)という種類の水車を発明した。この水車は小川や湖から揚水し、居住地には飲料水や洗濯用水を、農地には作物の灌漑用の水を送った。水車が回転すると水車の円周に固定された桶が水をすくい上げる。回転しながらその水を樋に空けると、水は管を通して別の場所へ送られる。

古代の大発明

水車が動く仕組み

水車の円周上（輪板）には「水受け板」というブレードが取り付けられている。落水や流水が水受け板に当たると、水車が回転する。すると水車の中心にある軸も回転し、機械に動力を伝える。

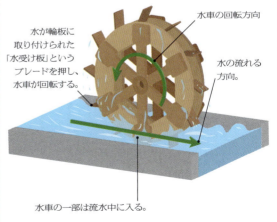

- 水が輪板に取り付けられた「水受け板」というブレードを押し、水車が回転する。
- 水車の回転方向
- 水の流れる方向
- 水車の一部は流水中に入る。

初期の機械装置

古代の大発明

人々が町や村に定住するようになると、
家事労働の補助になる道具、たとえば食品を加工する
道具などが工夫されるようになった。
初期の重要な機械の多くは布にする素材を生産するものだった。
こうした機械は各家庭や少人数の工房で使われた。

インドの女性が糸車を回し糸を紡いでいる

最初の手織り機

❖ 発明　織機
❖ 発明者　古代エジプト人
❖ 時代と国　紀元前5000年ころのエジプト

布は数多くの糸を直角方向に絡み合わせて作る。手織り機はこの作業を手早く簡単にできるように発明された。織機といっても初期のものは垂直方向の糸(経糸)をずれないようにしっかり固定して張れる簡単な木枠にすぎなかった。張られた経糸の間に水平方向の糸(緯糸)を編み込んでいった。

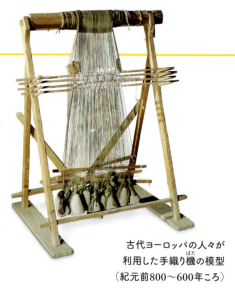

古代ヨーロッパの人々が利用した手織り機の模型（紀元前800～600年ころ）

回転ひき臼（石臼）

❖ 発明　製粉用のひき臼
❖ 発明者　不明
❖ 時代と国　紀元前600年ころの南ヨーロッパ

回転ひき臼(石臼)は小麦などの穀物をすりつぶして粉にする。2枚の円盤状の石を組み合わせたもので、1枚の石の上にもう1枚石を載せて使う。下臼(カーン)という下側の石は動かない。上に載る上臼(ハンド・ストーン)には取っ手が付いていて回転させることができる。上臼を回転させながら、中央にくりぬかれた穴に穀物を落とすと、すりつぶされて粉ができる。

最初の空引機（ドロー織機）

❖ 発明　パターン織機
❖ 発明者　古代中国人
❖ 時代と国　紀元前400年ころの中国

空引機(ドロー織機)の発明により、手織り機よりずっと複雑に糸を操り、高度な模様入りの布を織り上げることができ、主に絹織物を製作した。この機械で重要なのは経糸を1本ずつ上げ下げして緯糸を通す隙間を空ける「紋綜絖」という仕掛け。空引機は多くの場合長さ4mにもなる大きな機械で、ふたりがかりで操作した。

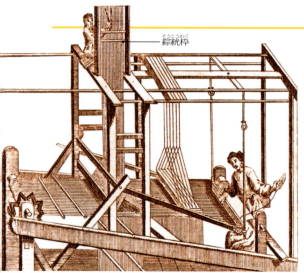

世界には今でも回転ひき臼を使っている地域がある

木製の取っ手で上臼を回す
穀物を投入する穴

足踏み式糸車

❖ 発明　足踏み式糸車
❖ 発明者　不明
❖ 時代と国　1533年ころのドイツ

糸車が発達して「トレドル」という足踏み板が組み込まれた。この板を踏んで上げ下げするとその上下運動が紡ぎ車に伝わって回転する。繊維の原料は糸車についている棒に固定し、紡ぎ手は両手を使って糸の調整ができた。

18世紀の「サクソニー」という糸車

ウールや亜麻の長い繊維
木製の紡ぎ車
足踏み板

古代の大発明

最初の糸車

❖ 発明　手回し糸車
❖ 発明者　不明
❖ 時代と国　おそらく600年ころのインド

コットンやウールといった素材から生地を織るには、まずそれらの繊維を紡いで糸にする必要がある。古代の人々は繊維をつまんで引き出しては指先でよりをかけて糸を紡いでいた。この手間のかかる作業が糸車の発明によって、格段にスピードアップした。手回しの糸車で繊維はより糸になり、「紡錘」(スピンドル)という棒に巻かれていく。

▼風力

このタイプの風車がのちに工業用に用いられることはなかった。石炭火力の蒸気機関とくらべ、わずかなエネルギーしか生産できなかったからだ。

帆
風の方向に帆が向くように風車小屋を回転させることができた。
風車の回転軸は歯車機構に連結している。

ポストミル風車

❖ 発明　回転式風車
❖ 発明者　不明
❖ 時代と国　1200年ころの北ヨーロッパ

風車の最も一般的な用途は穀物の製粉で、他に水のくみ上げなどにも利用された。風を受けて帆が回転すると、その回転力で風車小屋内部の歯車が機械的な仕掛けを動かす。「ポストミル」というタイプの風車には、小屋内に大きなシャフトが垂直に立っていて、このシャフトを軸にして風車全体を風の向きに向くように回転させることができた。

古代の大発明

古代の大発明

未来を設計する

イタリアの芸術家レオナルド・ダ・ヴィンチ(1452-1519)は絵画で有名なだけでなく、多くの発明を残したことでも知られる。アイデアを記したメモにはヘリコプターやパラシュート、戦車などもあった。ここに掲載したイラストは揚水ポンプや水車、歯車機構のアイデアに関するレオナルド自身によるスケッチやノート。

古代の大発明

現在の中国の爆竹

火薬の威力

中国の科学者が火薬を製造したのは
9世紀のことだった。史上初の爆発物だ。
実際にはまったく別のものを作ろうとしていて、
たまたまできてしまったもので、
科学者も腰を抜かしたはずだ。
この火薬の威力はすぐに武器の発射や
物体の打ち上げに利用され、
音と光を楽しむ華麗な見世物まで生み出した。

火薬の発明

中世時代に中国の科学者は
長寿の薬ができないかと
化学物質を混ぜ合わせていた。
その時たまたまできてしまったのが
火薬だった。
混合物の成分は硝石に木炭そして硫黄。
火薬の発見から数十年後には
戦争用の武器に利用されていた。

お祝いで花火を楽しむ中国の家族

花火

花火の起源は中国。最初は火薬を火の中に投げ入れるだけだったが、人々はその明るい火花と爆発音を楽しんだ。次の段階になると竹筒の節をくりぬいて火薬を詰め導火線で火を付けた。導火線から火薬に火が移ると竹筒が打ち上がり空中で爆発した。現在のロケット花火にそっくりだ。

火槍
かそう

950年ころになると人々は火薬の破壊力に目を付ける。火薬で発射する最初の武器のひとつが「火槍」で、槍の柄に装薬を取り付けた。装薬は竹の筒に火薬を詰めたもの。導火線で火を付けると炎を吹き出し、敵に向けて飛ばした。

装薬には金属や陶器の破片が加えられることもあった。

戦場で使われた火槍。1000年ころの中国

WOW!
ワーオ！

花火の火薬に金属を加えると様々な色の火花が散った。銅は青、バリウムは緑、カルシウムならオレンジ色。

古代の大発明

ギリシャ火薬

中国は爆薬兵器で中世世界をリードしていたが、戦争で化学物質を利用したのは中国が最初ではなかった。672年ころビザンチン帝国（今日のトルコとギリシャを中心とする地域）ではギリシャ火薬という物質が発明されていた。粘性の高い発火性の液体で水の上でも燃えたため、海戦では非常に有効だった。その極秘成分はおそらく石油と硫黄そして硝石だったと考えられる。

手砲
しゅほう

最初の拳銃は13世紀に中国で発明された。「手砲」といい、銃身部に石や鉄の球を落とし込む。火薬は手砲の後部にある薬室に詰めた。この薬室には小さな穴が開いていて、ここに点火した導火線を差し込む。すると火薬に火がうつり爆発して球が撃ち出される。

中国の青銅製の手砲（1424年）

12世紀の写本にはビザンチン帝国の水兵がギリシャ火薬を使っている様子が描かれている

29

火薬を使う武器

古代の大発明

13世紀までには、火薬の製造に関する知識が中国からアジア一帯にさらにヨーロッパへと伝わった。まもなく人々はこの驚異的な発明が武器として使えることに気付いた。軍隊が使用する火器の威力と精度が徐々に高くなると、戦争の様子は急速に変化した。

アークウィバス

- ❖ 発明　フックガン
- ❖ 発明者　不明
- ❖ 時代と国　15世紀の北ヨーロッパ

サーペンタインはこの部分に付く。

ドイツ製アークウィバス（1500年ころ）

アークウィバスは胸や肩で支えて撃つ最初の銃。木製の銃床に金属製の管が取り付けられている。アークウィバスという名は「フックガン」（突起のついた銃）という意味の古いフランス語に由来し、銃身に架台で支える突起部があったことからそう呼ばれた。「サーペンタイン」というS字型のレバーで火縄を下げると火皿にあたり火薬が発火する。

10世紀の中国の壁画に描かれた最古の手りゅう弾。

火車（ファチャ）

- ❖ 発明　火矢発射機
- ❖ 発明者　中国人
- ❖ 時代と国　14世紀の中国

世界ではじめての簡単な火矢発射機は中国で発明されたが、韓国ではさらに強力な「火車（ファチャ）」という兵器が開発された。二輪車に長方形の木製の枠が載っている。この枠に火矢を装填する。矢には1本ずつ装薬が取り付けられ、目標に命中したときに爆発するように調節されていた。最大のファチャは射程100～450mで200本の火矢を一斉に発射できた。

点火用の火薬を入れる火皿

マッチロック式マスケット銃（1750年代ころ）

マッチロック式銃

- ❖ 発明　マッチロック機構がついたアークウィバス
- ❖ 発明者　不明
- ❖ 時代と国　1475年ころの北ヨーロッパ

マッチロックという点火方式によって銃を手際よく使えるようになった。スプリングつきの引き金で火縄を動かし点火薬に火を付ける。すると銃後部に装填された装薬が爆発しその高圧ガスが銃身に圧力を加え銃弾が飛び出す。

手りゅう弾

- ❖ 発明　手りゅう弾
- ❖ 発明者　中世の中国人
- ❖ 時代と国　11世紀の中国

手りゅう弾は小さな爆弾で、手で投げることができた。初期の手りゅう弾は最初に中国で開発され、粘土や金属でできた中空の容器に火薬を詰めたものだった。手りゅう弾には紙製の導火線がついていて、点火してその場を離れると導火線から火薬に火がうつり爆発する。

ファチャ（火車）

WOW! ワーオ！

マスケット銃など初期の小火器は弾の詰め替えにかなり時間がかかった。訓練された兵士でも1分間に5発以上撃つことはできなかった。

黄鉄鉱という鉱物片から出る火花を使って銃を撃つ。

▼仕組み
回転する鉄製の輪に黄鉄鉱などの火打ち石をこすりつけ、摩擦で生じた火花で火薬に点火する。

拳銃（ピストル）

- ❖ 発明　ピストル
- ❖ 発明者　不明
- ❖ 時代と国　16世紀のヨーロッパ

16世紀のはじめには小型の火器（ピストル）が開発された。銃身の長い銃と比べれば精度も威力も劣ったが、小型だからこそ扱いやすかった。ピストルは一度弾丸を装填してしまえば片手で撃てたし、馬に乗りながら撃つこともできたが、初期のモデルだと撃てるのは1発だけで、撃つたびに弾丸を装填しなければならなかった。

ドイツ製
ホイールロック式
ピストル（1590年）

古代の大発明

長い銃身

フリントロック式銃

- ❖ 発明　フリントロック式マスケット銃
- ❖ 発明者　不明
- ❖ 時代と国　1550年ころの北ヨーロッパ

マスケット銃（銃の先端から弾や火薬を詰める銃）にフリントロック式という点火方式が使われた。引き金を引くとフリント（燧石）が鉄片を叩く仕掛けで、火花が散って火薬に点火される。マスケット銃には「ライフリング」（旋条）をつけたものもあった。旋条は銃身の内側に刻まれたらせん状の溝で、弾丸に回転がかかり命中精度が非常に高くなる。

撃発雷管

- ❖ 発明　撃発雷管付き銃
- ❖ 発明者　不明
- ❖ 時代と国　1820年ころのアメリカおよび北ヨーロッパ

撃発雷管は金属製の小さなカップの形状で、「雷酸水銀」など爆発性化学物質の混合物を詰めて金属箔で密封したもの。銃の引き金を引くと「撃鉄」という部品がこの雷管に当たって爆発し、装薬に点火されて銃弾が発射される。

▼一斉射撃
1860年代の南北戦争中の兵士に仮装し、雷管つきの銃を撃っている。

フリント（燧石）

スリング（負い革）は狙いを安定させるためにも使えた。

ベイカー銃はフリントロック式銃の一種（1802-1837）

撃発雷管機構

31

印刷革命

印刷の発明は人類史上最大の進歩のひとつだった。
それまでは記録を残し、情報や知識を広めるためには、
文章をすべて手書きしなければならなかった。
印刷によってそうした作業がとても速くなり、
大量の部数を安価にかつ正確に製作できるようになった。
これまでに知られている最古の印刷物は3世紀の中国までさかのぼる。
しかし大量生産型の活字を利用した印刷システムは
1439年にヨーロッパで開発された。

古代の大発明

金属活字

1文字(あるいは記号)ずつ「活字」という字型を作り、それらを組み合わせて文章を印刷する技術が活版印刷だ。最初の活字は11世紀の中国で誕生し、このころは粘土や木製の活字が用いられていた。その後活字の素材には金属が最も適していることがわかった。

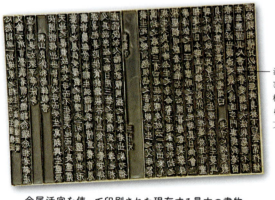

金属活字を使って印刷された現存する最古の書物「直指」(チクチ)は1377年に韓国で印刷された。写真はその組み版。

あらかじめ木製枠に印刷用紙を収めておく。

レバーで木の板同士を締め付けインクがのった活字を紙に押しつける。

金属活字

活字なら文字をひとつひとつ動かし、様々に組み合わせられるので、どんな文章でも印刷できる。

グーテンベルク印刷機

ドイツ出身のヨハネス・グーテンベルクは1439年にはじめてヨーロッパ式の印刷機を組み立てた。印刷におけるグーテンベルク最大の発明は、金属活字を素早く大量に鋳造する方法だった。この印刷機で1時間に250ページの印刷ができた。そしてグーテンベルクが最初に印刷した書籍は聖書だった。印刷技術がヨーロッパ中に広まると、書籍が安価に製作できるようになり、値段も安くなった。

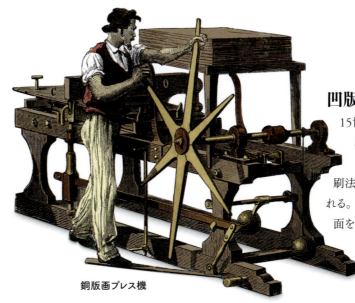
銅版画プレス機

凹版印刷

15世紀のドイツでインタリオ（凹版印刷）という新型の印刷機が発明された。金属版に図像を彫り込む印刷法だ。金属版は銅か亜鉛が用いられる。彫り込んだ版にインクを塗り、表面を拭き取る。こうしてから金属版を紙に押しつけると彫り込んだ溝に残ったインクが紙に写し取られる。

古代の大発明

◀ **手動印刷機**
グーテンベルクは、いろいろに組み合わせられる金属活字を使い何枚でも印刷できる機械を製作した。インクは特別に開発した濃くて粘りのあるものを用いた。

キアロスクーロ木版画

1509年ころドイツで発明されたこの木版技法は、まず図像の輪郭を1枚の木版に彫り込む。さらに細部を彫り込んだ別の木版を何枚も用意する。これらの木版を順に前の版の印刷に重なるように印刷してゆく。光と影の部分を対比させ、立体感を表現した。キアロスクーロ（*Chiaroscuro*）はイタリア語で「明暗」という意味がある。

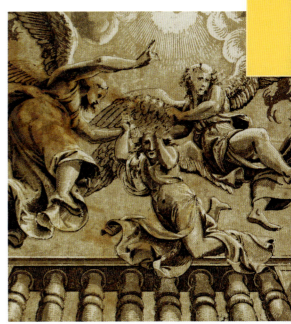
キアロスクーロ木版画による『3人の天使がいる天井』

堅木のフレームが作業中の印刷機をしっかり支える。

版を印刷すると、絵が反転する。

リトグラフによる印刷

石版印刷（リトグラフ）

ドイツ人のアロイス・ゼネフェルダーが1790年代に発明した石版印刷は、油と水が混ざりにくい性質を利用する。油性の絵の具で石灰岩の平板に絵を描き、版面全体に水を含ませる。ここに油性インクをのせると油性絵の具の部分にだけインクがつき、描いた絵が紙に転写される。

筆記と印刷

古代の人々は情報や考えを記録するため、記号や象徴、文字などを用いる「筆記」という方法を発明した。筆記したものは残しておけるので、人々は直接会わなくても情報を伝えることができた。のちに印刷技術が発明されると、絵や言葉が書かれた情報をそれまでよりずっと速くもっと正確に複製できるようになった。

古代の大発明

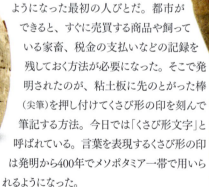

亀の甲羅に刻まれた文字。

最初の筆記

- 発明 くさび形文字
- 発明者 シュメール人
- 時代と国 紀元前3100年ころのメソポタミア

初期のくさび形文字。

古代シュメール人は都市を形成して生活するようになった最初の人びとだ。都市ができると、すぐに売買する商品や飼っている家畜、税金の支払いなどの記録を残しておく方法が必要になった。そこで発明されたのが、粘土板に先のとがった棒（尖筆）を押し付けてくさび形の印を刻んで筆記する方法。今日では「くさび形文字」と呼ばれている。言葉を表現するくさび形の印は発明から400年でメソポタミア一帯で用いられるようになった。

パピルス

- 発明 筆記素材
- 発明者 古代エジプト人
- 時代と国 紀元前3000年のエジプト

古代エジプト人は粘土につぐ新たな筆記材料を開発した。パピルスという植物の茎の内部を使うものだ。この茎の皮をはいで内部を短冊状に薄切りにしたものを数日間水に浸す。次に格子状に隙間なく並べシート状にして乾燥させる。このパピルスに葦のペンとインクで筆記した。

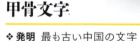

古代エジプト人はヒエログリフという象形文字を用いた。

甲骨文字

- 発明 最も古い中国の文字
- 発明者 古代中国人
- 時代と国 紀元前1200年の中国

古代中国では、動物の骨（ふつうは雄牛）や亀の甲羅に知りたいことを彫り込んで、未来を占った。質問を刻んだ骨を熱してひび割れさせ、そのひび割れの形状から占いの答えを読み解いた。甲羅に刻まれた記号は、言葉の語音ではなく言葉の意味を表していて、中国最古の文字（漢字）とされている。

最初の表音文字

❖ 発明　アルファベット
❖ 発明者　フェニキア人
❖ 時代と国　紀元前1500年ころの地中海沿岸地域

フェニキア人は古代地中海沿岸で貿易をしていた。そのフェニキア人が発明したアルファベットは、くさび形文字やエジプトのヒエログリフよりも簡単な文字体系だった。フェニキア人のアルファベットは22文字からなり、意味ではなく発音を表すはじめての記号（表音文字）だった。

円筒形の基部に刻まれたフェニキアの碑文
（紀元前600-500年ころ）

古代の大発明

製紙

❖ 発明　最初の紙
❖ 発明者　蔡倫（ツァイルン）とされる
❖ 時代と国　105年の中国

紙が発明されるまで人々は主に木の皮や動物の革、布などの素材に文字を記していた。最初に紙を作ったのは中国の蔡倫（ツァイルン）という宦官と考えられている。植物の繊維をつぶして圧力をかけ乾燥させたもので、安くて軽量な筆記素材となった。

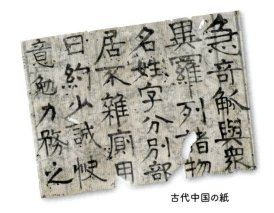

古代中国の紙

羽根ペン

❖ 発明　筆記具
❖ 発明者　不明
❖ 時代と国　500年ころのヨーロッパ

ガチョウやハクチョウなど大型鳥類の羽根は筆記道具として何百年も用いられ、20世紀の初めまで利用された。手に持つと軽く、ペン先を削って尖らせると書き味が良くなった。中空の羽根の軸にインクが入る。

ペンを持つときに邪魔にならないように、たいてい下方の羽根は取り除かれていた。

尖らせたペン先。

版画

❖ 発明　最初の印刷
❖ 発明者　不明
❖ 時代と国　600年の中国

版画を作るにはまず文章や絵を反転させて木版に彫る。できあがった版にインクを塗り紙に押しつけると正しい文字と絵が印刷される。この技術は最初は主に仏教の経典の印刷に用いられたが、ついにはすべての書物がこの方法で作られるようになった。

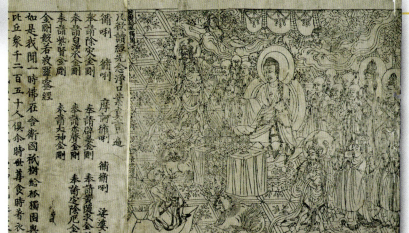

現存する最も古い印刷本『金剛般若経』の一部。868年に中国で刊行された。

張衡(ちょうこう)
ヂャンホン

中国の歴史上最も偉大な科学者のひとりとされるのが張衡(ちょうこう)。発明家でもあり役人でもあった。中国の主席天文学者となり皇帝の重要な助言者となるまでに出世した。それでも満足できなかったのか、張衡は地図制作者、詩人、芸術家としても名声を得た。

古代の大発明

▼地震検出器
張衡の最も有名な発明が「地動儀」という「地震方向指示器」で、どの方向で地震が発生したかを示した。

- 竜頭は各々異なる方向を向いている。
- 青銅製の壺
- 内部の振り子の動きで地震の方向にあたる竜頭からボールが落ちる仕組み。

水力で動く渾天儀(こんてんぎ)
渾天儀は複数の輪を組み合わせて惑星や恒星の天空での動きがわかるようにした装置。張衡ならではの発明は水車を動力に使ったことで、自動的に1年に1回転する仕掛けになっている。

- 輪は天体の動きを再現できるように配置されている。

張衡の渾天儀(1439年)の複製

方向誘導戦車
張衡は方向を指示する装置を開発していたらしい。この「戦車」には人形が乗っていて、人形は一度決めた方向を指し続ける。複雑な歯車機構により、この戦車がどんな道をたどっても、人形はコンパスのように決められた方向を示す。

- 人形は常に設定した方向を指す。
- 紀元前2700-1100年に中国で発明された方向誘導戦車の模型

生涯

78年	95年	108年	112年
張衡は中国の都市南陽近郊で生まれた。父親は張衡がまだ10歳のころ他界。	当時中国の首都だった洛陽(らくよう)で勉強するため故郷を旅立つ。	地方官吏として働くかたわら、張衡は天文学と数学に関する論文を発表し始める。	張衡は皇帝に命じられ洛陽の朝廷官吏となる。

博学多才の人

後世、張衡を目標にした中国の多くの学者や発明家は張衡の機械装置を賞賛した。さらに天文学の研究と観測についても高く評価された。張衡は2500の恒星と120をこえる星座の目録を制作した。このイラストに張衡とともに描かれているのは、彼が発明した地震検出器（地動儀）だ。

古代の大発明

120年
『靈憲』(れいけん)を刊行。張衡はこの書物で、地球が宇宙の中心にあるとする理論を示した。

125年
『渾天儀』を著し、走行距離を計算する機能（オドメーター）を持つ荷車の製作を支援した。

132年
張衡は最も有名な発明である地震検出器（地動儀）を朝廷に披露する。

138年
官職を退いた張衡は故郷の南陽へわずかな間里帰りする。皇帝に再び洛陽へ呼び戻され、139年に他界。

37

現代へ

現代へ

産業革命以降、技術は急速に進歩した。蒸気機関からロボットまで数々の発明により、わたしたちの生活や仕事そして遊びも変化した。

産業と道具

1760年代に産業革命が始まると、昔ながらの金槌やのみといった簡単な道具のほかに新たな道具が必要になった。生産の規模が拡大し、金属などの新たな素材を用いるようになって、人間の能力だけでは達成できない大きな動力と速度そして精度が求められるようになった。

現代へ

丸鋸

丸太を縦挽きするには、昔なら大鋸（ピットソー）をふたりがかりで上下に動かして挽いていた。時間がかかり効率も悪かった。1813年、アメリカのシェーカー教徒だったタビサ・バビットははじめて水力で動く丸鋸を製材所に導入した。

ねじ切り旋盤

旋盤は金属を回転させながら加工用の刃具（バイト）にあて、その金属を円筒形に加工したりねじ山を切り出したりする。手作業でもできるが、1790年代にイギリス人のヘンリー・モーズリーとアメリカ人のデイヴィッド・ウィルキンソンがそれぞれ独自に旋盤を開発した。旋盤に付いているネジを回してバイトを動かしながら加工した。

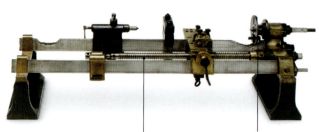

加工物が回転している時にこの親ネジで刃具（バイト）を動かす。

主軸台に加工物を固定して回転させる。

丸太を丸鋸に押し込んで縦挽きをする。大きな動力源が必要だが作業時間は大きく短縮できた。

蒸気ハンマー

イギリス人の技師イザムバード・キングダム・ブルネルが蒸気船グレート・ブリテン号の建造を始めると、この船の外輪に用いる巨大なシャフトはハンマーを使って人力で打ち出すことはできないことがわかった。スコットランドの技師ジェームス・ナスミスが思いついたのは、巨大なハンマーを蒸気で動かすことだった。ナスミスは1840年に最初の蒸気ハンマーを製作し、1842年に特許を取得した。

作業員が灼熱した鉄を蒸気ハンマーに送り込み、巨大なハンマーを打ち下ろして金属を成形する。

現代へ

スパナやレンチの使い方

スパナやレンチでナットを回すにはトルクという回転力を利用する。回転の中心から離れた部分を握って力を加えると、回転させる力（トルク）が大きくなりナットを簡単に回せる。

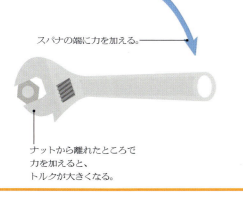

スパナの端に力を加える。

ナットから離れたところで力を加えると、トルクが大きくなる。

顎の間隔はすぐ下にあるネジを回して調整する。

モンキーレンチ

モンキーレンチには可動式の顎があって、いろいろな大きさのナットやボルトを回せる。グロスターの製鉄所で働いていたイギリス人農業技師リチャード・クライバーンが、1842年に発明したとされる。

水準器

液体中の泡は常に一番高い部分に移動する。上向きに湾曲したガラス管を水平に置くと、泡は中央にとどまる。この現象に気付いたのはフランス人科学者メルキセデク・テヴノーで、1661年に最初の水準器を開発した。この水準器を建築業者が使うようになって、施工に必要な水平と垂直を正確に出せるようになった。

見やすいように黄色い液体が用いられている。

現代の水準器は垂直、水平そして45度を読み取れる

金属材料を溶解すると、冷えてから結合する。

アーク溶接

鍛冶屋は金属を接合するために熱を集中させる方法を古代から使ってきた。1881年フランス人発明家のオーギュスト・デ・メリテンは金属を溶かす熱を電気で生み出す方法を考案した。冷えると金属が一体化して接合される。この方法をアーク溶接という。

41

いろいろな道具

19世紀そして20世紀になると実に様々な道具が開発され、作業時間が短縮し精度や効率も向上した。
これらの道具のおかげで日曜大工も洗練され、素人でも正確に測定してしっかり安全に作業できるようになった。
一方産業界ではコンピューター制御とレーザーが革新的切削工具への道を開いた。

現代へ

携帯用巻き尺

巻き尺

❖ **発明** 収納式携帯用巻き尺
❖ **発明者** ウィリアム・H・バングス
❖ **時代と国** 1864年アメリカ

収納式巻き尺はポケットや道具箱に収まり、しかも数mの長さまで測定できる。典型的な巻き尺の長さは7.6メートル（25フィート）。ロックボタンを使えばケースから引き出した長さを保持することができる。同じボタンをスライドさせるとスプリングで巻き戻され、本体内部に巻きとられて格納されるので、収納も簡単だ。

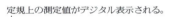
定規上の測定値がデジタル表示される。

デジタル・キャリパー

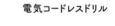
電気コードレスドリル

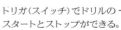
ドリルビットが回転して表面に穴を開ける。

トリガ（スイッチ）でドリルのスタートとストップができる。

マイクロメータ

❖ **発明** マイクロメータ・スクリュー・ゲージ
❖ **発明者** ジャン・パルメール
❖ **時代と国** 1848年フランス

物体の端から端までの長さを測定する道具にキャリパーがある。1848年ジャン・パルメールはマイクロメータ・スクリュー・ゲージの特許を取得した。これは非常に小さな物体をネジを利用して正確に測定する装置（キャリパー）だ。物体を固定枠とネジの間に入れる。ネジを回すとその物体に向かってネジが動く。物体に接触するまでネジが何回転したかを測定すると物体の差し渡しを非常に正確に測定できる。現在のキャリパーは測定値がデジタル表示される。

電気ドリル

❖ **発明** 電気モーターで駆動するドリル
❖ **発明者** アーサー・ジェームス・アーノットとウィリアム・ブランチ・ブレイン
❖ **時代と国** 1889年オーストラリア

アーサー・ジェームス・アーノットとウィリアム・ブランチ・ブレインは世界初の電気モーターで駆動するドリルを発明した。それまでのドリルより回転が速く効率的だった。この世界初の電気ドリルは持ち運べなかったが、わずか6年後の1895年にはドイツ人兄弟のヴィルヘルム・ファインとカール・ファインが小型の携帯用ドリルを開発した。

いろいろなサイズのアレンキー

アレンキー（六角棒スパナ）

- ❖ 発明　六角棒スパナ
- ❖ 発明者　ウィリアム・G・アレン
- ❖ 時代と国　1910年アメリカ

アレン・マニュファクチャリング・カンパニー社が1910年に開発したアレンキーは、頭部に六角穴のあるボルトやネジを回す。六角棒スパナともいう。アレンキーは面に対して垂直にネジを締め込むのでしっかりと固定でき、表面も滑らかに収まる。

プラスドライバー

- ❖ 発明　頭部が十字形のドライバー
- ❖ 発明者　ヘンリー・F・フィリップスとトーマス・M・フィッツパトリック
- ❖ 時代と国　1936年アメリカ

1930年代、ヘンリー・F・フィリップスとトーマス・M・フィッツパトリックは頭部が十字穴のネジとプラスドライバーを発明した。プラスドライバーは大きな回転力が得られ、しっかり締め付けることができるので、とくに自動化された自動車組み立てラインで重宝された。先端が十字形のプラスドライバーは、ネジ頭部の十字穴にぴったりはまった。

十字形の先端がネジ頭部の十字穴にしっかりかみ合うのでネジを楽に回せる。

今ではおなじみのプラスドライバー

現代へ

水冷式フライス盤

CNCフライス盤

- ❖ 発明　コンピューターで制御する切削加工機
- ❖ 発明者　ジョン・T・パーソンズ
- ❖ 時代と国　1940年代アメリカ

フライス盤（切削加工機）は切削用の刃（フライス）を回転させて加工物をいろいろな方向に切削する機械で、様々な形状の加工ができる。フライス盤そのものは19世紀のはじめから使われていたが、1940年代になって技術者ジョン・T・パーソンズはフライス盤での切削工程を初期のコンピューターを使って制御することを思いついた。CNC（コンピューター数値制御）フライス盤を使うと、手動での制御より正確に切削できる。

レーザーカッター

- ❖ 発明　炭酸ガスレーザー
- ❖ 発明者　クマール・パテル
- ❖ 時代と国　1964年アメリカ

1960年代はじめに開発されたレーザーから出る光は、ほとんど広がらず収束性の高い光線になる。1964年、技術者のクマール・パテルは、炭酸ガスを使って金属を切削するのに十分な熱が得られる強力なレーザー光を開発した。炭酸ガスレーザーは現在も幅広く利用され、切削や溶接さらに目の手術など細心の注意を要する外科手術などにも用いられている。

レーザー金属加工機

レーザー水準器

- ❖ 発明　レーザー水準器
- ❖ 発明者　ロバート・ゲノ
- ❖ 時代と国　1975年アメリカ

レーザー水準器は水平方向と垂直方向にレーザー光を照射して作業面の水平、垂直を合わせる。レーザー水準器は土木建設業で使われ、完全な水平面あるいは直線に沿って作業を進めることができる。

建設現場のレーザー水準器

食料生産

身体が健康でなければ道具を使えないのだから、狩猟道具にせよコンピューターにせよ、どんな発明もまったく意味がない。そして健康に生きるために欠かせないのが食料だ。地球人口が増大するにつれ、食料を効率的に増産する方法の開発がますます重要になる。

現代へ

缶詰食品

古代ローマ人は錆に強い錫で裏打ちした容器で食品を保存した。1810年、フランス人ニコラ・アペールはナポレオン軍のために食料保存用の錫製缶詰めを開発した。1823年にはイギリス艦船の航海用に、ローストした子牛肉を詰めた錫製缶詰（上図）を製造した。

種まき機

作物の栽培は非常に重労働で、広い農場に手作業で種をまくのもひと苦労だった。1701年、イングランド人のジェスロ・タルは種まき機を発明してこうした状況を一変させた。この機械をウマで引くときれいな蒔き溝ができ、そこに種子が落とされる。作物栽培の効率を上げる非常にすぐれた方法だった。

ジェスロの種まき機を動かすと多くの農民が見学にやってきた。

現代の水耕栽培農場で、空いているポットに注意深く苗を移植しているところ。

ヘリコプターでジャガイモに殺虫剤を噴霧している。イギリスで

害虫防除

1939年スイスの化学者ポール・ミュラーはDDTという塩素系化学物質が、温血動物にはほとんど影響を及ぼさず昆虫だけを殺すことを発見した。このDDTは長年にわたり農業で幅広く利用されたが、現在ではもっと効果的で安全な殺虫剤に置き換えられた。

水耕栽培

1929年、アメリカ人の研究者ウィリアム・ジェリックは、水に成長に必要なミネラル分を混ぜたものだけをトマトに与え、つるの長さが7.6メートルにもなるトマトを育てた。このように土壌を使わずに植物を育てる方法を「水耕栽培」という。北太平洋上に位置する環礁で土壌のないウェーク島では、1930年代にこの方法を用いて野菜を栽培し、給油で寄航する旅客機に提供した。現在ではNASAが火星で植物を栽培する可能性を探るため、水耕栽培の実験を行っている。

WOW! ワーオ！
農業は世界人口のほぼ30％が従事する世界最大の産業だ。

化学肥料

1909年、ドイツ人化学者フリッツ・ハーバーは空気中の窒素から、窒素の肥料の原料となるアンモニアを合成することに成功した。もうひとりのドイツ人化学者カール・ボッシュはこの方法を発展させ、大規模工場でアンモニアを大量生産した(上図)。この発明により全世界の食料生産は劇的に増加した。

現代へ

遺伝子組み換え作物

1969年、アメリカの生化学者らは、ある生物の遺伝子を別の生物の遺伝子につなぎ合わせて生物の性質を変化させる(たとえば香りを良くしたりする)方法を発見した。はじめて商用栽培が認められた遺伝子組み換え(GM)作物がフレーバー・セイバー・トマト(上)で、アメリカのカルジーン社が1994年に販売した。

45

農業の動力

人々は農作業の効率を向上させる方法を常に考えてきた。
犂(すき)が農業における史上最大の革命的発明だとすれば、第二の重要な発明は
動力エンジンだった。エンジンはウマよりもはるかに力が強く、
トラクターやコンバイン・ハーベスターなどあらゆる種類の農業用重機の動力源となった。

現代へ

脱穀もみすり機

❖ 発明　蒸気力脱穀機
❖ 発明者　アンドリュー・メイクル
❖ 時代と国　1788年イギリス

農場労働者はかつては小麦の脱穀ともみすりを人力で行っていた。収穫した小麦を棒で叩いて茎からもみを落とし(脱穀)、もみの外皮(もみがら)を分離した(もみすり)。1788年、スコットランドの水車大工だったアンドリュー・メイクルは、こうした脱穀もみすりを短時間で行える機械を発明した。動力として移動式蒸気エンジンを別に用意した。

マコーミックの刈り取り機による作業

機械式刈り取り機

❖ 発明　ウマを動力とした刈り取り機
❖ 発明者　パトリック・ベル
❖ 時代と国　1827年イギリス

機械のない時代、収穫には多くの労働力が必要だった。スコットランドの農民パトリック・ベルが1826年に発明した機械は、ウマに引かせて麦を刈りとり、まとめておくことができた。それから数年後のアメリカではサイラス・マコーミックが似たような機械を考案して1834年に特許を取得すると、売り上げは数千台にのぼった。

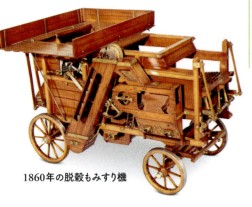

1860年の脱穀もみすり機

蒸気力トラクター

❖ 発明　可動式蒸気エンジン
❖ 発明者　チャールズ・バレル
❖ 時代と国　1856年イギリス

1790年代の農場では、脱穀もみすり機の動力として据え置き型の蒸気エンジンが使われていた。自走式蒸気エンジンは1842年に展示されたが、イングランドのチャールズ・バレルは1856年に最初の実用的蒸気力トラクターを製造し、起伏のある農地での利用も可能になった。

煙突から煙を排出する。

エンジンから生まれたエネルギーをフライホイールに蓄える。

大きな鉄製の後輪。

1908年式マーシャル・トラクションエンジン
(蒸気力トラクター)

放牧用フェンス

- ❖ 発明　有刺鉄線
- ❖ 発明者　ジョゼフ・グライデン
- ❖ 時代と国　1874年アメリカ

有刺鉄線は木製のフェンスを巡らすよりずっと安上がりかつ簡単で、土地を囲う費用を抑えられたため、大規模な牧場を運営しやすくなった。アメリカ人のマイケル・ケリーが1868年に有刺鉄線の基本的なデザインを考案していたが、ジョゼフ・グライデンはそのデザインに改良を加えて1874年に特許を取得した。グライデンのおかげでアメリカのグレートプレーンズは収益性の高い農業地帯へと転換した。

鋭いとげでウシを囲いの中にとどめる。

軽量トラクター

- ❖ 発明　アイヴェル
- ❖ 発明者　ダン・アルボーン
- ❖ 時代と国　1903年イギリス

アイヴェルはイギリスの製造業者で発明家のダン・アルボーンが発明したトラクターで、家畜を使わないトラクターとしてはじめて商業的にも成功した。ガソリンで駆動する軽量の農業用汎用動力装置。

コンバインハーベスター

- ❖ 発明　自走式ハーベスター
- ❖ 発明者　ホルト・マニュファクチャリング・カンパニー社
- ❖ 時代と国　1911年アメリカ

1836年のアメリカで、ハイラム・ムーアが最初のコンバインハーベスターを製作し特許を取得した。馬で引くタイプの機械だが、刈り取り、脱穀もみすり、さらに風選までこなせた。1911年にはアメリカ、カリフォルニア州のホルト・マニュファクチャリング・カンパニー社が最初の自走式ハーベスターを製造した。

現代のコンバインハーベスター

農薬散布用ドローン

- ❖ 発明　アグラスMG-1
- ❖ 発明者　DJI社
- ❖ 時代と国　2015年中国

作物の農薬散布には長い間航空機が利用されてきたが費用が高くついた。しかしドローンを使う散布なら安上がりで効率的だ。2015年に中国のドローン製造会社DJIはアグラスMG-1という農薬散布ドローンを発表した。フル充電で連続12分間飛行できる。

農薬散布用ドローン。2017年中国

エンジン式トラクター

- ❖ 発明　フローリック・トラクター
- ❖ 発明者　ジョン・フローリック
- ❖ 時代と国　1892年アメリカ

1892年、ジョン・フローリックはガソリン・エンジンを動力とする農耕用作業車を発明した。このモデルは商業的には成功しなかったが、1914年の新型はよく売れた。その可能性を見て取ったジョン・ディア社はフローリックの事業を買収した。

フローリックが1892年に開発したトラクター

自動結束ベーラー（藁を束ねる機械）

- ❖ 発明　ニューホランド・ベーラー
- ❖ 発明者　エドウィン・ノルト
- ❖ 時代と国　1937年アメリカ

初期の機械は藁の圧縮はできたが、崩れないように結束するのは農場労働者が手作業で行わなければならなかった。1937年、アメリカ人農家のエドウィン・ノルトは自動的に結束できるベーラーを発明した。このアイデアをニューホランド・マシン・カンパニー社が買収し製品化した。

トラクターが牽引する現代のベーラー

現代へ

建設

人類の歴史の中で「建設」とは、ものを積み上げることを意味する時代が長く続いた。つまり煉瓦でも石材でもとにかく素材を積み上げて建物を作るのが建設だった（英語で建設はconstruction。もとは「積み重ねる」という意味）。

木材は主に屋根材に使われていた。19世紀になって新しい素材としてまずは鉄そして鉄鋼、コンクリート、板ガラスが次々と登場すると、新たな構造を生み出せるようになった。軽量で多様な建物を短時間で建設できるようになった。そしてなにより目立ったのは、建築がどんどん高層化したことだ。

現代へ

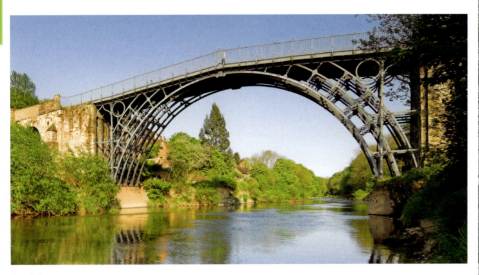

鉄橋
世界初の鉄橋（写真上）はイングランドの建築家トーマス・プリチャードの設計で、1779年にエイブラハム・ダービーが建設した。それまでは大規模な建築には鉄は高価過ぎて使えなかったが、新たな製鉄方法により鉄の価格が下がった。この橋はイングランドのシュロップシャーを流れるセヴァーン川にかけられ、アーチの差し渡しは30.5m。現在も利用されている。

鋼鉄により石材や煉瓦よりはるかに強力な構造が得られ、高層建築が可能になった。

鋼鉄製の梁をボルトで接合し高層ビルの支持構造を作る高層建築労働者。

ワーオ！
世界一高いビルは
アラブ首長国連邦ドバイにある
ブルジュ・ハリファで、
高さは828m、160階もある。

48

鉄骨建造

鉄に炭素をわずかに含んだ鋼（はがね）は、純粋な鉄よりも強靱だ。中国とインドでは古代から鋼を製造していたが、1856年にイングランドのヘンリー・ベッセマーが鋼を大量にしかも安価に製造する工程を発明したことで、鋼の利用は飛躍的に伸びた。このベッセマーによる鋼の製法は1960年代まで船舶や建造物、さらに装甲用鋼板の製造にも用いられた。

安全エレベーター

アメリカのエリーシャ・オーティスは1850年代にニューヨークで人間を乗せるはじめての安全エレベーターを実演した。この発明によってビル高層化の大きな短所、長過ぎる階段の問題が解決された。

現代へ

上にまいります

アメリカ人技師のジェッセ・リノが発明した最初のエスカレーターは、斜面が移動するだけで動く歩道のようなものだったが、その後ジョージ・ホイーラーがたたみ込まれる階段を導入した。1901年にはオーチス・エレベーター社が商品化し、百貨店などで採用された。写真はアメリカ、ボストン。

カーテンウォール

初期の鉄骨造ビルは、まだ石や煉瓦の重い壁面を支えていた。しかし1918年に軽量の鋼材とガラスをつり下げる構造の壁面が導入され、カーテンウォールと呼ばれた。

▲ そびえ立つ
エンパイアステートビルディングの最後の仕上げが施されると、ニューヨークのスカイラインはさらに上昇した。この102階建ての鉄骨造超高層ビルは1931年にオープンした。世界初の鉄骨造高層ビルは1885年に竣工したアメリカ、シカゴの10階建てビルディングだったが、それをはるかにしのぐ高さだった。

ドイツ、デッサウのバウハウス（美術・建築学校）の校舎（現在は資料館）にはカーテンウォールが用いられた

アルフレッド・ノーベル

ダイナマイトの製造
1867年ノーベルはダイナマイトの特許を取得した。最初は「ノーベル安全火薬」という商品名でそれまでの爆薬よりも扱いやすく安全だった。世界最大のダイナマイト生産工場のひとつがスコットランドのアードロッサンにあった（上）。

現代へ

アルフレッド・ノーベルはスウェーデンの化学者・技術者で、ダイナマイトやさらに強力で破壊的な爆薬の発明で有名だ。現在までノーベルの発明は、鉱山開発や運河や鉄道、道路の建設に役立ってきた。
また権威あるノーベル賞にもその名を残し、平和賞をはじめ毎年様々な分野の賞が授与されている。

平和の人
1888年、ある新聞にノーベルが死去したとする誤報が掲載された。実際に死去したのはノーベルの兄だった。その死亡記事では危険な発明をしたノーベルのことを「死の商人」と表現した。ノーベルは人々の心にそのように記憶されるのを心配し、莫大な財産をノーベル賞の創設にあてるとする遺言書を作成した。

爆発的な意志
この絵画にはノーベルが船舶を爆破してダイナマイトの性能を検証している様子が描かれている。1875年、ノーベルはダイナマイトより強力なゼリグナイトという新たな爆薬を開発した。1887年にはバリスタイトの特許を取得し、現在もロケット固形燃料として用いられている。

遺産は永遠に
ノーベル賞は毎年物理学、化学、医学の分野で傑出した功績を残した者に授与されるが、どれもノーベルの研究の足跡に関係する。第4の賞が文学賞で、5番目が国際的平和に貢献した個人あるいは団体に贈られる。

生涯

1833年	1850年	1864年	1867年
ストックホルムで誕生。全員男兄弟の第8子だが、成人まで成長できた兄弟はアルフレッドを含めた4人だけだった。	ノーベルはパリで、非常に不安定な爆薬ニトログリセリンを発明した人物とめぐり会う。ノーベルはこの爆薬の改良に取り組むことにする。	ニトログリセリンを製造していた小屋で爆発事故が起き、アルフレッドの弟エミールを含めた5人が死亡する惨事に。	ノーベルは実験を続けついにダイナマイトを開発。アメリカとイギリスで発明の特許を取得した。

現代へ

実験室にて
実験道具の脇でポーズを取るノーベルは、化学者であり実業家でもあった。ダイナマイトを発明した後、爆薬の製造、販売で巨万の富を得た。

長い導火線のついた棒状のダイナマイト。

1875年
ノーベルは可塑性の爆薬ゼリグナイトを発明。ダイナマイトより安全に取り扱いや貯蔵ができる。さらにダイナマイトより強力。

1888年
兄のリュウドヴィックが死去。新聞が誤ってアルフレッドの死亡記事を掲載、アルフレッドのことを「死の商人」と表現。

1896年
ノーベルはイタリアのサンレモで心不全のため死去。享年63。莫大な遺産は後にノーベル賞として知られる賞の資金となる。

工業化

1750年から1850年にかけてイギリスは農業国から世界一の工業大国へと変貌を遂げる。当時、最も収益性の高い産業が紡績業だった。多くの労働者が農場を離れ、蒸気力で動く新しい機械を備えた真新しい工場で働いた。産業革命といわれる時代だ。

現代へ

WOW! ワーオ！
産業革命を誰もが喜んだわけではなかった。この変化に抵抗し機械を破壊する労働者も現れラダイトと呼ばれた。

蒸気機関

蒸気は世界最初の大動力源となった。1711年にイングランドの技師トマス・ニューコメンは、先にトマス・セイヴァリが開発していた蒸気ポンプをもとにして最初の蒸気機関(p.56参照)を製造した。しかしニューコメンの機械は効率が悪かった。蒸気機関が機械の動力源となるには、スコットランドのジェームズ・ワットがニューコメンの機械を改良し1769年に蒸気機関の特許を取得するまで待たなければならなかった。

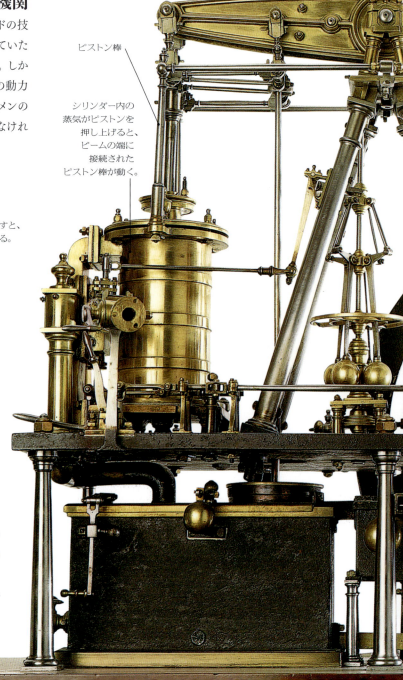

ピストン棒

シリンダー内の蒸気がピストンを押し上げると、ビームの端に接続されたピストン棒が動く。

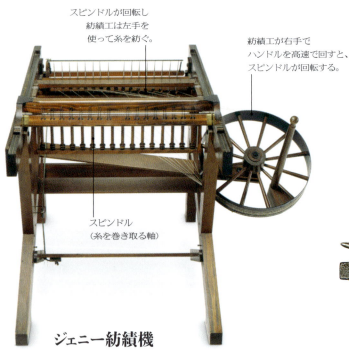

スピンドルが回転し紡績工は左手を使って糸を紡ぐ。

紡績工が右手でハンドルを高速で回すと、スピンドルが回転する。

スピンドル（糸を巻き取る軸）

ジェニー紡績機

かつては糸車を操って紡げるのは一度に1本の糸だけだった。1764年、ジェームズ・ハーグリーヴズが製造したジェニー紡績機により一度に何本もの糸を紡げるようになった。この紡績機は蒸気機関とともにイギリスの産業革命に弾みを付けた。

力織機

最初の力織機を設計したのはエドモンド・カートライトで、イングランドの教区牧師だった。カートライトはそれまで手作業だった機織りの工程を動力機械に転換できることを思いついた。最初の力織機は1785年に完成したが実用化にはほど遠かった。しかし1787年までにこの織機を改良しイギリスのドンカスターで織物工場を創業できるまでになった。右の版画には1830年代の活気ある工場風景が描かれている。

蒸気力で動くベルトで織機を駆動する。

織られた布をローラーで巻き取る。

ビームがピストンの動きをはずみ車（フライホイール）に伝える。

はずみ車（フライホイール）がエネルギーを蓄えることで、蒸気機関の動きが安定しスムーズになる。

液圧プレス機

ジョゼフ・ブラマは錠前を開発し水洗トイレの構造を改善した発明家で、その後製造工程の改善に関心が移った。ブラマが1795年に発明した液圧プレス機は液体を使って圧力を伝え大きな力を加える装置だ。現在でも最も便利な道具のひとつとして、板金の製造から医療用の錠剤の成形にも利用されている。

手動液圧プレス

自動製瓶機

アメリカ人のマイケル・オーウェンスは10歳で学校をやめガラス吹き工となった。1903年、瓶製造器を開発する会社を立ち上げた。オーウェンスはこの機械によりはじめて標準化された瓶の大量生産に成功し、コカ・コーラなどの企業に供給された。

現代の製瓶工場

現代へ

現代へ

電子制御生産ライン

写真はイギリスのコーリーにあるミニクーパーの工場だが、こういった工業プラントでは人間の監督なしでも知能ロボットによって何週間も生産ラインを稼働できる。シャシーと車体部品の溶接もかつては人間の手作業だった。しかし現在では機械による作業になっていて、機械同士が互いに情報をやりとりし作業の流れを調整している。

現代へ

エネルギー源

産業革命以来、技術者と工業経営者は様々な原料と機械を使って動力を生み出す努力をしてきた。そして時代の順に蒸気、ガス、石油そして電気といったエネルギー源が多くの発明に道を開いてきた。輸送、照明、熱源さらに建設といった分野での革新的進歩も、こうしたエネルギーなしには不可能だっただろう。

現代へ

ニューコメン
蒸気機関の模型

シリンダー内の蒸気が（水をかけられて）凝縮すると大気圧でピストンが押し下げられる。

蒸気機関

イングランドの技術者トマス・ニューコメンが1710年に蒸気機関を発明した当時は、それが画期的な発明になるとは思ってもいなかっただろう。ニューコメンの機械は鉱山の排水に用いられ、後にジェームズ・ワット（pp.52-53参照）が改良を加え蒸気機関車が登場する。蒸気力が産業革命の動力源となり世界を変えた。

ボイラーで水が熱せられ、蒸気圧でピストンが上がる。

ガス

スコットランドの技術者ウィリアム・マードックは、イギリス、コーンウォールの鉱山地帯で蒸気エンジンの保守点検の仕事をしていた。石炭を加熱してコークスを製造する際の副産物としてガスが発生する。マードックはこのガスをタンク（上）に溜めて点火する方法を考え出した。1792年、マードックは世界ではじめて住宅（自宅）の照明にガスを利用した。

青いビームの先端にある曲がった赤い部分が、なんとなくロバの頭部に似ている。

▼油田の掘削
この石油くみ上げユニットはビームが上下に振れる様子から「ノッディングドンキー」（うなずくロバ）ともいう。写真は中央アジア、カザフスタンの油田。

原油

古代から石油は燃やして照明として利用していたが、地下深くから石油を採掘する方法が開発されるのは19世紀中ごろになってからのことだった。ポーランドの発明家イグナツィ・ウカシェヴィチは1856年に世界初の石油精製工場を建設し石油産業の草分けとなった。

電力供給

1882年、アメリカ人発明家トマス・エディソンは、イギリスのロンドンに世界初の蒸気力発電所を建設した。周辺の街路と事業所に3か月間電灯をともした。その後同年中にはアメリカ、ニューヨークにもパールストリート発電所を開設した。

1882年ニューヨーク

作業員が電気のケーブルを地中に埋設する前に検査している。

発電

初期の発電所のエネルギー源は莫大な量の石炭だった。石炭の塊を巨大な炉へ投入して得られる熱で水を蒸気に変える。この蒸気がタービンを回転させ、発電機で発電する。その後動力源は石炭から石油に変わり大気汚染が減少した。

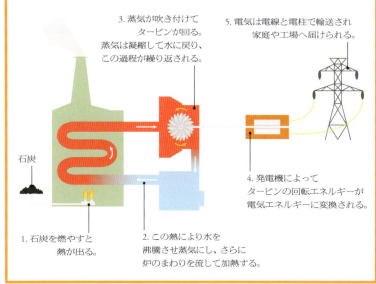

1. 石炭を燃やすと熱が出る。
2. この熱により水を沸騰させ蒸気にし、さらに炉のまわりを流して加熱する。
3. 蒸気が吹き付けてタービンが回る。蒸気は凝縮して水に戻り、この過程が繰り返される。
4. 発電機によってタービンの回転エネルギーが電気エネルギーに変換される。
5. 電気は電線と電柱で輸送され家庭や工場へ届けられる。

現代へ

発電所

イギリス人技術者セバスチャン・ド・フェッランティは電力分野の先駆者だった。1887年、フェッランティは創立したばかりのロンドン・エレクトリック・サプライ・コーポレーションに雇われロンドン、デプトフォードの発電所の設計をした。これが世界初の近代的発電所だ。

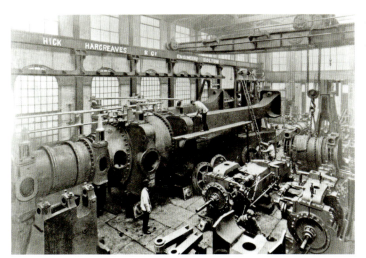

デプトフォード発電所（1890年）

油井の内部でピストンが動き石油を地表にくみ上げる。

原子力発電所

1923年、科学者は原子を分裂させ莫大なエネルギーが得られることを発見した。その後1951年にアメリカではじめて発電に原子炉が利用された。1954年にはロシアではじめて原子力発電所から配電網に電力が供給された。

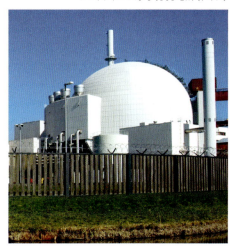

ブロックドルフ原子力発電所（ドイツ）

再生可能エネルギー

石油やガスといった化石燃料が世界の
エネルギー源となっているが、こうした資源は無限ではない。
また化石燃料を使い続ければ大気汚染など
深刻な環境問題を起こす。そこでもっと持続可能で
害の少ないエネルギー資源を求めて次第に
風力、水力、太陽光へと転換しつつある。

現代へ

現代の
太陽光発電
による街灯

水力

❖ 発明　水力発電
❖ 発明者　ウィリアム・アームストロング
❖ 時代と国　1878年イギリス

ウィリアム・アームストロングはイギリスで釣りをしながら水車を眺めていて、水車がほんのわずかな水の力で動いていることに気付く。アームストロングは近くの川をせき止めて湖を作り、自宅を建設し、世界初の水力発電機による電力を自宅に供給した。

1936年に建設されたアメリカのフーヴァー・ダムも水力発電の源

風力

❖ 発明　風力発電機
❖ 発明者　ジェームズ・ブライス
❖ 時代と国　1887年スコットランド

ジェームズ・ブライスは風車を建設し、電気モーターに接続して納屋を照明した。自分の村の道路にも電灯を設置しようと申し出たが、地元の人々はそんな奇妙な光は悪魔の仕業にちがいないと恐れた。それでもブライスはさらに大型の風力発電機を建設して隣町の病院に電力を供給した。

ブライスの風車は回転軸が水平ではなく垂直。

ブライスの発電用風車

太陽を動力に

❖ 発明　太陽熱蒸気機関
❖ 発明者　オーギュスタン・ムーショ
❖ 時代と国　1869年フランス

数学教師だったオーギュスタン・ムーショは、石炭は最終的に枯渇すると確信していた。そこでムーショは1860年に太陽の熱を集める実験を開始。1869年にはパリで「太陽熱蒸気機関」を発表した。残念ながら石炭は安価で豊富にあったためムーショの努力は無視された。

アイスランドの地熱発電所

温泉電力

❖ 発明　地熱発電機
❖ 発明者　ピエーロ・ジノリ・コンティ
❖ 時代と国　1904年イタリア

アメリカのアイダホ州ボイシで1892年から温泉を暖房に利用しているように、ローマでも温泉を利用していた。ピエーロ・ジノリ・コンティは1904年、イタリアのラルデレッロで地熱発電機をはじめて実証した。1911年には同地に初の商用地熱発電所が建設された。

ウィンドファーム

- ❖ 発明　集合型風力発電
- ❖ 発明者　USウィンドパワー社
- ❖ 時代と国　1980年アメリカ

アメリカのジェイコブズ社は1927年から発電用の風力タービンを製造してきた。しかしそれらは都市から離れた農場などで単体で利用されるだけだった。1980年になってUSウィンドパワー社がニューハンプシャー州クロッチト・マウンテンで1か所に20機の風力タービンを設置し、世界初のウィンドファームを建設した。

現代のウィンドファーム

現代へ

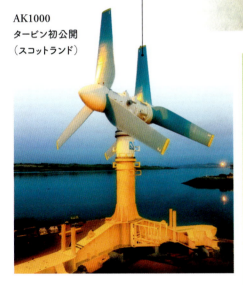

このタービンを水中に設置すると、巨大なブレードが回転して発電する。

AK1000
タービン初公開
（スコットランド）

潮汐エネルギー

- ❖ 発明　潮力発電所
- ❖ 発明者　フランス電力会社
- ❖ 時代と国　1966年フランス

潮汐水車は中世からあった。現在は同じ原理で発電を行う。満ち潮の時に水門を開け、潮が引き始めたら水門を閉じる。干潮になったら水門内に満たされた海水を放出して潮力タービンを回す。世界初の大規模潮汐発電所は1996年にフランスで稼働を開始した。ランス川に設置した差し渡し750メートルのダムを利用している。

ゼロカーボン・シティ

- ❖ 発明　マスダール・シティ
- ❖ 発明者　アブダビ政府
- ❖ 時代と国　2030年アラブ首長国連邦

アラブ首長国連邦（UAE）のアブダビ郊外で現在建設中のマスダール・シティは、再生可能エネルギーだけを利用する世界初の都市となる予定だ。人々は自動車ではなく無人運転の電気シャトルを利用し、最新のインテリジェント・テクノロジーを駆使した持続可能なビルの間を移動する。このプロジェクトは2006年に始まり2030年に完成する予定だ。

現代へ

▲思索に耽る
実験室のテスラはまさに科学者。
しかもテスラ自身によれば8か国語を話せた。

生涯

1856年	1882年	1884年	1887年
現在のクロアチアのスミリャンで生まれる。テスラによれば生まれた時には雷が轟き嵐が吹きすさんでいたという。	フランスのパリで、アメリカの有名な発明家トマス・エディソンが設立したコンチネンタル・エディソン・カンパニー社に就職。	アメリカに移住。ポケットにあったのはわずか4セントとお気に入りの詩集、そして飛行機に関する計算メモだけだった。	直流に代わる交流用の誘導モーターを開発。電気モーターとして最も幅広く利用されるタイプとなる。

ニコラ・テスラ

天才的発明家ニコラ・テスラは
交流で効率的に動く最初のモーターを開発し、
X線の実験をし、船を電波で操縦する実演をして見せた。
生涯で約300の特許を取得したが、
最終的には一文なしになった。

不運な天才

自分の記憶力は写真に写したかのように正確で、自らの多くのアイデアは完成された形で頭の中に現れるとテスラ自ら述べている。しかしテスラは商売じょうずではなかった。アメリカのニューヨークへ移住した若きテスラを雇ったのはトマス・エディソン。そしてモーターを改良すれば5万ドルを支払うとテスラに申し出た。テスラが解決策を示して約束の支払いを要求すると、エディソンは冗談だよとごまかした。

誘導モーター

1887年、テスラは交流(AC)で動く誘導モーター(下)を開発した。当時すでに存在した直流(DC)システムにくらべ、交流による送電は長距離、高電圧になるほど効率が良くなる電力システムだ。誘導モーターが開発されたことで、電力供給の標準として交流が採用されるようになった。

現代へ

回転子

固定子が生み出す回転磁界によって回転子が回る。

照明

テスラと彼に資金面で支援していたウェスティングハウスは、競合する直流電力システムを推進するトマス・エディソンとの間で「電流戦争」を繰り広げていた。1893年、テスラはその年に開催されるシカゴ万国博覧会(左)での照明設備の仕事を落札した。この入札の成功はその後交流電源が信頼性を獲得する重要な転機となった。

1891年

テスラ・コイルを発明。電波技術に幅広く利用されることになる。

テスラ・コイル(1895年)

1898年

ニューヨークのマジソンスクエアガーデンで、電波信号を利用して船舶を遠隔操作する公開実験を実施。

1943年

ニューヨークで死去。86歳だった。テスラが開発した交流システムは送電システムの世界標準として普及している。

プラスティック

プラスティックがはじめて製造されたのは1856年のこと。イギリスの発明家アレクサンダー・パーケスが当時パーケシンといわれのちにセルロースと名付けられる植物素材を用いて製造した。1920年代になると化学者は石油に含まれる物質からプラスティックを生成した。この方法でポリエチレンをはじめ様々なプラスティックが生まれることになる。残念ながら、プラスティックは分解するのに何百年もかかるため、現在では膨大な廃棄物となって埋立処分場を埋め尽くし海洋を汚染している。

現代へ

情報早わかり

- スーパーにはじめてレジ袋が導入されたのは1977年。現在では世界中で1秒間に約16万枚のレジ袋が利用されている。
- 飲料水用ペットボトルなどプラスティック製品は分解するのに400年から1000年かかる。
- 世界の全廃棄物の約10％が主にプラスティックでできた製品。

セルロイド

1860年代にアレクサンダー・パーケスはセルロースを元にセルロイドというプラスティックを開発した。透明で柔軟性があり、容易に成型できることから写真用フィルムやキッチン用品など数多くの用途に利用された。ところがセルロイドは非常に発火しやすく、多くの事故が起きたため、今日ではほとんど使われなくなった。

セルロイドの最初の目的は玉突きの玉を作ることだったが、現在の玉突きの玉は安全性の高い別のプラスティックが用いられている。

ベークライト

1907年、アメリカで働いていたベルギー人化学者のレオ・ベークランドはコールタールに含まれる化合物からプラスティックを合成し、ベークライトと名付けた。それまでのプラスティックとは違い加熱すると溶けるのではなく、硬化する特徴があった。

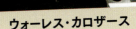
ベークライト製ダイヤル式電話器（1940年代）

ウォーレス・カロザース

アメリカの化学者ウォーレス・カロザースは1934年、ナイロンというプラスティックを製造。ナイロンは革新的新素材で、繊細な布を織ることもできれば、鋼鉄製ケーブルと同じくらい強靱なロープをよることもできた。細くても丈夫なナイロンを使ってストッキングやギター弦など様々な製品が作られている。

現代へ

ポリスチレン

ポリスチレンの歴史は1830年代までさかのぼることになるが、商品化されたのは1930年代だった。ポリスチレンには硬い発泡体と軽量の発泡体の2種類あって、押し出しポリスチレンあるいはスタイロフォームと呼ばれる。硬い発泡体はヨーグルト容器などの商品に用いられ、軽量タイプは優れた梱包材となり、特に卵の容器に用いられている（左）。

しぼり出せるケチャップ・ボトル

この使いやすいケチャップ・ボトルはアメリカ人発明家スタンリー・メイソンが考案したもの。メイソンはこの他にも多くの発明を残し、デンタル・フロス容器や使い捨ておむつなど現代生活に欠かせない数多くの特許を取得している。1983年には食品会社のハインツ社がはじめてメイソンのプラスティック・ボトルを使った家庭向け商品を製造した。

プラスティック・ボトル

はじめてプラスティック・ボトルが商品に用いられたのは1947年のことだ。しかし普及するのは1960年代に安価なプラスティックが開発されてからだった。プラスティックが安価になると、ガラスと違って軽くて割れないことからプラスティック・ボトルはたちまち人気となった。

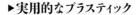

▶**実用的なプラスティック**
現在では水や炭酸飲料などいろいろな飲料を詰め、いろいろな大きさと形状のプラスティック・ボトルが出回っている。

人工素材

わたしたちは古代から長い間、石や粘土、木材などの自然素材を使用して狩猟や調理などに使う道具を作ってきた。現代では、化学や工学の進歩によってレーヨン、ガラス繊維、ケブラーといった人工素材が用いられている。さらにこうした素材の持つ強靭さや弾性といった独特な性質を利用した新たな発明も生まれている。

現代へ

キッチン・タイル

丈夫な床材

- **発明** リノリウム
- **発明者** フレデリック・ウォルトン
- **時代と国** 1860年代イギリス

リノリウムはイギリスでゴムを製造していたフレデリック・ウォルトンが発明した。なめらかで耐久性のある床材だ。アマニ油などの成分を含んだ被覆素材を布地に重ねるという独創的な製法だ。空気とゆっくり反応させることで厚く丈夫な床材になる。リノリウムは単調な色彩だったが1930年代になって装飾的なデザインが施されるようになった。

合成繊維

- **発明** ビスコースレーヨン
- **発明者** チャールズ・クロス、エドワード・ビーヴァン、クレイトン・ビードゥル
- **時代と国** 1892年イギリス

イギリスの3人の科学者チャールズ・クロス、エドワード・ビーヴァン、クレイトン・ビードゥルは、石鹸製造と製紙の経験を生かしたビスコース法を発明した。セルロース（植物から得られる有機物）を化学的に処理して合成繊維を作る方法だ。その繊維はシルクにそっくりだがシルクよりずっと安く製造できた。

自動車のフロントガラス用
飛散防止合わせガラスの製造

合わせガラス

- **発明** トリプレックス
- **発明者** エドゥアール・ベネディクトゥス
- **時代と国** 1903年フランス

フランスの化学者、芸術家のエドゥアール・ベネディクトゥスは自分の実験室でガラス製のフラスコを床にたたきつけた。ガラスは粉々に砕けたが、驚いたことにフラスコの形はほぼ元のままに保たれていた。フラスコに入れてあったニトロセルロース（液体樹脂）が薄膜を形成し、ガラスをつなぎ止めていたのである。さらに実験を重ねたベネディクトゥスは世界初の安全ガラス（合わせガラス）を発明した。

1950年代アメリカでのレーヨン生産

ガラス製断熱材

- ❖ 発明　ガラス繊維（ガラスウール）
- ❖ 発明者　ゲイムズ・スレイター
- ❖ 時代と国　1932年アメリカ

ガラスメーカーであるオーウェンズ・イリノイ社のゲイムズ・スレイターは、ガラスウールを大量に生産する方法を発見した。現在ではグラスファイバーと呼ばれている。この素材は繊維の間に空気を包み込むため断熱素材として最適だ。1936年にはガラスウールとプラスチック用樹脂を組み合わせた軽量でしかも強靭な素材が開発され、建設業界で利用されている。

グラスファイバーで被覆したカヌー

弾性スポーツウェア

- ❖ 発明　スパンデックス
- ❖ 発明者　ジョゼフ・シヴァーズ
- ❖ 時代と国　1958年アメリカ

アメリカ人化学者ジョゼフ・シヴァーズは、デュポン社に勤めていた時に女性用の衣服に用いる軽量の合成素材を探していた。1950年代になってゴムのような繊維を発見しスパンデックス(spandex)と名付けた。英語で「伸びる」意味の"expands"の文字を並べ替えて作った名だ。1958年に特許が認められ「ライクラ」という商品名で発売された。

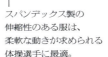

スパンデックス製の伸縮性のある服は、柔軟な動きが求められる体操選手に最適。

米軍は1980年代からここにあるようなケブラー製ベストを使用している。

ケブラー製防弾チョッキは非常に強靭かつ軽量。

現代へ

身体を保護する強靭プラスチック

- ❖ 発明　ケブラー
- ❖ 発明者　ステファニー・クオレク、ポール・モーガン
- ❖ 時代と国　1965年アメリカ

ケブラーは鋼鉄より5倍も丈夫なプラスチック。開発したのはアメリカ、デュポン社の化学者たち。やはり合成繊維のナイロンの仲間だが、強靭で剛直性がある特別な化合物だ。最初はレーシングカーのタイヤに使われた。その後はゴルフ・クラブや防火服にも利用されている。

フレキシブル・ディスプレイ

- ❖ 発明　曲がるディスプレイ
- ❖ 発明者　プラスチック・ロジック社
- ❖ 時代と国　2004年ドイツ

ドイツ人科学者らはデジタル情報を表示できる薄くて軽量かつ柔軟なディスプレイを開発した。現在この技術は電子看板のほか身体に装着する腕時計などに利用されているが、まもなくコンピューターのディスプレイも曲げられるようになるかもしれない（左）。

情報早わかり

▶人工素材は一般的に自然に存在する素材とくらべてずっと耐久性が高い。かつてはそれが長所と考えられたが、現在では劣化しないため環境問題のひとつとなっている。

▶中国の材料科学者が開発したグラフェン・エアロジェルという素材は世界最軽量で、ほとんどが空気でできている。

65

ショッピング

世界の経済は商品やサービスを売り買いすることで成り立っている。こうした売買、つまりショッピングが便利になるようにキャッシュレジスターやスーパーのカートなど無数の発明が生まれてきた。デジタル時代になって買い物の姿は劇的に変化し、マウスをクリックしたりスマートフォンをタップするだけで買い物ができるようになった。

現代へ

初期の機械式計算機
フランスで保険会社を経営していたトマ・ド・コルマが1820年にはじめて実用的な「アリスモメーター」という機械式計算機を発明した。加減乗除の計算ができた。

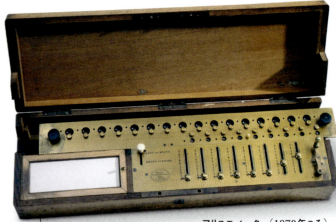

アリスモメーター(1870年ころ)

頑丈な木製ケースで機械を保護している。

19世紀末のドイツ製レジスター

レジスター(金銭登録機)
最初のレジスターは1879年にアメリカの居酒屋経営者ジェームズ・リッティが特許を取得した。売り上げを記録できれば、従業員が売り上げをくすねにくくなる。1884年に石炭商のジョン・パターソンがこのアイデアを改良し商品化した。

装飾で埋め尽くされた金属製ケース。

スーパーマーケットのカート
1936年、アメリカ人商店主シルヴァン・ゴールドマンは、買い物客は手に持てる分しか商品を購入していないことに気付く。そこでゴールドマンは折りたたみ式のイスに金属製のかごを溶接し車輪をつけた。スーパーマーケットのカートの誕生だ。

今日のショッピング・カートは1946年にアメリカ人オルラ・ワトソンが発明

WOW!
ワーオ！

本当の意味の電子商取引が
はじめて行われたのは1994年8月11日。
その商品はスティングのアルバムで、
オンラインで注文、決済された。

世界初のATMに群がる人々

現金自動預け払い機（ATM）

1966年、日本の銀行が現金貸し出し機（Computer Loan Machine）のサービスを開始。一種の現金自動支払機（CD）だが、現在のクレジットカードのキャッシングのようなサービスだった。今のような現金自動預け払い機（ATM）を世界ではじめて設置したのはイギリス、ロンドンのバークレイズ銀行で、1967年6月27日のことだった。

現代へ

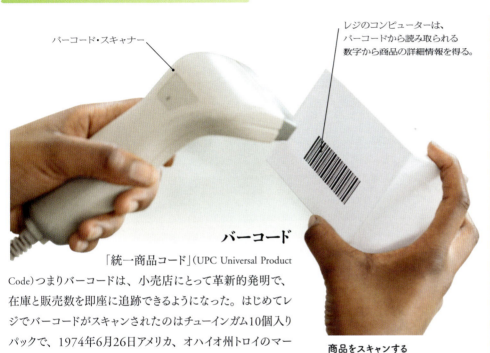

バーコード・スキャナー

レジのコンピューターは、バーコードから読み取られる数字から商品の詳細情報を得る。

バーコード

「統一商品コード」（UPC Universal Product Code）つまりバーコードは、小売店にとって革新的発明で、在庫と販売数を即座に追跡できるようになった。はじめてレジでバーコードがスキャンされたのはチューインガム10個入りパックで、1974年6月26日アメリカ、オハイオ州トロイのマーシュ・スーパーマーケットでのことだった。

商品をスキャンする

ビットコイン

2009年から利用されているビットコインは仮想通貨のひとつ。現金という形では存在しない。銀行などの金融機関が預かったり取引を仲介することはなく、ビットコインは利用者同士の間で直接取引される。

買い物客はタッチスクリーンで買った商品を確認し、代金を支払う。

セルフ・レジ

アメリカ、フロリダ州のとあるストアでレジでの支払に長く待たされたデイヴィッド・R・ハンブルは、この問題を解決する方法を思いついた。そして1984年にハンブルが開発したのがセルフ・レジ機だ。1990年代以降、世界中のスーパーマーケットで採用されてきた。実はこの機械を使っても人間のレジより処理が早くなるわけではない。それでも小売店がセルフ・レジを利用するのは、店員を雇うより安上がりだからだ。

この買い物客はクレジットカードで支払っているが、ほとんどのセルフ・レジでは現金も使える

貨幣

物の交換の記録は紀元前3万年からつけられてきた。
紀元前600年には金貨と銀貨が流通するようになり、
11世紀の中国で紙幣が登場した。
現代ではクレジットカードや非接触型決済など
新しいタイプの貨幣や革新的支払手段が発達してきた。

現代へ

情報早わかり

- ▶アメリカの最高額の紙幣は1934年と1935年に発行された10万ドル札。
- ▶ものとして存在する現金は、世界の全通貨量のわずか8%。残りはコンピューター上だけに存在するデジタル通貨だ。
- ▶アメリカの5ドル札や10ドル札の平均寿命は4年とちょっと。

米ドル

- ❖ 発明　ドル
- ❖ 発明者　バンク・オブ・ノースアメリカ
- ❖ 時代と国　1785年アメリカ

1776年に独立した後しばらくの間アメリカには自国の通貨がなかった。1785年に13植民地の代表が「ドル」という新通貨の発行を認可した。1792年には合衆国議会が米ドルを同国の通貨単位とすることを承認。「ドル」は英語で"dollar"（ダラー）といいドイツ語のthaler（ターラー）に由来する。ターラーはヨーロッパで約400年にわたり使用された銀貨のことだ。

トラベラーズチェック

- ❖ 発明　アメリカンエキスプレス・トラベラーズチェック
- ❖ 発明者　マーセラス・フレミング・ベリー
- ❖ 時代と国　1891年アメリカ

トラベラーズチェックは銀行が発行する紙幣のひとつで、利用者は海外で商品やサービスを購入できる。1891年アメリカンエキスプレスの社長だったマーセラス・フレミング・ベリーがはじめて世界中で利用できるトラベラーズチェックのシステムを運用開始。100年の間利用されてきたトラベラーズチェックだが、クレジットカードやATM、オンライン支払の普及によりその利用は縮小している。

1990年代のEU圏内用トラベラーズチェック

クレジットカード

- ❖ 発明　バンクアメリカード
- ❖ 発明者　バンク・オブ・アメリカ
- ❖ 時代と国　1958年アメリカ

1958年9月にアメリカのバンク・オブ・アメリカが、カリフォルニア州フレズノの在住者6万人に「バンクアメリカード」を送った。この時世界ではじめて幅広く利用できるクレジットカードの利用がスタートしたことになる。1966年には競合する銀行グループが後に「マスターカード」となる「マスターチャージ」を開始。さらに同年にはイギリスでもバークレイカードが発行され、アメリカ以外の国で発行された最初のクレジットカードとなった。

現代のクレジットカード

プラスティック紙幣

❖ 発明　オーストラリアドル紙幣
❖ 発明者　オーストラリア準備銀行
❖ 時代と国　1988年オーストラリア

銀行券(紙幣)は伝統的にコットンを使った紙(コットン紙)で作られていた。1980年代になってオーストラリアの産業連合機構が代替素材の研究を開始し、1988年にオーストラリア準備銀行が最初のプラスティック紙幣を発行した。高度の耐久性があり偽造も非常に困難。

プラスティック紙幣の100オーストラリアドル

現代へ

インターネットバンキング

❖ 発明　オンラインでの銀行取引
❖ 発明者　スタンフォード・フェデラル・クレジット・ユニオン
❖ 時代と国　1994年アメリカ

1981年アメリカのニューヨークで、後にオンラインバンキング(オンラインでの銀行取引)となる最も初期のシステムの運用が始まり、4つの銀行(シティバンク、チェイスマンハッタン、ケミカルバンク、マニュファクチャラー・ハノーヴァー)の顧客がホーム・バンキングを利用できるようになった。しかしディスプレイとキーボード、モデムを組み合わせた「ビデオテックス」という装置を使わなければならず、これが非常に使いにくかった。その後インターネットが普及したことで、1994年にスタンフォード・フェデラル・クレジット・ユニオンは金融機関として世界ではじめて全顧客にオンラインバンキングを提供した。

非接触型ICカード

❖ 発明　Uパス
❖ 発明者　ソウル首都圏バス運送事業者組合
❖ 時代と国　1995年韓国

1983年、アメリカ人技術者チャールズ・ワトソンはIDチップのような無線周波数認識装置(RFID)の特許を取得した。この技術が非接触型決済への道を開いた。1995年、韓国のソウル首都圏バス運送事業者組合が世界ではじめて市内通勤者向けに非接触型カードの大規模利用を開始した。現在では多くの銀行がこの決済システムを採用している。

スマホ決済

❖ 発明　アップルペイ
❖ 発明者　アップル社
❖ 時代と国　2014年アメリカ

クレジットカードやデビットカード、オンラインバンキングでずいぶん便利になったが、今では商品やサービスの支払をスマートフォン・アプリでもできるようになっている。財布や札入れが過去の遺物となるのも時間の問題だ。この分野の最先端を行くのがスウェーデンで、キャッシュレス社会といってもいいほどで、2016年のスウェーデン国内における全支払額のうち硬貨や紙幣が使われたのはわずか1%だった。

◀コーヒーを持ち帰りで
少額の買い物なら
スマホ決済が早くて便利。

オンラインショッピング

1995年、アメリカ人ジェフ・ベゾスは書籍販売ウェブサイトのアマゾン・ドット・コムを立ち上げたが、ベゾスは書籍だけでなく様々な商品を販売するビジネスをもくろんでいた。そのもくろみどおり今やアマゾンは「エブリシング・ストア」となっている。世界中に巨大な倉庫を配置する世界最大のオンライン・ストアで、消費者が考え付くほとんどすべての商品を販売し配達する。写真はイギリスのピーターバラにあるアマゾンの倉庫。

現代へ

現代へ

事務用品

現代の職場はコピー機やコンピューターといった大きな発明に支えられているが、ほとんど気付くこともない小さな発明が職場のいたるところで活躍している。消しゴムもそうだしやっかいな計算に欠かせない電卓もそうだ。こうした便利な道具がなければ職場は成り立たない。

現代へ

間違えたら消せばいい

- ❖ 発明　鉛筆用消しゴム
- ❖ 発明者　ジョゼフ・プリーストリー
- ❖ 時代と国　1770年イギリス

1770年、哲学者で神学者、化学者のジョゼフ・プリーストリーは紙に書いた鉛筆の字がゴムで消えることを発見した。しかしヨーロッパで最初の消しゴムを発売したのは、このプリーストリーのアイデアを発展させたイギリス人技術者エドワード・ネアーンだった。

卓上鉛筆削り

赤い部分は鉛筆の字をこすって消す。

青い部分はインクの字を削り取る。

現代の消しゴム

鉛筆削り

- ❖ 発明　鉛筆削り
- ❖ 発明者　ティアリー・デ・ゼスティヴォ
- ❖ 時代と国　1847年フランス

鉛筆の歴史は16世紀までさかのぼれるが、実用的な鉛筆削りが現れるのはそれから2世紀以上後のことだ。1828年にはじめて鉛筆削りを発明したのはフランス出身のベルナール・ラシモーヌだったが、今日も構造を確認できる鉛筆削りとなると、フランス人ティアリー・デ・ゼスティヴォが1847年にデザインの特許を取得した鉛筆削りだ。

ハンドルを回して鉛筆を削る。

紙を綴じる

- ❖ 発明　ステープラー
- ❖ 発明者　ジョージ・マッギル
- ❖ 時代と国　1866年アメリカ

最初の紙綴じ器(ステープラー)は18世紀フランス王ルイ15世のために製作された。しかし1866年にアメリカ人ジョージ・マッギルが現在でもそれとわかるステープラーの特許を取得。それから数年後にはアメリカとイギリスで他の発明家も特許を取得した。

ステープラー(1898年)

書類をまとめる

- ❖ 発明　ペーパークリップ
- ❖ 発明者　ジェム・マニュファクチャリング・カンパニー社
- ❖ 時代と国　1890年代イギリス

ドイツ在住のノルウェー人発明家ヨハン・ヴァーラーは1899年にペーパークリップの最初の特許を取得した。その後ジェム・マニュファクチャリング・カンパニー社がこのクリップを改良し現在も使われているペーパークリップ(ゼムクリップ)を製造した。

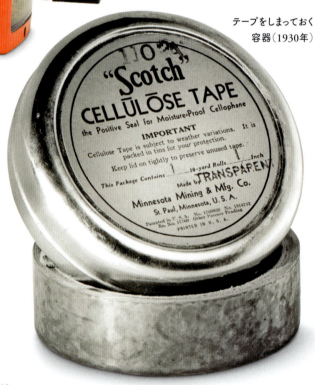

テープをしまっておく容器(1930年)

接着する

- ❖ 発明　透明粘着テープ
- ❖ 発明者　リチャード・ドリュー
- ❖ 時代と国　1930年アメリカ

1930年、アメリカ人発明家で3Mカンパニー社の社員だったリチャード・ドリューは透明の粘着テープを開発した。もともとは車に直線形の塗装をする養生テープとして使うのが目的だった。それから5年後、汎用的な粘着テープとして発売された。

72

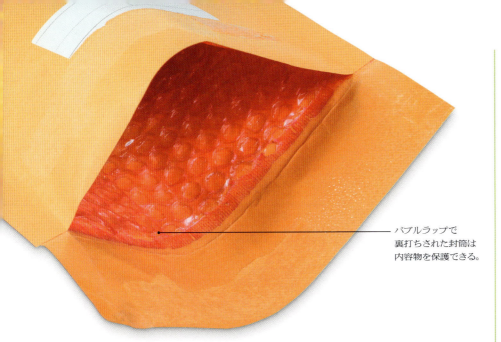

バブルラップで裏打ちされた封筒は内容物を保護できる。

こわれもの梱包材

- ❖ 発明　バブルラップ（プチプチ）
- ❖ 発明者　アルフレッド・フィールディング、マーク・キャヴァンズ
- ❖ 時代と国　1957年アメリカ

1957年、アメリカ人技術者アルフレッド・フィールディングとマーク・キャヴァンズは、2枚のシャワーカーテンを密着させ、カーテンの間にはたくさんの気泡を挟み込んだ壁紙を作った。ふたりはこの製品を「3-D壁紙」として販売してみたが、まったく売れなかった。しかし1960年になってふたりはこの素材がこわれものを梱包するのに最適なことに気が付き、バブルラップ（プチプチ）が誕生した。

最近の蛍光ペン

蛍光ペン

- ❖ 発明　蛍光ペン
- ❖ 発明者　カーターズ・インク・カンパニー社
- ❖ 時代と国　1963年アメリカ

フェルトペンは20世紀初めころから出回っていたが、文章の上をなぞっても下の文字が透けて見えるカラーフェルトペン（蛍光ペン）は1963年にカーターズ・インク・カンパニー社がはじめて製造した。商品名は「ハイライター」だった。今日では多くの色の蛍光ペンが手に入るが、購入されているハイライターの85％は蛍光イエローと蛍光ピンクだ。

ポケットに入る計算機

- ❖ 発明　電卓
- ❖ 発明者　ジャック・キルビー、ジェリー・メリマン、ジェームズ・ヴァン・タッセル、クライヴ・シンクレア
- ❖ 時代と国　1967年アメリカ

アメリカ企業のテキサス・インスツルメンツ社が1967年に世界初の携帯型電卓を開発した。他の企業もこの技術を改良し、1970年代までに電卓はポケットに入るくらい小さくなり、価格も下がり多くの人が手に入れやすくなった。

キヤノン製電卓ポケトロニック（1970年）

手書きメモの再利用

- ❖ 発明　ポスト・イット・ノート
- ❖ 発明者　アーサー・フライ、スペンサー・シルヴァー
- ❖ 時代と国　1974年アメリカ

独特な性質を持つ接着剤が偶然誕生したことで、アーサー・フライとスペンサー・シルヴァーは、貼り付けることができ再利用も可能な付箋紙の開発を思いついた。はじめはプレス・アンド・ピールの商品名で1977年に発売された。

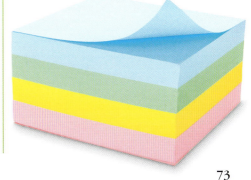

現代へ

現代へ

現代へ

3-Dプリント

3-Dプリントの能力が理解されてきたのはほんの最近のことだ。3次元デザインのデジタル情報をコンピューターに入力し、そのコンピューターで機械を制御してプラスティック製の実物を成形する。想像力さえあればこの製作法に限界はない。現在ではいくつかの病院で代替臓器を3-Dプリントしているし、建築家は家をプリントし、アメリカのリュージュ・チームは2018年冬季オリンピックで3-Dプリント製リュージュを採用した。いったい次には何が3-Dプリントされるのだろうか。

ロボット

ロボットでまず思い浮かぶのは、動作が緩慢でぎこちなく、応答に時間がかかる機械仕掛けの人間といったイメージだ。実際、最初のロボットは工場の生産ラインで単純作業を繰り返す作業をあてがわれた。しかしAI(人工知能)が導入されると、ロボットの知能が人間に勝ることがはっきりした。ロボット技術によって、これから世界はどうなるのだろうか?

現代へ

カメ型ロボット

最初の自律的ロボットといえるのがエルマーとエルシー。アメリカ生まれの神経科学者で、1948-1949年の間、イギリスのバーデン神経研究所に所属していたウィリアム・グレイ・ウォルターが製作したもの。この「カメ型ロボット」はバッテリーの電圧が低下すると自ら充電場所を探しあてて充電できた。

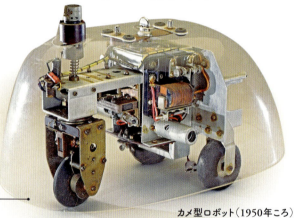

障害物にぶつかると甲羅のような外装が感知し、その障害物を回り込むようにして移動する。

カメ型ロボット(1950年ころ)

WOW!
ワーオ!

「ロボット」はチェコの作家カレル・チャペックの造語で、彼の1920年の戯曲『R.U.R.』(Rossumovi Univerzální Roboti)(深町眞理子訳　講談社文庫)に登場する。

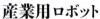

リシンク・ロボティクス社が2012年に開発したバクスターは、生産ラインで人間と共同で作業をする世界初のロボット

産業用ロボット

アメリカ人のジョージ・デヴォルとジョー・エンゲルバーガーは、ユニメートという世界初のプログラム可能なロボットアームを開発、商品化し、1960年にゼネラルモーターズ社に販売した。ダイカストマシンから出てくる高温の金属部品を持ち上げて積み上げるのに使われた。それ以来ロボット工学(ロボティクス)の発達により自動車産業の製造過程は急速に変化した。

バクスターは写真のような箱詰めなど様々な作業をこなせる。

ワボット-1

1972年、日本の早稲田大学の科学者らがワボット-1を発表。世界初の実物大人間型知能ロボットで、いくつかの点で人間らしかった。歩行ができ人工的な発声で会話ができ、物体までの距離と方向を測定し、その物体を手でつかみ移動させることができた。

ワボット-1は人間のように二足歩行する最初のロボット。

情報早わかり

▶ロボットの発想は以前からあった。イタリアのレオナルド・ダ・ヴィンチは1495年に「機械騎兵」のスケッチを描いている。
▶日本はロボティクスの分野で世界をリードし、その研究の多くを政府省庁とくに経産省が先導している。
▶ナノボットの開発が進められている。細胞くらい微小なロボットで、人間の健康を保つため体内に入って作業ができる。

現代へ

軍事用ロボット

アメリカではボストンを拠点とするデニング社が1985年に警備員の代用となる「セントリー」というロボット（見張り番ロボット）を開発した。14時間継続してパトロールでき、異常を感知すると警報を送る。今や韓国ではサムスン製武装軍事ロボットを使って北朝鮮との国境を警備している。

ロボットvs人間

1997年、IBM社のロボット「ディープ・ブルー」がチェスの世界チャンピオン、ギャリー・カスパロフと対戦して勝利した。2011年にはやはりIBMのロボット「ワトソン」がテレビのクイズ番組「ジョパディー！」で人間の対戦者を破った。またボードゲームのスクラブルと囲碁でも機械が人間に勝利している。

クイズ番組で人間の対戦相手と競うIBM社製ロボット、ワトソン

生きているようなロボット

最新のロボットの中には人間のように話し、歩き、幅広い感情を表現できるよものもでてきた。2016年、中国でAI（人工知能）人間型ロボット、ジャジャが発表された（右）。これまでのロボットで一番人間らしいといわれている。

支援ロボット

1920年代、チェコの作家カレル・チャペックが上演した
戯曲によって世界に「ロボット」という言葉がお披露目された。
物語では最後にロボットが人間に取って代わることになる。
それ以来、人間は人工知能に従うことになるのではないかと危惧されてきた。
実際には、ロボットは生活のほぼ全領域にわたって
人間を支援してくれるように開発されている。

現代へ

探査ロボット

- **発明** パックボット
- **発明者** iRobot社
- **時代と国** 1998年アメリカ

パックボットは軍事用ロボット。ロボット・アームとカメラを搭載し、主に建物内に爆発物がないか調査するときなどに使われる。日本では2011年の東北大震災で崩壊した福島第一原子力発電所の放射能を測定するために利用された。また2001年にテロリストの標的とされたアメリカ、ニューヨークの世界貿易センターでも事件後の調査に使用された。

このカメラで人間には接近できない危険な場所を撮影する。

ペットロボット

- **発明** AIBO（アイボ）
- **発明者** ソニー社
- **時代と国** 1999年日本

AIBO（アイボ）は1999年にソニーが製造したペットロボットで、4本足で尻尾がありイヌにそっくりだ。ソニーは2005年にAIBOの製造を中止したが、2018年に新たなモデルaiboとして復活した。最初のAIBOよりイヌらしくなったうえ、AIやモーション・センサー、カメラさらにクラウド・コンピューティングを駆使して飼い主と戯れ、身の回りにあるものにも反応する。

ロボットの足でボールのような物体を「感知」し、本物のイヌのようにボールと戯れる。

ロボット宇宙飛行士

- **発明** ロボノート2（R2）
- **発明者** NASA
- **時代と国** 2010年アメリカ

NASAが開発したロボノートは、有人宇宙ステーションなどで宇宙飛行士とともに作業するロボット。R2はその最新モデルで、プログラムされた作業を人間が監督しなくても実行できる。2011年2月、R2は作業のため国際宇宙ステーションに送り込まれた。

R2はこの視覚システムで見ることができるので、宇宙飛行士は離れたところから様子を把握できる。

情報早わかり
▶2016年、ロボットNAOが「コニー」というニックネームで、アメリカ、ヴァージニア州のヒルトンホテルのコンシェルジュになる。ホテルに関する質問に答え、お薦めのレストランや観光スポットをアドバイスした。 ▶AIBOは飼い主とのやりとりからデータを収集し、あらゆる経験を編集し記憶する。

災害救助ロボット

- ❖ 発明 チンプ
- ❖ 発明者 カーネギーメロン大学
- ❖ 時代と国 2012年アメリカ

チンプはアメリカ防衛省のロボティクス・チャレンジに挑戦するため、2015年に設計された多くのロボットのひとつ。このロボティクス・チャレンジは緊急事態に対応できるロボット開発の推進を目的としている。自動車を運転し、がれきの上を進み、ドアを開け、梯子を登り、さらに道具を扱う能力が試される。

チンプは電動工具を手に持って使うことができる。

現代へ

教育用ロボット

- ❖ 発明 NAO
- ❖ 発明者 ソフトバンク・グループ
- ❖ 時代と国 2004年フランス

NAO(「ナウ」と発音)は、毎年開催されるロボットのサッカー世界選手権「ロボカップ」で用いられるサッカー・ロボットとして誕生した。NAOは今もロボカップで活躍しているが、世界中の数多くの研究機関で研究や教育の目的で使われる機会が多くなってきている。現在では1万台以上のNAOロボットが50か国以上で利用されている。イギリスのある学校では、このロボットが自閉症の子どもたちの教育に導入されていて、特別な教育支援を必要とする子どもたちに穏やかで良好な影響を与えている。

6輪式配達ロボットの最高速度は時速6.5km。

自動運転配送ロボット

- ❖ 発明 自動運転配送ロボット
- ❖ 発明者 スターシップ・テクノロジー社
- ❖ 時代と国 2015年アメリカ

ファスト・フードを注文客に配達するロボット車両と歩行者が、当たり前のように歩道を共用している都市もある。配達が到着したら、注文客はスマホに送られた暗証番号を押して商品を受け取る。アメリカのサンフランシスコとワシントンDC、エストニアのタリンではすでにこの技術が利用されていて、他にも多くの国で試用が始まっている。

戦場用ロボット

- ❖ 発明 スポット
- ❖ 発明者 ボストン・ダイナミクス社
- ❖ 時代と国 2015年アメリカ

ボストン・ダイナミクス社はイヌのように走り命令どおりに動くロボットを世界ではじめて開発した。そのひとつが「ビッグドッグ」で、起伏の激しい地形を進んで戦場まで装備を運ぶアメリカ陸軍用の運搬ロボットだ。ところがビッグドッグの動作音が大き過ぎることが判明し、同社ではもっと小型で静かな「スポット」(右)、さらにその後「スポットミニ」を開発した。

現代へ

現代へ

ロボットがやってくる

映画の中では何十年も前からすごいロボットが登場していた。そしてついに現実が映画に追いつこうとしている。韓国ではフューチャー・テクノロジー社のメソッド－2のテストが行われている。この二足歩行の巨人ロボットでは人間のパイロットがロボットの胸の部分に座って操縦している。パイロットが腕を上げるとメソッド－2も腕を上げる。この腕だけでも長さが約3mだ。

移動

移動

移動

200年前まで、人間は主に徒歩か馬に乗って移動していた。それが現在では車を走らせ、クルーズ船で旅行をし、ジェット機で大陸間を移動している。

自転車

1870年代、自転車に乗るのはごく少数の勇猛果敢な人に限られ、乗り手は巨大な車輪の上に腰を掛けた。このデザインの危険性が問題となり「安全自転車」が開発される。軽量なパイプフレームに同じ大きさの車輪がふたつ、前輪で舵を切りチェーンで後輪を回転させた。今日の自転車のデザインと素材に改良が重ねられ、新しい技術により簡単にサイクリングが楽しめるようになった。

移動

ジョン・ダンロップの息子が乗っているのは空気入りタイヤの自転車（1888年ころ）

空気入りタイヤ

1888年まで自転車のタイヤはたいてい革製か固いゴム製で、当然ガタガタとひどく揺れた。最初の空気入りゴムタイヤは1845年にスコットランドの技術者ロバート・トムソンが発明していたが、実際に空気入りタイヤが普及するのは1887年にスコットランドの発明家ジョン・ボイド・ダンロップが最初の実用的な空気入りタイヤを製造してからだった。ダンロップは水撒き用のホースを使ったゴムチューブを息子の自転車の車輪につけて実験を繰り返し、このタイヤを開発した。

ペダルを漕ぐとチェーンで後輪が駆動する。

後輪と前輪が同じ大きさ。

ローヴァー安全自転車

安全自転車は1885年にイングランドの発明家ジョン・ケンプ・スターリーが設計した。車輪の大きさは足の長さと同じくらいで、スプリングつきのサドルも低い位置につけられたので、ローヴァー安全自転車は初期の他の自転車より安全で快適だった。

WOW! ワーオ！

中国では2017年現在で4億3000万以上の人が自転車を所有している。

後部まで流線型のヘルメットで空気抵抗が減少する。

自転車のベル

スターリーがローヴァー安全自転車を発明したのと同じころ、自転車ベルを発明したといわれているのがイングランドの発明家ジョン・デディコート。自転車が登場したばかりのころ、歩行者が出会うのはせいぜい騒々しい馬くらいのもので、自転車の往来は経験がなかったため、この発明はすぐに必需品となった。基本的なデザインは金属ケース内部に親指で動かす小さなレバーが付いたもので、いまだに人気がある。

84

LED電球で方向指示ができ、
自転車のハンドルにつけたスイッチで
方向を切り替える。

ヘッドギア

ヘルメットは事故が起きたときに頭部を保護してくれるきわめて重要な道具だ。最初の近代的なヘルメットは軽量で丈夫な発泡プラスチック製で、1970年に発売された。その後ヘルメットは大きく進歩し、ルモス(左)は自動車と同じように方向指示ランプとブレーキランプが点灯する賢いヘルメットだ。

あごひも

反射ジャケット

自動車の行き交う道路上を安全にサイクリングするには視認性が重要だ。反射性や視認性が高くわずかな光でも光るジャケットの着用が推奨されている。蛍光ジャケットは目には見えない紫外光を可視光に変換して明るい色を出している。暗くなると再帰反射性テープが車のヘッドライトの光を反射する。

スマート・バイク

1990年代からは自転車にミニコンピューターを取り付けられるようになり、スマートなサイクリングが可能になった。全地球測位システム(GPS)を利用して正確な現在位置やスピード、ルートがわかるし、走行状態に応じてギアが自動的に切り替わるなど、いろいろなことができるようになった。

ディスプレイに
走行経路の詳細が
表示される。

移動

▶トラック競技用自転車
オリンピックのトラック競技用自転車(ピストバイク)はカーボンファイバー(炭素繊維)製の太いフレームが特徴。オリンピック選手各々のペダルを漕ぐ力に合わせて特注される。

ハンドル

カーボンファイバー製自転車

そもそも宇宙産業用に開発されたカーボンファイバー(炭素繊維)複合材料は、非常に軽量でとても丈夫な素材だ。1996年、アメリカ企業のケストレル社はカーボンファイバーを使った流線型フレームの自転車を製造した。カーボンファイバー製フレームは高価だが、現在ではすべてのトラックレース用自転車のフレーム、そしてホイールにもカーボンファイバーが使われている。

自転車のフォークとハンドルは
それぞれカーボンファイバーの一体成形。

二輪車

自転車のアイデアは、ドイツ人発明家のカール・フォン・ドライス男爵がふたつの車輪を木製フレームでつないだ1817年までさかのぼる。ドライスの自転車は「ドライジーネ」といい、ペダルはなく足で蹴って惰性で走るだけで、止まってしまえばドライジーネを引いて歩かなければならなかった。冗談交じりに「ダンディー・ホース」(気障な馬)と呼ばれたが、そのアイデアは人気を集めた。

移動

ミショー・ヴェロシペード（1869年）

前輪の車軸にペダルがついた。

ペダルで漕ぐ

- ❖ 発明　ペダルつきヴェロシペード
- ❖ 発明者　ピエール・ラルマン、ピエール・ミショー
- ❖ 時代と国　1863年フランス

ドライスの自転車にペダルをつけて「ヴェロシペード」が誕生した。このペダルを足で押すと自転車は馬のように速くなった。ヴェロシペードはピエール・ミショーの工房で作られたが、そのアイデアは従業員であったピエール・ラルマンが提供したものと考えられている。ヴェロシペードに乗ると激しく揺れたため、「ボーンシェイカー」(骨をバラバラにする)とも呼ばれた。

電動自転車（eバイク）

- ❖ 発明　電動自転車
- ❖ 発明者　ホウズィア・リビー
- ❖ 時代と国　1897年アメリカ

アメリカ人発明家ホウズィア・リビーは自転車に電池で駆動する電動機を取り付けた。しかし本当の意味で電動自転車(eバイク)が普及するのはそれから100年のちになる。現在では電動アシスト自転車(ペデレック)が人気になっている。

電池

電動自転車イージー・スプリント（2016年）

10段変速のカンパニョーロ・グランスポルト（1963年）

ワイヤーでギアを切り替える

- ❖ 発明　カンパニョーロ・グランスポルト・カンビオ・コルサ
- ❖ 発明者　トゥーリオ・カンパニョーロ
- ❖ 時代と国　1948年イタリア

1940年代まで自転車レーサーは丘陵地の上り下りのたびに自転車を降りて手でチェーンを別のギアへ移さなければならなかった。イタリア人自転車レーサー、トゥーリオ・カンパニョーロは非常に寒い条件で自転車を降りてギアを替えたあとレースに敗れたことにうんざりし、ワイヤーでギアを操作するギア・レバー機構を発明した。

シュウィン・スティングレイ「アップル・クレイト」（1973年）

BMX（バイシクル・モトクロス）

- ❖ 発明　シュウィン・スティングレイ
- ❖ 発明者　アル・フリッツ
- ❖ 時代と国　1963年アメリカ

1960年代の子どもたちは、自転車でおとなしく道路を走るだけではつまらないと考えていた。モトクロス・バイクのようにダートコースを激しく乗り回し、「ウィリー」を決めたかった。そして1960年代の中ごろにシュウィン・スティングレイが発売されると、まもなくして頑丈で愉快なBMXバイクに発展した。

WOW！ ワーオ！

1995年、オランダのフレート・ロンペルベルフは自転車の最高速度、時速268.83kmの世界記録を樹立（2018年、アメリカ人女性が時速296kmでこの記録を更新）。

ブロンプトン・フォールディング・バイシクル
（1981年）

折りたたんだ状態

折りたたみ式自転車

- 発明　グラツィエッラ
- 発明者　リナルド・ドンゼッリ
- 時代と国　1964年イタリア

折りたたみ式自転車の歴史は自転車の歴史と同じくらい長い。最初の折りたたみ式自転車のデザインは1860年代までさかのぼり、その後折りたたみ式自転車の評判を上げたのがグラツィエッラだった。1976年にはイギリスのブロンプトン・フォールディング・バイシクル社が創業し世界的に有名になった。軽量かつ快速で、わずか20秒足らずで手早く折りたため、コンパクトに収納できる。

最新式リカンベント

- 発明　アヴァター2000
- 発明者　デイヴィッド・ゴードン・ウィルソン
- 時代と国　1980年代前半アメリカ

「リカンベント」（リクライニング）は背もたれに寝そべるようにして乗りペダルは前方についている。この自転車は快適なだけでなく、風に当たる身体面積が小さくなるため、スピード記録を打ち立てるのにも適している。しかし視野が限られるため、町乗り用としては実用的ではない。

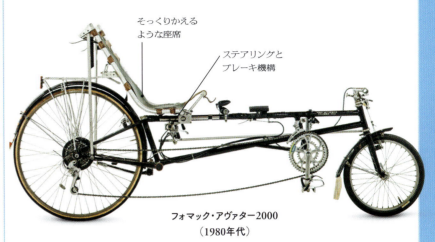

そっくりかえるような座席

ステアリングとブレーキ機構

フォマック・アヴァター2000
（1980年代）

移動

マウンテンバイク

- 発明　スペシャライズド・スタンプジャンパー
- 発明者　トム・リッチー、ゲイリー・フィッシャー、チャールズ・ケリー
- 時代と国　1981年アメリカ

BMXは主に子ども用自転車と考えられていた。その後1981年に登場したのが「スタンプジャンパー」。これが最初のマウンテンバイクだった。現在のマウンテンバイクはオフロードを楽しみたい人ばかりか、路面の悪い街路を走るための丈夫な自転車として求める人もいて、あらゆる年齢層に人気だ。

タイヤの大きな突起で起伏の激しい地面でも滑らずしっかりグリップする。

丈夫でコンパクトなフレーム

ハンドル操作をしやすい直線的で短いハンドルバー

情報早わかり

- 1986年ケストレル社ははじめて炭素複合素材を用いて自転車の流線型フレームを製造。
- 2013年シマノ社は瞬間的にギアチェンジが可能な電動シフトレバーを導入。
- 2016-2017年、アメリカ人アマンダ・コカーが自転車でわずか423日間で16万930kmを走破。平均すると1日に380km以上走ったことに。

スケートボード

板にローラースケートをつけることを誰が考えたかはわからないが、スケートボードがアメリカのカリフォルニアにはじめてお目見えしたのは1950年代のこと。街路をスケートボードの競技場代わりに使い、「オーリー」や「キックフリップ」といった曲芸まがいのスケーティングを披露する。また特設のスケートボード場もある。2020年の東京オリンピックではスケートボードがはじめて競技として採用される。

移動

移動

オートバイ

アメリカ人発明家シルヴェスター・ローパーは1869年に最初のオートバイを製作したが、これは蒸気機関が動力だった。実質的なオートバイの歴史は1885年にダイムラーとマイバッハのオートバイから始まる。この乗り物はガソリンエンジンの動力をベルトで後輪に伝達して駆動する。その後オートバイは進歩したが、今でもほとんどのオートバイにはガソリンエンジンと動力伝達用のベルトあるいはチェーンがある。

ハンドルバーを回転させて前輪の舵を切る。

サドルは緩衝材をあてて快適に。

最初のオートバイ

- 発明　ダイムラー・ライトワーゲン
- 発明者　ゴットリープ・ダイムラー、ヴィルヘルム・マイバッハ
- 時代と国　1885年ドイツ

1885年、ドイツ人技術者のゴットリープ・ダイムラーとヴィルヘルム・マイバッハは「ライトワーゲン」(Reitwagen)を製造した。翌年には初のガソリンエンジン駆動四輪車が製造されるが、その試験用に製作されたオートバイだった。イギリスの発明家J・K・スターリー(p.84参照)が開発した自転車のアイデアを取り入れ、そこにエンジンを搭載し革製ベルトで後輪を駆動した。

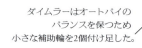
ダイムラーはオートバイのバランスを保つため小さな補助輪を2個付け足した。

最初の量産オートバイ

- 発明　ヒルデブラント・アンド・ヴォルフミューラー「モトラット」
- 発明者　ハインリッヒ・ヒルデブラント、ヴィルヘルム・ヒルデブラント、アロイス・ヴォルフミューラー
- 時代と国　1894年ドイツ

1894年ドイツ人のヒルデブラント兄弟はドイツ人技術者ヴォルフミューラーと協力し初の量産車「モトラット」を製作した。モーターバイク(オートバイ)と呼ばれるのもこの「モトラット」からで、1894年から1897年にかけて2000台以上が生産された。

テレスコピック・フォークを搭載した最初のオートバイ

- 発明　BMW R12
- 発明者　BMW社
- 時代と国　1935年ドイツ

BMW R12は前輪と車軸をフレームに接続し衝撃を吸収するテレスコピック・フォークを備えた最初のバイク。テレスコピック・フォークによって前輪と地面の接触が保たれるため、オートバイの操縦と安全性には必要不可欠だ。初期のオートバイにはスプリングが使われたが、BMW R12は液圧式テレスコピック・フォークによって路面からの衝撃を減少させた。

テレスコピック・フォーク

▼木製の二輪車
ダイムラーは同僚のマイバッハとともに木材でライトワーゲンを作った。ドライブベルトは革製だった。

鉄製の枠をはめた前輪

ヴェスパ 125（1951年）

スクーター「ヴェスパ」

- ❖ 発明　ヴェスパ
- ❖ 発明者　ピアッジョ社
- ❖ 時代と国　1946年イタリア

イタリアのピアッジョ社は、イタリアの狭くてデコボコの街路を軽快に飛ばせるスタイリッシュで快適かつ乗りやすい二輪車の開発に踏み切った。その結果がスクーター「ヴェスパ」（イタリア語でスズメバチの意味）で、大成功を収めいまだに人気がある。

最初のスーパーバイク

- ❖ 発明　ホンダ CB750 ドリーム
- ❖ 発明者　ホンダ社
- ❖ 時代と国　1969年日本

ホンダCB750 ドリームは最初の「スーパーバイク」。快適で非常にパワフルな現代的バイクだ。CB750が登場するまで、バイクはキックスタートでエンジンをかけなければならなかった。CB750は簡単な押しボタンで電気的にエンジンがかかり、ブレーキには制動力のいいディスクブレーキを備えた高性能バイクだった。

水冷式スーパーバイク

- ❖ 発明　BMW R1200GS
- ❖ 発明者　BMW モトラット社
- ❖ 時代と国　2012年ドイツ

オートバイのエンジンは空気の流れで冷却するのが一般的だが、空冷がうまく機能するのは高速で走行している間に限られる。そこでエンジンの周囲に冷却水を循環させる水ジャケットをつけ、エンジン音を静かにし信頼性も高めたオートバイもある。BMW R1200GS はパワフルなスーパーバイクで、空気と水両方を使って冷却している。

移動

世界初の電動スーパーバイク

- ❖ 発明　ライトニング LS218
- ❖ 発明者　ライトニング・モーターサイクル社
- ❖ 時代と国　2010年アメリカ

電動バイクはスピードが遅く、どんくさいと思われていた。電気モーターだけで静かに疾走するオートバイなど想像もできなかった。ライトニングLS218は、トップスピードで時速350.8kmという路上での最高速度を達成し、人々の常識を覆した。

未来型オートバイ

- ❖ 発明　BMW ヴィジョン・ネクスト100
- ❖ 発明者　BMW モトラット社
- ❖ 時代と国　2016年ドイツ

ライダーがあらゆる状況でどんな操作をしても、決して転倒しない驚異的ジャイロシステムを備えたオートバイを開発しているオートバイメーカーもある。BMW ヴィジョン・ネクスト100 もそうした実験的オートバイのひとつだ。ライダーは特殊なバイザーを着用して乗るが、このバイザーには必要な時にデータが表示されるディスプレイが備わっている。このオートバイはこのモデル限りで終わるかもしれないし、オートバイの未来型を示しているのかもしれない。

大衆向けの自動車

19世紀後半に登場した最初期の自動車は1台1台手作りで、富裕層向けの商品だった。アメリカ人実業家ヘンリー・フォード(pp.96-97参照)は、一般の人々にも手が届く安価な自動車の製造を夢見ていた。そして1908年に製造を開始したのがモデルT（T型フォード）だった。フォードは組み立てラインを使って安価に製造する大量生産技術を導入し、自動車製造に革命を起こした。現在では世界中の道路で10億台を超える自動車が走っている。

移動

初期モデルの金属製付属品は大部分が真鍮製。

モデルT

フォードのモデルT工場では、作業員が組み立てライン上を流れてくる車体に、いつも同じ部品をひとつだけ取り付けていた。これによってすべての車両を均一に生産でき、製造にかかる時間も短縮され安価にできた。この大量生産の方法は大成功で、1927年に最後のモデルTが工場から出荷されるまで1500万台以上が生産された。

ワン・モデル

コストダウンのために、フォードは自動車の色は「どんな色でも黒であれば」提供できると顧客にいったと伝えられている。モデルTが様々な色で発売されるようになってから語られるようになった、神話のようなものだ。しかしフォードはすべての車は標準的な仕様どおりに製造すべきだという発想を実行した。

ワーオ！
毎年自動車はオリンピックの競泳プール200万個分以上のガソリン、約5.7兆リットルを消費している。

▲ **フォード・モデルT（1909-1910年）**
1909年モデルには数多くの新機能が備わった。たとえばダブルレバーは、ひとつがハンドブレーキ用でもうひとつがバックギアに入れるレバーだ。

自動車が動く仕組み

ガソリンやディーゼルで走る自動車は、シリンダー内でそれらの燃料を燃やして動力にしている。燃料が燃焼すると、膨張してピストンが押されクランクシャフトが回転する。このクランクシャフトがスピードと出力のバランスを調整する複数のギアを回転させる。このギアからハーフシャフトという駆動軸に回転が伝わり車輪が回転する。

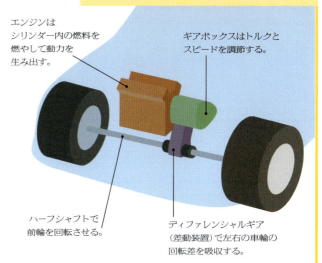

エンジンはシリンダー内の燃料を燃やして動力を生み出す。

ギアボックスはトルクとスピードを調節する。

ハーフシャフトで前輪を回転させる。

ディファレンシャルギア（差動装置）で左右の車輪の回転差を吸収する。

最初期のモデルTはオープントップ（屋根なし）で、雨よけには折りたたみ式の幌を使う。

この自転車のような車輪はワイヤースポークホイールといい、安価で軽量。

障害物に接近すると前方にあるパーキングセンサーがドライバーに警告する。

エアバッグ

自動車を設計するうえで安全性はとても重要だ。現代の自動車の多くにエアバッグが装備され、衝突した時には瞬間的に膨らんで搭乗者を保護する。1960年代に発明された当時、エアバッグは圧縮空気を使って膨らませていた。現在では衝撃が引き金となって化学反応が起き、瞬間的にガスが発生してエアバッグを膨らませる。

衝突テストでのエアバッグとダミー

追加装備

自動車の進化はとどまることを知らず、既存の機能が改良されてはまた新たな機能が付け加えられている。自動車には駐車を支援するパーキング・センサー（左）や曇りを取るデフロスター、カーナビ、後方を確認できるバックカメラ、衝突被害軽減ブレーキなどが搭載され、最先端のテクノロジーが投入されているといえるだろう。さらに今後数年の間には、目的地を伝えるだけで車が自動的に運転してくれるようになるかもしれない。

移動

自動車の移り変わり

初期の自動車は要するに「馬を使わない乗り物」で、馬の代わりにエンジンで駆動する荷車に過ぎなかった。初期のエンジンは蒸気機関だった。自動車が大きく進歩したのが1862年。ベルギー人技術者エティエンヌ・ルノアールが新たに考案した「内燃機関」で動く車を製造。シリンダー内部で燃料を燃焼させて動力を得るエンジンだ。

> **情報早わかり**
> ▶自動車の第1号はたびたび故障するため、ドライブにはあらかじめ馬も連れて行くことが多かった。
> ▶クルーズコントロールによって自動的に速度を一定に維持できる。この技術はアメリカ人発明家のラルフ・ティーターが1958年に開発した。

ガソリンエンジン車

- ❖ 発明 イポモビール
- ❖ 発明者 エティエンヌ・ルノアール
- ❖ 時代と国 1863年フランス

ルノアールの自動車の第1号は1862年に製造された三輪車で、ガスを燃焼させて動力にした。電気の火花で繰り返しガスを発火させる仕組みだった。翌年、ルノアールはこのエンジンを改良し燃料をガソリンに替えた新型車を発表、イポモビールと名付けた。

実用的な電気自動車第1号

- ❖ 発明 電気自動車
- ❖ 発明者 ウィリアム・アイルトン、ジョン・ペリー
- ❖ 時代と国 1881年イギリス

最初の実用的な電気自動車はイギリス人技術者ウィリアム・アイルトンとジョン・ペリーによるバッテリー駆動の三輪車だった。電気自動車は環境汚染が少ないため、これからは電気自動車の時代になると考えられている。

後輪が小さい

市販車第1号

- ❖ 発明 モートルヴァーゲン
- ❖ 発明者 カール・ベンツ
- ❖ 時代と国 1888年ドイツ

1888年、ドイツ人技術者カール・ベンツは初の一般向け市販車ベンツ・パテント・モートルヴァーゲンを製造した。この新型車の性能の宣伝に、妻のベルタに運転させて180kmの長距離旅行を敢行した。その後モートルヴァーゲンは大成功し、ベンツはまもなく年間600台を販売するようになった。

国民車

- ❖ 発明 フォルクスワーゲン・ビートル モデル 1300
- ❖ 発明者 フェルディナンド・ポルシェ
- ❖ 時代と国 1938年ドイツ

フォルクスワーゲン・ビートルは「国民車」として、低価格で誰にでも手に入るように計画された。1945年に発売され、かつてない人気の自動車となった。2003年に生産終了されるまでに、2150万台のビートルが製造された。

フォルクスワーゲン・ビートル（1948年）

コンパクトカー

- 発明 BMC Mini
- 発明者 アレク・イシゴニス
- 時代と国 1959年イギリス

街乗り用に設計された小型車として最初に成功を収めたのがミニだ。エンジンを横向きにし後輪駆動ではなく前輪駆動として車両全体が小さく収まるようにした。この発想は大成功で、現在も小型車のほとんどがこの構造だ。

BMC オースティン・セヴン・ミニ

ハイブリッド車

- 発明 トヨタ プリウス
- 発明者 トヨタ社
- 時代と国 1997年日本

ハイブリッド車はバッテリー駆動の電気モーターと燃料で駆動するエンジンの両方を搭載している。バッテリーがフル充電状態ならいつでも電気モーターで駆動するが、ガソリンエンジンでも走行できる。はじめて商業的に成功したハイブリッド車がトヨタ・プリウスで、1997年に発売された。

移動

電気自動車

- 発明 テスラ・ロードスター
- 発明者 マーティン・エバーハード、マーク・ターペニング
- 時代と国 2008年アメリカ

ガソリンやディーゼルが燃料の自動車は大気汚染と騒音を生む。そこで2008年、アメリカの自動車会社テスラ社はスタイリッシュなスポーツカー、ロードスターを発表し自動車の進化に新たな息吹をもたらした。ガソリンやディーゼルは使わないが、運転後には充電に長い時間がかかる。電気自動車は環境を大切にする車だ。

自動運転車

- 発明 アウディ A8L
- 発明者 アウディ社
- 時代と国 2017年ドイツ

自動運転車（ドライバーレスカーともいう）はレーダーやレーザー、GPS（p.265参照）を使って予定経路を把握し、周囲の状況を感知しながら人間のドライバーがいなくても自動で操縦してくれる。アウディA8Lは完全な自動運転車へ向けた現段階で

最高レベルの市販車。自動運転で長距離を走行でき、ブレーキをかけ、指定場所に自動で駐車することも可能だ。

リトラクタブル・ルーフ（格納可能な屋根）

バッテリーは車両後部に搭載されている。

▲ クリーンで安全
このロードスターは大気を汚染しない。強力なリチウム・イオンバッテリーから供給される電気で走る。

ヘンリー・フォード

アメリカ人実業家のヘンリー・フォードは手ごろな価格の
フォード・モデルT（pp.92-93参照）を発売し歴史に名を残した。
フォードは簡略化した設計と巨大工場での大量生産という手法を用い、
富裕層向けの嗜好品だった自動車を、大衆向けの日用品にした。
もしフォードがいなければ、自動車は現在の高級ヨットのように
普段は見かけることもない存在だったかもしれない。

みんなのための車

フォードの生産ラインには市場の需要に応えられる十分なスピードがあった。1914年までにフォードは毎年25万台以上を市場へ送り出し、その全車両の半分はアメリカ国内で生産された。

▶ モデルT
モデルTとヘンリー・フォード（1920年ころ）。
軽量鋼板製の車両は丈夫でメンテナンスも楽だった。

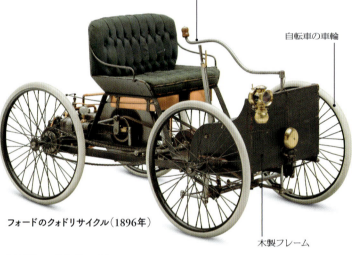

フォードのクォドリサイクル（1896年）
- 金属製の舵柄で車を操作する。
- 自転車の車輪
- 木製フレーム

簡単に製造できること

フォードが1896年に最初に開発した自動車は、簡素で、手ごろな値段の「クォドリサイクル」（四輪車）で、4つの自転車のホイールにガソリンエンジンを載せただけのものだった。このひとり乗り自動車には2本のドライブベルト（p.90参照）があって、車床に搭載したクラッチでこのベルトを操作する。フォードが目指したのは、熟練した車体製造工ではなく一般の作業員が迅速かつ大量に製造できる車を製造することだった。

組み立てライン

フォードの工場長チャールズ・ソレンセンは1913年に組み立てラインを導入した。製造中の自動車はレールの上をチェーンで牽引されて移動し、作業員はそれぞれ毎回同じ部品をひとつだけ取り付けてゆく。このノンストップ工程により、10秒に1台という速さで新車を量産した。

生涯

1863年	1876年	1879年	1896年
7月30日、アメリカ、ミシガン州ウェイン郡で、ウィリアム、メアリー夫妻の息子ヘンリー・フォードが誕生。	父親に与えられた懐中時計を分解しては組み立て直す。若きフォードは時計の修理を請負い始める。	家を離れ、デトロイトで見習い機械工となり、蒸気機関の取り扱いを学ぶ。	フォードはクォドリサイクルを製作、アメリカのデトロイトで試験運転。

移動

1903-1908年	1913年	1917年	1947年
フォード・モーター・カンパニーを創立し、最初の製品モデルA（左）を850ドルで販売。1908年にはモデルTを発売。	ミシガン州の工場に、ベルトコンベアを使った組み立てラインを導入。	ミシガン州ディアボーンに世界最大の工場を建設、自動車製造に必要なあらゆる種類の部門を1か所にまとめた。	フォードはディアボーンの自宅で死去。この時までに世界中のほとんどの自動車は大量生産によるものとなった。

移動

納車準備完了
「カータワー」（上から見たところ）には400個の格納庫があり、納車待ちの新車がリフトで自動的に収納される。ドイツ、ヴォルフスブルクのフォルクスワーゲン工場近くにある。顧客が注文した車を受け取るときには、このタワーから巨大な自動販売機のように車が出てくる。ロボット・アームが注文した車を部屋から引き出して降ろしてくれる。

移動

公共交通機関

ロンドやパリなどかつての工業都市は19世紀はじめに大きく成長し、職場からかなり離れて暮らす労働者が増えた。その結果、公共交通機関の整備にも拍車がかかった。列車に乗って仕事場へ向かうものもいれば、馬引きのバス、後には乗合自動車や路面電車を利用するものもますます増加した。

移動

最初の長距離バス

- **発明** メルセデス・ベンツ O 10000
- **発明者** メルセデス・ベンツ
- **時代と国** 1938年ドイツ

1930年代まではバスといえばたいてい街乗り程度の短距離区間の運行だったが、アウトバーン（p.103参照）の建設にともない、ドイツではバス製造会社が大型で高速の長距離用バスの製造を始めた。中でも最大のバスが、力強くボンネットが長くつきだしたメルセデス・ベンツ O 10000だった。

上方の架線にアームを接触させる。

最初の路面電車

- **発明** ジーメンス・トラム
- **発明者** ヴェルナー・フォン・ジーメンス
- **時代と国** 1881年ドイツ

世界初の路面電車システムが開設されたのはロシアのサンクトペテルブルクだったが、このシステムがきちんと整備された最初の都市は、1881年にジーメンス・トラムを導入したベルリンだった。ベルリンにはすでに20年前から馬引きの路面鉄道が走っていたので、路面電車への移行も容易だった。路面電車は軌道上を走り、上方の架線から得られる電力で駆動した。

乗合バス

- **発明** Bタイプ・バス
- **発明者** フランク・サール
- **時代と国** 1909年イギリス

乗合バスの先陣を切ったのがロンドンで、とくに有名なのが赤く塗装したオープントップのダブルデッカーだ。伝説的なBタイプは世界初の量産バスだった。第一次世界大戦の間約900台が兵員輸送用に使われた。

デラックス長距離バス

❖ 発明　GM シーニクルーザー GX-2
❖ 発明者　レイモンド・ローウィ
❖ 時代と国　1951年アメリカ

グレイハウンドバス会社向けに設計されたシーニクルーザーは、アメリカの象徴ともいえる。アメリカ都市間を結ぶ長距離の運行向けに特注され、超近代的なデザインに比類のない快適性を備えていた。1950年代中ごろから1970年代まで高速道路を走り続けた。

シーニクルーザー（1958年）

トラムトレイン

❖ 発明　トラムトレイン
❖ 発明者　カールスルーエ運輸連合（KVV）
❖ 時代と国　1992年ドイツ

クリーンな公共交通を求める都市にトラムが復活した。新しいコンセプトのトラムトレインは、都市内の路面電車の路線とともに他都市と結ぶ鉄道網上も運行できる。このアイデアはドイツのカールスルーエで始まったが、その後世界中の都市にもひろがりを見せている。

フランス、ミュルーズの最新型トラムトレイン

ゼロエミッション・バス

❖ 発明　シターロ燃料電池バス
❖ 発明者　ダイムラー・ベンツ
❖ 時代と国　2003年ドイツ

内燃機関を動力とするバスは多量の排気ガスを放出し大気を汚染する。そこで将来期待されているのがゼロエミッションの燃料電池バスだ。燃料電池は水素と酸素を結合させ電力を生み出す。排出される副産物は水だけで汚染は生じない。

ポッドカー

❖ 発明　アルトラ（ULTra）
❖ 発明者　マーティン・ローソン
❖ 時代と国　2005年イギリス

個人用高速輸送（PRT）システムは無人運転車とトラムを掛け合わせたような交通機関だ。「ポッドカー」という小型電動車両が軌道上を次々と移動する。各車両は1回に6人から10人を輸送できる。

移動

道路

道路建設の歴史は数千年の昔にさかのぼる。古代シュメール、エジプト、ローマ帝国そしてインカではみな舗装道路を建設していた。古代イスラム都市ではタールを使った道路さえ作っていた。しかし世界が爆発的に道路を建設するようになるのは、産業革命(pp.52-53参照)が起き自動車(pp.92-93参照)が登場してからだった。現在世界には延べ6500万km以上におよぶ道路がある。

信号はプログラムによって点灯、消灯し、すべての交差点で交通の流れを制御している。

情報早わかり

▶道路のほとんどは、アスファルトに砂利などの骨材を混ぜたターマックで舗装されている。

▶道路はコンクリート製のものもあり、ターマックより舗装費用が高くなるが長持ちする。

▶道路や空港の滑走路の建設に毎年1億200万トンのアスファルトが使われている。

信号機

交通量の多い合流地点では交通整理と安全を保つために信号機が欠かせない。自動車時代の幕開けのころ、ドライバーが頼っていたのは車についている矢羽根式方向指示器と交通巡査だった。それから1912年になってアメリカ、ユタ州ソルトレイクシティに、アメリカ人電気技師レスター・ワイアがはじめて色つき電球を使った信号機を設置した。現在ではコンピューターで制御するLED(p.181参照)の信号機が主流になっている。

キャッツアイ

イギリスの発明家パーシー・ショーは1933年のある晩車での帰宅途中、ヘッドライトがあたった猫の目が輝いているのに気付いたという。それで反射板を利用するアイデアを思いついた。今ではキャッツアイとかキャッツスタッドといい、夜間に道路のセンターラインの位置を示してくれる。最新式のスタッドの多くは太陽光発電を利用したLEDが使われ、一晩中輝いている。

古代の道路

古代ローマ人は道路建設の偉大な先駆者だった。ローマ軍を迅速に移動させ、帝国中で交易を行うため、それまで曲がりくねっていた道を、石で舗装した8万kmに及ぶ直線道路に作りかえた。雨水がうまく排水できるように中央部から路肩へむけ傾斜がつけられていた。

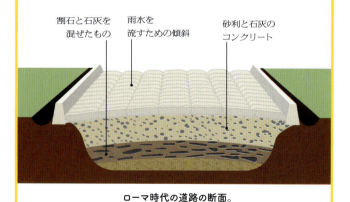

割石と石灰を混ぜたもの　雨水を流すための傾斜　砂利と石灰のコンクリート

ローマ時代の道路の断面。現代の道路の原型でもある。

イギリスの道路に設置されているキャッツアイ

中国の済南（ジーナン）で2017年に開通したソーラー高速道路

2010年、中国で史上最悪といえる交通渋滞が起き、高速道路で数千台の車両が10日間以上立ち往生した。

ソーラーパネルの上に透明のブロックが敷き詰められている。

発電道路

現代の道路技術者は、道路でエネルギーを生産するというアイデアの実験をしている。将来、道路はアスファルト製の単なる平らな路面ではなくなるだろう。太陽電池を敷き詰めて発電したり、路面を通過する車両の圧力で発電する「ピエゾ素子パネル」が埋め込まれるかもしれない。

移動

郊外道路

高速自動車道路は自動車で高速移動するための広い道路のこと（英語ではモーターウェイ、フリーウェイ、エキスプレスウェイなどという）。安全に追い越しができるように車線が複数あり、信号や交差点はなく、スムーズな車の流れを維持できる。1908年に開通したロングアイランド・モーター・パークウェイはアメリカで最初の高速道路だ。イタリアの最初の高速道路は1921年に開通したが、ドイツでそうしたアイデアが実現するのは1930年代になってからだった。

▼アウトバーン（1935年）
ドイツの多車線高速道路をアウトバーンという。1920年代に計画されていたが、完成したのは1935年だった。

帆の力

古代の帆船にはたいてい四角い帆があったが、当時帆が使えるのは後ろから風が吹く時だけだった。その後2000年前ごろにローマ人が三角帆を発明し、ラテンセイルあるいはラティーンセイルと呼ばれるようになった。三角帆はその角度を変えることで逆風でも船を走らせることができた。

移動

ラティーンリグを展開したカラベル船の模型

カラベル船

横帆の頑丈な船は沿岸域の航行には優れていたが、海洋での航海には向いていなかった。1400年代、ヨーロッパの船乗りは「カラベル船」というラティーンセイルという大型の三角帆を持つ軽量で高速航行できる船を使い始めた。カラベルなら長距離を高速で航海でき、しかも風向きにかかわらず帰港できることがわかって、船乗りたちは大洋を横断できるようになった。

スリー・マスターズ

1500年代ごろから、マストが2、3本、時には4本もある大型帆船が大洋を航海するようになった。巨大な帆面で風を受け船は重い荷を運ぶことができた。最初の軍艦は「マン・オブ・ウォー」として知られ、重い大砲を数多く載せることができた。

船には大砲が装備されている。

1660年のオランダ戦艦（マン・オブ・ウォー）の模型

▶ヨットは空を飛ぶ

アメリカズカップのオラクルチームのヨットは、水面から浮き上がってほとんど飛んでいるかのように時速96.5kmで疾走できる設計だ。ハイドロフォイル（水中翼。ダガーボードともいう）でヨットは浮上するため抵抗が減り海面を滑るように走る。

ライフジャケット

現代のライフジャケットの原型は、イギリスの北極探検家キャプテン・ジョン・ウォードが1854年に発明した。コルクのブロックで作られていたが着心地は良くなかった。現代のライフジャケットには発泡スチロールを詰めた柔らかいバッグを用いるものや、必要なときに炭酸ガスボンベのガスで膨らませるタイプもある。

双胴の流線型船体は軽量で丈夫なカーボンファイバー製。

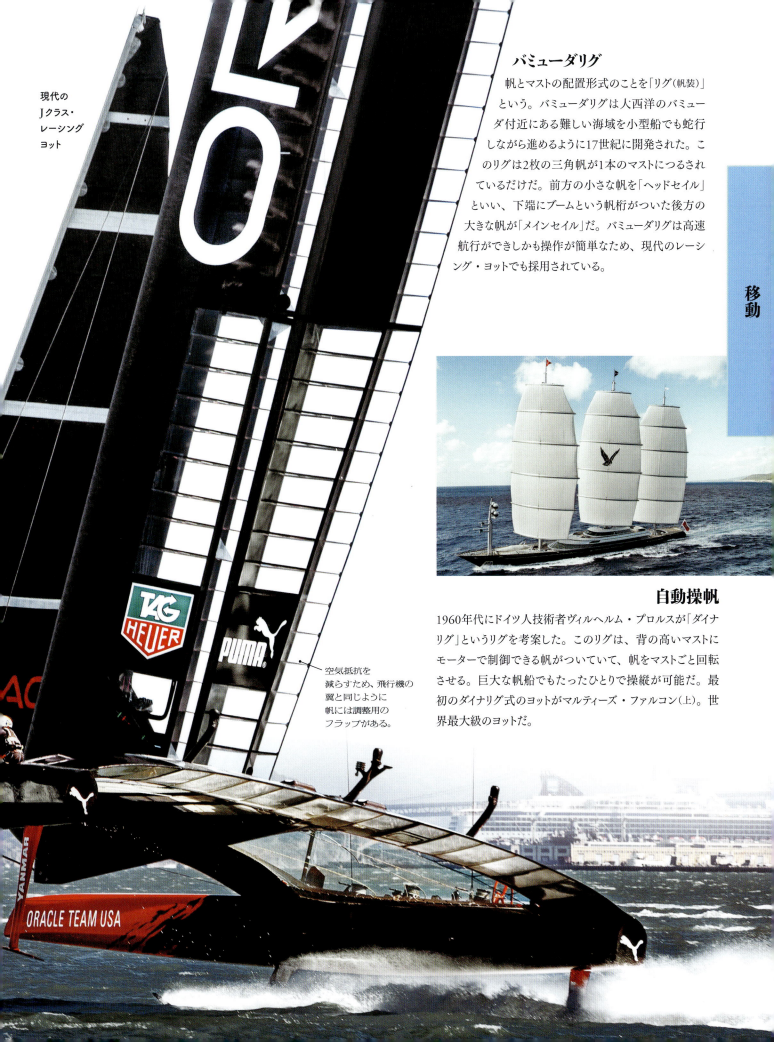

現代のJクラス・レーシングヨット

バミューダリグ

帆とマストの配置形式のことを「リグ（帆装）」という。バミューダリグは大西洋のバミューダ付近にある難しい海域を小型船でも蛇行しながら進めるように17世紀に開発された。このリグは2枚の三角帆が1本のマストにつるされているだけだ。前方の小さな帆を「ヘッドセイル」といい、下端にブームという帆桁がついた後方の大きな帆が「メインセイル」だ。バミューダリグは高速航行ができしかも操作が簡単なため、現代のレーシング・ヨットでも採用されている。

移動

自動操帆

1960年代にドイツ人技術者ヴィルヘルム・プロルスが「ダイナリグ」というリグを考案した。このリグは、背の高いマストにモーターで制御できる帆がついていて、帆をマストごと回転させる。巨大な帆船でもたったひとりで操縦が可能だ。最初のダイナリグ式のヨットがマルティーズ・ファルコン（上）。世界最大級のヨットだ。

空気抵抗を減らすため、飛行機の翼と同じように帆には調整用のフラップがある。

海をゆく

蒸気機関(pp.52-53参照)の発明により、帆船に代わって外輪やスクリューで駆動する船舶が実用化した。今日、乗客や貨物を運搬する船舶や軍艦は、エンジンを搭載して水中でスクリューを回転させ前進あるいは後進させている。最初の蒸気船が登場したのが1830年代。そして現在ではほとんどの船舶がディーゼル・エンジンを動力にしている。

スクリューの動作

スクリューを最初に開発したのは古代ギリシャの発明家アルキメデスで2300年前のことだが、その本領を発揮するのは蒸気船が発明されてからだった。船のスクリューは回転することで水を動かす。角度の付いたスクリューの羽根で水が後方へ押しだされると、その反作用で船は前方に進む。

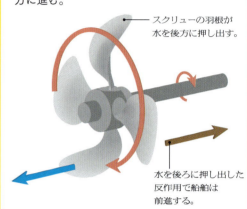

蒸気船フランシス・スミス号の船体模型(1836年)

新型スクリュー

初期の蒸気船には外輪が付いていたが、波の影響でよく壊れた。1830年代に、スウェーデンの発明家ジョン・エリクソンとイギリスの発明家フランシス・ペティット・スミスはコルク抜きのような形のプロペラを開発した。このスクリュー・プロペラは外輪より力があり嵐の海でも操船できた。

蒸気船グレート・ブリテン号の進水式

スクリューで航行

1843年、イギリスの技術者イザムバード・キングダム・ブルネルは先駆的蒸気船グレート・ブリテン号を進水した。当時最も革新的な定期客船だった。蒸気力とスクリューに鉄製船体を組み合わせた最初の船舶だ。グレート・ブリテン号は当時世界最大の船舶で、大洋を短時間で横断するために建造された。19世紀中ごろまでにはほとんどの船が外輪からスクリューに替わった。

原子力船

北極海の凍結海域をあえて航行する船には、分厚い氷を砕ける強力なパワーと長時間航行できる能力が必要になる。ロシアの「砕氷船」は原子炉で駆動し、燃料を補給せずに何年も航行できる。

ジェット推進

水を激しく噴出させて推進する船もある。「ポンプジェット」や「ジェットスキー」には「インペラ」という羽根車装置が付いている。船体にある管の中に隠れていて見えないが、このインペラで吸入口から水を吸い込み、後方へ噴出させて船を推進する。ポンプジェット推進の船は非常に高速で航行できる。

ハイブリッド動力

ほとんどの船はエンジンで直接スクリューを回しているが、クイーン・メリー2(右)など一部の定期客船そしてとくに艦艇では別の方式でスクリューを駆動させている。これらのハイブリッド船では、エンジンが回しているのはスクリューではなく発電機だ。その電力で電気モーターを動かしスクリューを回転させている。ハイブリッド船は標準的な船舶よりもエネルギー効率がいい。

移動

◀ **氷を割って滑るように進む**

世界最大の原子力砕氷船のひとつ、ロシアの50リェート・パベードゥイ号(勝利50周年号)は、2014年冬季オリンピックの聖火リレーの一環として北極点へ聖火を運んだ。

なめらかな船体と丸みのある船首が、船の重さで氷を割りながら凍結した海を進む助けとなる。

いろいろな船

最初の動力船は手漕ぎ船に
蒸気機関と外輪をつけただけのものだった。
やがて鋼鉄の船体と強力なエンジンが導入されると、
巨大なスーパータンカーや何千人もの乗客を運べる客船など、
あらゆる種類の巨大船舶が建造できるようになった。

> **情報早わかり**
>
> ▶2009年に引退した石油タンカー、シーワイズ・ジャイアント号は全長が史上最長で458.4mあり、立てたとするとアメリカのエンパイアステートビルディングより高くなる。
> ▶世界中には5万隻を超える船舶があり、その31%が貨物船、27%がタンカー、15%がバラ積み貨物船、13%が定期客船、9%がコンテナ船、その他が5%。

移動

最初の営業用蒸気客船

❖ **発明** クラーモント号
❖ **発明者** ロバート・フルトン
❖ **時代と国** 1807年アメリカ

実用的な蒸気船の第1号はフランスで1783年に製造されたピロスカッフ号だが、定期的に乗客を輸送する蒸気船の第1号となったのはクラーモント号だ。アメリカ人技術者ロバート・フルトンが1807年に建造し、アメリカのハドソン川をニューヨークからアルバニーまで上り下りして乗客を運んだ。

世界周遊蒸気船

❖ **発明** 蒸気船グレート・イースタン号
❖ **発明者** イザムバード・キングダム・ブルネル
❖ **時代と国** 1857年イギリス

イザムバード・キングダム・ブルネルは蒸気船グレート・ブリテン号で大成功を収めると、今度は世界一周できる燃料を積める巨大な蒸気船を建造したくなった。その答えが蒸気船グレート・イースタン号だった。全長211m、それまでに建造された船舶の6倍も大きい。しかし、大西洋を何度も横断したものの世界一周は実現せず、商業的にも成功しなかった。

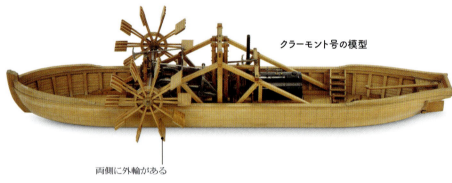

クラーモント号の模型

両側に外輪がある

▼**蒸気船グレート・イースタン号**
この船は一度に乗客4000人を運べる大きさだ。

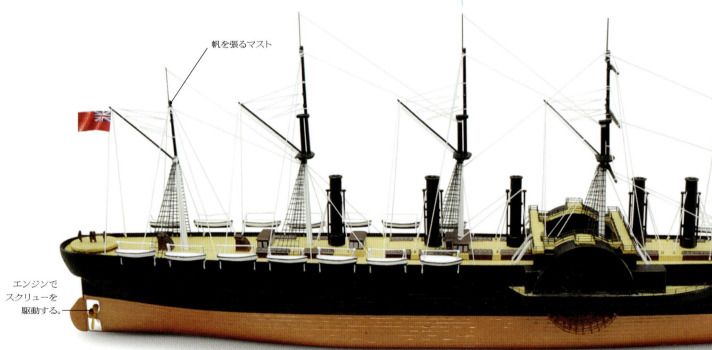

帆を張るマスト

エンジンでスクリューを駆動する。

タービン駆動船第1号

- **発明** タービニア
- **発明者** チャールズ・パーソンズ
- **時代と国** 1894年イギリス

1884年、イギリスの技術者チャールズ・パーソンズは、高圧蒸気でタービンつまり回転翼を回す蒸気タービンを発明した。10年後にはタービン駆動のタービニア号を進水させた。当時世界一高速で、最高時速は64km。現在の大型船舶の大部分はディーゼル・エンジンかディーゼル・エレクトリック式が用いられている。

WOW! ワーオ！
全長364mのフランス建造のハーモニー・オブ・シーズ号はこれまでで最大の客船。

コンテナ船

- **発明** アイデアルX
- **発明者** マルコム・マックリーン
- **時代と国** 1956年アメリカ

1956年、アメリカの輸送王マルコム・マックリーンは、梱包されただけのバラ積みの貨物（ルーズ貨物）を標準化された金属製の箱つまりコンテナに収めるアイデアを思いついた。コンテナは専用のコンテナ船に高く積み上げることができるうえ、荷積み荷下ろしも容易になる。このアイデアは非常にうまくいき、現在標準的な貨物の大部分はコンテナ船で輸送されている。

コンテナ船アガタ号

同じ大きさのコンテナをデッキ上に積み上げる。

移動

世界最大のソーラー・ボート

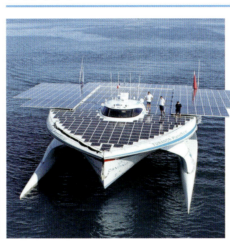

- **発明** トゥラノール・プラネットソーラー号
- **発明者** クニエリム・ヤハトバウ社
- **時代と国** 2010年ドイツ

世界最大のソーラー・ボートがトゥラノール・プラネットソーラー号。ソーラー・ボートとしてはじめて世界一周を成し遂げた。完全に太陽電池だけで動くモーターで航行する。トゥラノールとはイギリスの作家J・R・R・トールキンが有名な『指輪物語』で用いた造語で「太陽の力」という意味がある。

船体は鉄製二重構造で頑丈。

ロボット船

- **発明** ヤラ・ビルケラン号
- **発明者** ヤラ・インターナショナル社
- **時代と国** 2019年ノルウェー

ヤラ・ビルケラン号は世界初の自動運転船。乗組員がいなくても航海できるいわばロボット船だ。排ガスを出さないゼロエミッション・コンテナ船でもあり、ノルウェーの小さい港の間で肥料の輸送に使われる予定だ。初年度は少数の乗組員が搭乗するが、2020年までにはまったく無人で運行できる見込み。

航海術

果敢に航海に出る船乗りには、目的地を目指すための航海用具が必要になる。何百年もかけて四分儀や六分儀といった道具が開発された。これらは太陽や恒星の高度から船の現在位置を知る道具だ。方位磁石も欠かせなかった。一方、現在の船舶に不可欠なのが電子的な衛星ナビゲーション・システムだ。

移動

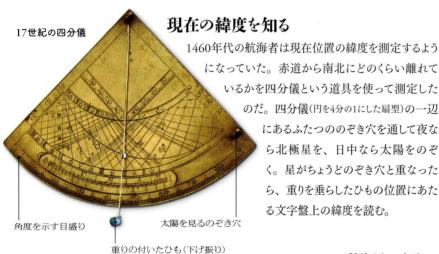

17世紀の四分儀

角度を示す目盛り　　重りの付いたひも(下げ振り)　　太陽を見るのぞき穴

現在の緯度を知る

1460年代の航海者は現在位置の緯度を測定するようになっていた。赤道から南北にどのくらい離れているかを四分儀という道具を使って測定したのだ。四分儀(円を4分の1にした扇型)の一辺にあるふたつののぞき穴を通して夜なら北極星を、日中なら太陽をのぞく。星がちょうどのぞき穴と重なったら、重りを垂らしたひもの位置にあたる文字盤上の緯度を読む。

海上の船舶が横揺れしても重りの振幅は変化しない。

▶航海用の時計
ジョン・ハリソンの航海用クロノメーターは航海中の時間計測の問題を解決した。

南極で六分儀を使う探検家(1930年)

六分儀

1730年代にイングランドのジョン・ハドレーとアメリカのトマス・ゴドフリーがそれぞれ独自に発明したのが六分儀。航海者は六分儀の望遠鏡をのぞき、2枚の鏡を使い天体の光を反射させ水平線に対する太陽や恒星の角度を測定する。六分儀に印刷された早見表からその角度に対応する緯度がわかる。長年の間六分儀は最高の航海道具だった。

正確な時刻を知る

現在位置の経度、つまり東あるいは西にどのくらい航海してきたのかを知るために、航海士は現在位置で太陽が南中する正午に、出港した場所の正確な時刻を知る必要があった。この時間差から経度がわかるからだ。しかし揺れの激しい船の上だと一般的な振り子時計では正確に時を刻めない。1735年イングランド人の時計職人ジョン・ハリソンは航海中も正確に動く航海用クロノメーターを製作した。

WOW! ワーオ！
衛星ナビゲーション・システムのおかげで、自動操縦で世界中を航海できる船舶もある。

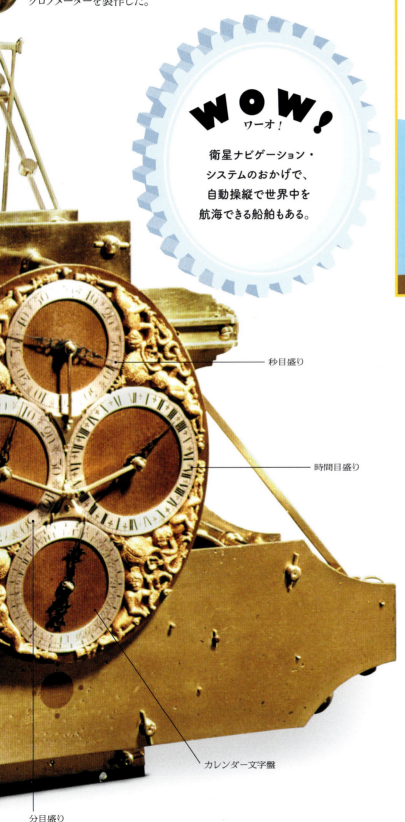

- 秒目盛り
- 時間目盛り
- カレンダー文字盤
- 分目盛り

ソナー

このシステムは音波を使って海中の物体を検出する。「ピング」という音波を発射し、反射して返ってくる音波つまりエコーをアンテナで検出する。1906年に、アメリカ人造船技師ルイス・ニクソンは氷山を検出する目的で最初のソナーに似た聞き取り装置を発明した。第一次世界大戦さなかの1915年には、フランス人物理学者ポール・ランジュヴァンは潜水艦の検出に役立つ最初のソナーを製作した。

- エコー（反射波）が返ってくる
- 音波を発射
- 潜水艦

移動

レーダー

1904年、ドイツ人発明家のクリスティアン・ヒュルスマイヤーがはじめてレーダー・システムを開発した。ヒュルスマイヤーは、濃い霧に包まれた船舶は目には見えないが、その物体に電磁波を反射させれば位置がわかることに気付いた。そこで最初はこの反射波が到着したらベルが鳴るようにしたが、その後画面上に輝点で表示されるように改良された。第二次世界大戦中、レーダーは敵側艦船の探知に使われた。その後レーダーは航海を支援するための重要な装置となった。

探査船のレーダー画面に氷山の位置が示される。

海中へ

かつて潜水艦を夢見た先駆者たちは、深海の様子を想像しては心を躍らせた。古代ギリシャのアレキサンダー大王は、大きなガラス瓶の中に入って海中に潜ったと伝えられている。1500年代にはダイビング・ベル（潜水鐘）という空気を満たした底のない鐘型容器のような部屋に入って潜るのが海底探検家の間で流行した。そして水中に潜行する乗り物が試作されるようになり、現代的な潜水艦への発達が始まる。

移動

上昇、下降するためのプロペラ

木製の船体

カメになって潜る

アメリカ人発明家デイヴィッド・ブシュネルの「タートル」は実際に作動する近代的潜水艦の第1号といわれる。ひとり乗りの木製の樽にプロペラと操縦ギア、のぞき窓を付けた。タートルは1773年に製作され、アメリカ独立戦争ではひそかにイギリス船に爆薬を仕掛ける工作をしたが、任務は成功しなかった。

最初のエアロック

1894年、アメリカ人技術者シモン・レイクは潜水艦アルゴノート・ジュニアに世界初のエアロックを装備した。エアロック・システムはドアが2枚付いた部屋だ。潜水夫が潜水艦から外へ出る場合、この部屋に入り水を満たしてから外側のドアを開く。潜水夫が艦内に戻るにはエアロックに入り外側ドアを閉じて室内を排水してから、内側ドアを開く。

潜水艇アルヴィン号の模型

海底へ降下する

1964年に建造されたアメリカの探査船アルヴィン号は潜水艇だ。潜水艦とは違い、潜水艇には海上で電力や空気を供給するサポート要員が必要だ。アルヴィン号は海中で9時間活動でき、科学者2名とパイロットひとりを乗せ4500mの深さまで潜れる。50年間に4000回以上潜水したが、今もまだ現役だ。

船体が弾丸の形をしているため、水による抵抗が小さい。

ボンベから潜水夫のマウスピースへ酸素を送るチューブ。

最新のスキューバを装備した潜水夫

酸素ボンベ

水中呼吸装置

イタリア人発明家レオナルド・ダ・ヴィンチが潜水服を考案したのは約500年前のことだったが、実用的な潜水システムがはじめて実現したのは1943年になってからのことだった。フランス人ジャック・クストーとエミール・ギャグナンが自給式水中呼吸装置（スキューバ）を発明したことで、背負ったボンベから酸素を呼吸しながら水中を泳げるようになった。

潜行と浮上

バラストタンクが空気でいっぱいになると、潜水艦は海面に浮いた状態を維持する。

再び浮上するには圧縮して蓄えておいた空気をタンクに入れ水を押し出す。

排気口を開けると水が入り、空気を押し出す。潜水艦は潜行を始める。

タンクが水でいっぱいになると、潜水艦は最大深度まで潜行する。

潜水艦の外殻はすべて二重構造になっている。二重の外殻の間にはバラストタンクという大きな空間があり、ここに水を蓄えられるようになっている。潜行するとき、潜水艦はこのタンクに水をいっぱいになるまで押し込む。すると船体が重くなって沈む。再浮上するにはバラストタンクの水を押し出して船体を軽くする。

移動

ブリッジと呼ばれる小さなデッキ部分は、潜水艦が浮上した時の監視に使われる。

現代の潜水艦

隠蔽活動のために建造され、現代の潜水艦のほとんどは軍事用だ。今日の海軍はディーゼル・エレクトリック方式の潜水艦（下）と原子力潜水艦の両方を配備している。原子力艦は再浮上しなくても何か月もの間水中で活動できるし、燃料を補給せずに世界中の海を航行できる。潜水艦の動力となる原子炉は酸素がなくても莫大なエネルギーを生み出せる。しかしこうした潜水艦にも浮上しなければならない理由がふたつだけある。食料の補給と廃棄物の処分のためだ。

アメリカハワイ沖で海軍軍事演習中の潜水艦

移動

航空母艦

米海軍航空母艦ジェラルド・R・フォードから離陸する戦闘機。航空母艦は艦艇の中で最大で、戦闘機が離陸、着陸をするフライトデッキは全長305m。司令塔にいる指揮官は艦載機の離着陸を管制する責任がある。

移動

鳥のような尾翼

ストリングフェローの飛行機械（1848年）

空へ

人は何百年も前から翼を身体に縛り付けては空中へ飛び出し、鳥のようにはばたこうとしてきた。しかしそうした努力はかなわず、たいてい悲惨な最期となった。イギリスの技術者ジョージ・ケイリー卿が気付いたのは飛行中に翼に作用する「揚力」などの力が存在することだった。翼をつけて空を飛ぶ原理に関する重大な発見だった。しかしライト兄弟（pp.118-119参照）が制御された動力飛行を成功させたのは1903年になってからのことだった。

動力飛行

1847年、イングランドの発明家ジョン・ストリングフェローとウィリアム・ヘンソンは小さな蒸気機関を動力にした飛行機械の模型を製作したが、完全に離陸することはできなかった。ストリングフェローはその後2分の1の大きさの模型機を製造し、1848年にはじめて動力飛行に成功している。

移動

揚力の発見

1800年代のはじめ人々は気球で飛ぶことはできたが、イギリスの技術者ジョージ・ケイリー卿は翼にこそ飛行の未来があると考えていた。ケイリー卿は凧で実験をし翼の形状に関する理論を打ち立てた。実物大のグライダーも製作している。1849年にはケイリーのグライダーで10歳の少年が空中に舞い上がり、世界初の有人飛行となった。

尾翼と主翼はリネン製で葦で作った枠に張られている。

ケイリーのグライダー

飛行艇

1903年にライト兄弟が動力機での有人飛行という偉業を達成すると、飛行機は急速に発達した。1930年代になるとショート・エンパイアやマーティンM-130、ボーイング314といった巨大な「飛行艇」とともに空の旅の時代が始まった。当時の世界には空港はほとんどなかったが、都市にはたいてい川が流れていた。そこで水上から離陸と着陸ができるように設計されたのが飛行艇だった。有名なアメリカの「クリッパー」という飛行艇はとても巨大で、乗客は高級客船に乗っているような気分だった。

フライ・バイ・ワイヤ

古いタイプの飛行機は、飛行を制御するフラップをケーブルとレバーを使い機械的に動かしていた。音より速い超音速ジェットコンコルドは「フライ・バイ・ワイヤ」(電気信号を使った操縦)を採用した最初の飛行機だった。「フライ・バイ・ワイヤ」では、パイロットが操縦桿を操作するとその動きが電気信号に変換される。この信号が電線(ワイヤ)で電気モーターに伝わりフラップを動かす。自動操縦モードの場合は、飛行機はコンピューターにより自動的に制御される。

先端部は視界を良くするため上下に調整できる。

コンコルド

グラスコックピット

1960年代後半には、アナログ計器から電子的なディスプレイに置き換わった。こうした最近の航空機の操縦室を「グラスコックピット」(ガラスのコックピット)という。必要な情報やコンピューター・アップデイト、飛行経路などを表示する多くのディスプレイがずらっと並んでいるため、そう呼ばれるようになった。

移動

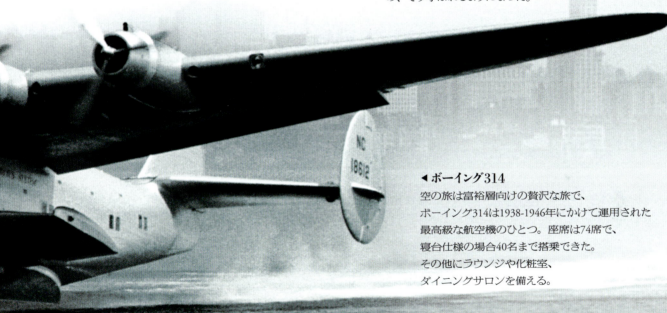

◀ボーイング314

空の旅は富裕層向けの贅沢な旅で、ボーイング314は1938-1946年にかけて運用された最高級な航空機のひとつ。座席は74席で、寝台仕様の場合40名まで搭乗できた。その他にラウンジや化粧室、ダイニングサロンを備える。

飛行機に作用する力

飛行機が動き出すと角度のついた翼が空気の流れを切り、流れの一部が下向きになって「揚力」という力が生まれる。この力と飛行機の重量とが釣り合うことで空中にとどまれる。さらに飛行し続けるには、エンジンが生み出す「推力」という前進する力によって、空気によって生じる「抗力」という後ろ向きの力を相殺する必要がある。

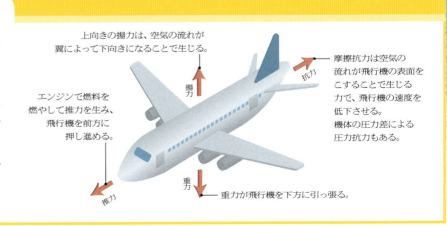

上向きの揚力は、空気の流れが翼によって下向きになることで生じる。

エンジンで燃料を燃やして推力を生み、飛行機を前方に押し進める。

摩擦抗力は空気の流れが飛行機の表面をこすることで生じる力で、飛行機の速度を低下させる。機体の圧力差による圧力抗力もある。

重力が飛行機を下方に引っ張る。

ライト兄弟

アメリカ人のウィルバー・ライトとオーヴィル・ライト兄弟がはじめて有人動力飛行に成功して、飛行時代の幕が切って落とされた。1903年12月17日アメリカのノースカロライナ州キティホークを離陸したのは「フライヤー号」。それまでも多くの先駆者たちがエンジンつきの飛行機を飛ばそうとしてきたが、ことごとく大破していた。ライト兄弟の偉業は操縦を可能にしたことだ。フライヤー号の飛行距離はわずか37mだったが、離陸と着陸を完璧に制御できた。

移動

WOW! ワーオ！

ライト兄弟はコインを投げてどちらが最初に飛ぶか決めた。ウィルバーが勝ったが、最初の飛行ではエンジンが止まってしまった。

生涯

1867年
アメリカ、インディアナ州ニューキャッスル近郊の農場でウィルバー・ライト誕生。弟オーヴィルは4年後オハイオ州デイトンで生まれる。

1896年
兄弟は自転車製造業を始めるが、ドイツの飛行家オットー・リリエンタールがハング・グライダーで飛行したことを知り、飛行機作りに転向。

1899年
兄弟はノースカロライナ州キティホークに移り、飛行技術を磨き上げるため飛行機の試作機を製作し始める。

1903年
オーヴィルが「フライヤー号」ではじめて有人動力飛行に成功する。飛行機の新時代が始まった。

それは自転車工場でのこと

ライト兄弟が最初に始めた仕事は自転車の製造、修理だった。兄弟はその技能と自転車の部品を使い、最初の飛行機「フライヤー号」を製作した。フレームは木製で、飛行機のプロペラとエンジンは自転車のチェーンで繋いだ。

グライダー

ライト兄弟は動力飛行機を製作する前に、ワイヤで操作するグライダーの実験をしていた。そして砂丘から駆け下りながらそのグライダーを飛ばした。パイロットは腰にあてた鞍を動かして操縦した。鞍が動くとワイヤーが引っ張られて翼が曲がり、方向を変えることができた。

ライト兄弟がグライダーで試験飛行（1901年ころ）

移動

操縦

翼に接続したワイヤーを引っ張り左右の翼を逆にひねると、機体は進行方向に対して左あるいは右に回転する。オーヴィル・ライトはこの操縦法を「フライヤー号」に用いた。こうした翼を「たわみ翼」という。現在の飛行機はたわみ翼の代わりに補助翼を使っているが、翼の形状を変えて空中の飛行を制御するというアイデアは偉大な発見だった。

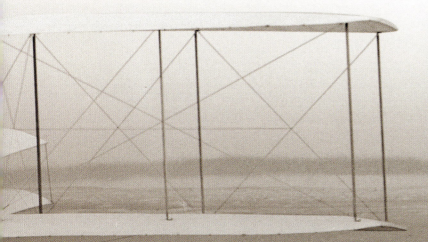

▲処女飛行
歴史に残る初飛行で翼の間に伏せる姿勢でフライヤーを操縦するオーヴィル・ライト。飛行時間は12秒だった。

1905年
アメリカのオハイオ州ハフマンプレーリーでオーヴィルは改良型「フライヤー号」に乗りわずか38分で38.9kmを飛行した。

1912年
1912年5月30日ウィルバー・ライトは自宅で45歳で死去。オーヴィルは1915年に売却するまでライト社の社長を務める。

1948年
オーヴィルは飛行コンサルタントとして何十年も仕事を続けた。1948年1月30日70歳で死去。

ジェット機から
ソーラー・プレーンへ

初期の飛行機はプロペラが動力で速度は遅かった。旅客機の飛行高度も低いため雲の中を飛ぶことになり、乱気流で機体が激しく揺れた。しかし1930年代になってジェットエンジンが発明されると、そんな空の旅も一変した。ジェットエンジンの飛行速度ははるかに速く、雲の上の穏やかな大気の中を飛べるようになった。大陸間もわずか数時間で横断できるようになり、現在のような空の旅が実現した。そして科学者は今、新たな飛行動力の開発を進めている。

翼の大部分は木製。

ハインケル He-178
ジェット機

最初のジェット機

❖ **発明** ハインケル He-178
❖ **発明者** ハンス・フォン・オハイン
❖ **時代と国** 1939年ドイツ

最初のジェットエンジンが開発されたのは1930年代のことで、ドイツの科学者ハンス・フォン・オハインとイギリスの技術者フランク・ホイットルがそれぞれ独自に発明した。その後1935年オハインは、ジェットエンジンで超高速飛行機が実現すると見込んだドイツ航空機メーカーのエルンスト・ハインケルとチームを組んだ。1939年8月27日、ハインケルのテスト・パイロットがはじめてジェット機の飛行を成功させた。

ジェット旅客機

❖ **発明** デ・ハヴィランド・コメット DH 106
❖ **発明者** ロナルド・ビショップ
❖ **時代と国** 1952年イギリス

1952年、デ・ハヴィランド・コメットDH 106別名コメット1は定期運航の旅客機としてはじめて就航したジェット機だ。それによってイギリス＝南アフリカ間など長距離旅行に要する時間は半分に短縮された。現在では2万機を超えるジェット旅客機が人々を乗せて世界中を飛び交っている。

▼ **ボーイング 777-300ER**
典型的な中型旅客機で、一度に約400人を乗せられる。

ボーイング 777は、2基のジェットエンジンで飛ぶ世界最大のツインジェットだ。

最速のジェット機

- **発明** ロッキード SR-71 ブラックバード
- **発明者** クラレンス・"ケリー"・ジョンソン
- **時代と国** 1964年アメリカ

軍用ジェット機は音速の3倍の速さで飛ぶ。ロッキード SR-71は大西洋を2時間足らずで横断し、1976年7月28日には時速3529.6kmを記録し、ジェット機による最高速度を達成した。SR-71は「ステルス機」でもあり、計算された形状に「電波を吸収する」特殊な黒色塗料を用いているため、敵のレーダーに捕捉されにくい。

飛行中のNASAのX-43Aの想像図

機体下に設置したエンジンは酸素を集める。

最速航空機

- **発明** X-43A
- **発明者** NASA
- **時代と国** 2004年アメリカ

ロケットは高速で飛行できるが、燃料と混合して燃焼させるために重量の大きな液体酸素を載せなければならなかった。NASAは超高速スクラムジェットを開発してこの問題を解決した。このジェットエンジンは飛行中に周囲の大気から燃焼に必要な酸素を得る。X-43Aスクラムジェットは、実験的な超音速無人飛行機で、初飛行は2001年だった。製造されたのはわずかに3機。3機目のテスト飛行は2004年に行われ、キーンという音を残して大気中を時速約1万1200kmで飛行した。

チタン製の機体は耐熱性があり軽量で、超高速飛行が可能だ。

ソーラー・プレーン

- **発明** ソーラー・インパルス1
- **発明者** アンドレ・ボルシュベルグ、ベルトラン・ピカール
- **時代と国** 2009年スイス

ジェット機は大気を汚染するため、飛行機の動力について技術者は新たな方法を研究している。そのひとつがソーラー・パワー(太陽光発電)。スイスのパイロット、アンドレ・ボルシュベルグとベルトラン・ピカールは、翼に太陽電池をのせ、充電用バッテリーを搭載したソーラー・インパルス1を開発した。さらに2号機であるソーラー・インパルス2(上)では、2016年にソーラー・パワーだけではじめて世界一周を成し遂げ、汚染を出さないクリーン・テクノロジーでは不可能と思われていた目標が実現できることを示した。

最速のグライダー

- **発明** DARPA ファルコン HTV-2
- **発明者** DARPA(国防総省国防高等研究事業局)、アメリカ空軍
- **時代と国** 2011年アメリカ

なんと2時間足らずで世界一周してしまう。それがロケット発射グライダー、DARPA ファルコン超音速試験機2(HTV-2)のスピードだ。ロケットで空中高く運ばれてから地上へ滑空する。実験機ではあるが2011年のテスト飛行期間中に時速2万1000kmという最高速度を記録したが、その後大破した。

HTV-2の想像図

WOW! ワーオ!
世界中で2万機ほどあるジェット旅客機のうち、常に1万1000機以上が飛行している。

移動

その他の飛行機械

飛行機が飛ぶには翼が必要だが、翼で「揚力」を生むためには
常に飛行を続けなければならない。他の飛行方法としては
ヘリコプターのようにローターのブレードを旋回させて生じる揚力を利用する。
この方法によってヘリコプターやドローンはほぼ垂直に離着陸し、
空中で停止(ホバリング)することもできる。

移動

空へ連れて行って

1783年、モンゴルフィエ兄弟はシルク製の気球(左)に温かい空気を詰め、はじめての有人飛行を成功させた。温かい空気は冷たい空気より軽いことを利用して気球は上昇する。その他の初期の気球は空気より軽い水素ガスを詰めていた。こうして気球で飛行した時代は100年続いた。

ベル 47 ヘリコプターの
レプリカ

テイル・ローター

2枚羽根(ツイン・ブレード)の
メインローター

回転するブレード

ヘリコプターはドイツの技術者アントン・フレットナーやロシアの航空機設計士イーゴリ・シコールスキーらにより1920年代に開発され、最初のうちは主に軍隊が利用していた。民生用に製造されたヘリコプター、ベル47が離陸したのは1946年のことだった。バランスのいい2枚羽根(ツイン・ブレード)のローターで、コンパクトでしかも安定していた。

空の巨人

100年前、乗客を乗せた巨大な飛行船が大西洋を優雅に横断していた。気球と同じように飛行船も空気より軽いヘリウムなどのガスで上昇したが、思いどおりの方向に飛行できるようにエンジンも搭載していた。現在世界最大の航空機はエアランダー10という全長92.05mの飛行船(下)だ。この実験機は滑走路が必要なく、重い貨物でも遠方まで輸送できる。

飛行中に作用する力

ヘリコプターはローターを回転させて揚力を得る。パイロットは一度にすべてのブレードの角度つまり「ピッチ」を大きくして大きな揚力を得る。これをコレクティヴ・ピッチ・コントロールという。

特定の方向に向けてヘリコプターの舵を切るには、個々のブレードの角度を変化させる。

飛行機の翼と同じように、ブレードが空気の流れを切り裂いて揚力を得る。

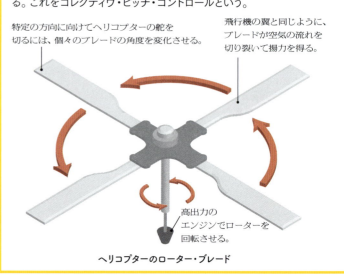

高出力の
エンジンでローターを
回転させる。

ヘリコプターのローター・ブレード

各アームの先にツイン・ブレードのローターがある。

ヴォロコプター VC200

旅客ドローン

ドローンは小さなロボットのような飛行機で、自動または遠隔操作で飛行する。ドローンには複数のローターがあって飛行位置を正確に制御できる。カメラを積んで遠隔操縦する小型のドローンがほとんどだ。危険で接近できない場所でも空から画像を撮影できる。一方ドイツの電気で駆動するヴォロコプターは小型の空飛ぶ自動車のようなもので、まだ実験機の段階だが2名まで搭乗できる。

移動

電動エアタクシー

リリウム・エアタクシーという発想はまだ試験段階だが、将来は乗客を乗せる計画だ。大気を汚染せず、静かな電動ジェットエンジン（化石燃料は使わない）を動力とする空飛ぶ車だ。この航空機には12のフラップがあり、エンジンによる揚力の発生を補助する。離陸時にはフラップは垂直に立てられ、いったん空中に上昇すればフラップを水平にして加速を助ける。

飛行モードによって、フラップを垂直位置から水平位置に変える。

▲ リリウム・タクシー
この空中タクシーは5人まで乗せて飛行できる予定。

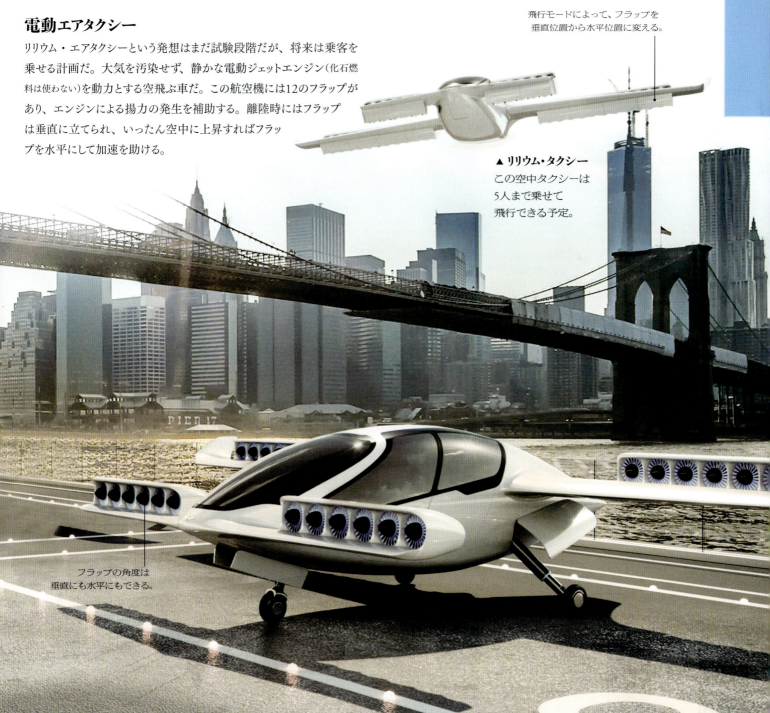

フラップの角度は垂直にも水平にもできる。

移動

ドローン宅配

遠隔操作できる無人飛行機ドローンの用途は幅広く、スパイ活動や戦闘にも利用されている。現在、宅配業界ではオンラインで注文を受けた商品や医療品、毎日の食事まで宅配できるドローンを開発中だ。写真は試験飛行中のドローンでパーセルコプターという。2013年から続いている一般消費者向け商品をドローンで宅配する研究プロジェクトの一環としてドイツで製造された。

移動

鉄道

初期の鉄道では軌道上の客車を引いていたのは人や動物（ウマやロバ）だった。そんな鉄道が一気に発達したのは蒸気機関車が発明されたからだ。初期の蒸気機関（pp.52-53参照）は据え置き型で、主にポンプや工場の機械の動力源として使われたが、鉄道の動力として用いるには巨大過ぎた。鉄道が飛躍的に発達するのは小型で強力な高圧蒸気エンジンが開発された1800年ごろのことだ。

移動

世界初の公共鉄道

1825年、イギリスのストックトン＝ダーリントン間は世界初の市民に開放された鉄道となった。石炭輸送用に建設されたが、開通当日になると人々が無蓋車に飛び乗り全線を乗車した。36両連結の無蓋車を蒸気機関車ロコモーション1号が牽引し、石炭や小麦粉、労働者そして乗客を輸送した。上図は1925年に開通式を再現した様子。

情報早わかり

- 世界初の高圧蒸気機関は1790年代にアメリカ人発明家オリヴァー・エヴァンスが発明した。
- リチャード・トレヴィシックは最初の蒸気機関車を製作する3年前に、道路を走る蒸気力車「パフィン・デヴィル号」を製造した。
- 1934年に蒸気機関車としてはじめて時速160km（時速100マイル）という公式記録を残したのがイギリスのフライング・スコッツマン号だが、シティ・オブ・トゥルーロ号がそれより30年早く記録していたとする説もある。

蒸気力で前進

1804年、イギリス人技術者リチャード・トレヴィシックは世界初の蒸気機関車「ペナダレン号」を発明した。ペナダレンにはトレヴィシック自作の高圧蒸気機関が搭載されていた。その能力を実証するためトレヴィシックは賭けに出た。馬で貨車を引かせるために敷設したレール上で、10トンの石炭を牽引できることに賭けたのである。ペナダレン号は石炭を14km牽引し、トレヴィシックはこの賭けに勝った。

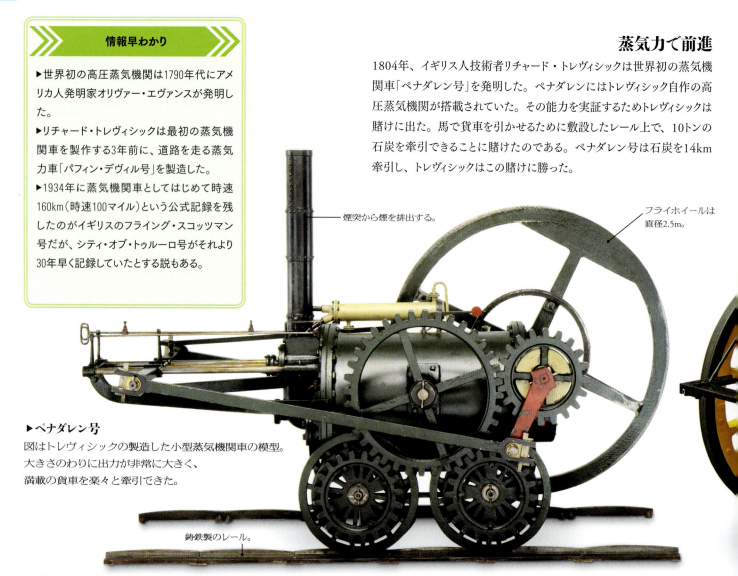

▶ペナダレン号
図はトレヴィシックの製造した小型蒸気機関車の模型。大きさのわりに出力が非常に大きく、満載の貨車を楽々と牽引できた。

- 煙突から煙を排出する。
- フライホイールは直径2.5m。
- 鋳鉄製のレール。

スティーヴンソンのロケット号

1829年、イギリスのランカシャー州レインヒルで、大群衆が見守る中5台の蒸気機関車がその能力を競った。イギリスのリヴァプール＝マンチェスター間の世界初の旅客鉄道で客車を牽引する蒸気機関車を決めるコンテストだった。勝ったのはイギリス人技術者ロバート・スティーヴンソンのロケット号で、時速40kmに達した。ロケット号はすぐに世界で最も有名な機関車となった。

ボイラーから出る高温の空気と煙を放出する煙突。

WOW!
ワーオ！
ロケット号が貨車を引いた45年間に、世界中で25万7000kmを超える鉄道の線路が敷設された。

ボイラーを加熱する火室。

ボイラーで水を加熱して蒸気を作り、ピストンを動かす。

端が四角い赤い腕木が水平に出ていると「停止」の意味。

警告信号

腕木式信号機は蝶番で腕木を異なる角度に固定でき、その角度によって列車の運転士にメッセージを送る。イギリス人技術者チャールズ・ハットン・グレゴリーが1842年にはじめて使用し、運転士に前方に存在する危険を知らせた。その後、時とともに色灯式信号に置き換えられてきた。

黄色はこの信号が「遠方信号」であることを示していて、腕木が水平なら「注意」を意味する。

ボイラーに供給する水を入れた樽。

移動

機械式腕木信号機

鉄路を走る

1825年にイギリスのストックトン＝ダーリントン間で世界初の鉄道が開通してから、列車の技術は大きく発展した。蒸気機関車は鉄道で100年以上も活躍したが、50年の間にほぼ完全にディーゼル機関車と電気機関車に置き換わった。

移動

ディーゼル電気機関車

- 発明　EMD FT
- 発明者　ゼネラルモーターズ EMD
- 時代と国　1939年アメリカ

この力強い機関車の運用が始まるまでは、蒸気機関車に代わって鉄道の主役となっていたのはディーゼル機関車だった。ディーゼル電気機関車は上方の架線から電力を得る電気機関車とは違い、既存の軌道だけあれば運行できた（ディーゼル機関で発電し電気モーターを駆動）。機関車名FTの「F」は1400馬力（Fourteen Hundred horsepower）であることを表し、FTは必ず2台セットで販売されていたので「T」は双子（Twin）を意味する。

最初の地下鉄

- 発明　メトロポリタン鉄道
- 発明者　ジョン・ファウラー
- 時代と国　1863年イギリス

混雑する都会に鉄道を建設するという難問は、地下を走らせることで解決した。世界最初の地下鉄がメトロポリタン鉄道で、1863年1月にロンドンで開業。ガス灯を装備した木製の客車を蒸気機関車で牽引したが、閉鎖的なトンネル内では煙で窒息する危険があった。

地下深くを走る電気鉄道

- 発明　シティ・アンド・サウス・ロンドン鉄道
- 発明者　ジェームズ・ヘンリー・グレートヘッド
- 時代と国　1890年イギリス

現在、世界の多くの大都市では電化された地下鉄が人々の移動手段となっている。電化された最初の地下鉄は1890年にロンドン＝ストックウェル（ロンドン郊外）間に建設された。トンネルは非常に狭く車両も非常に小さかった。座席にはクッションがあり背もたれも高かったため「パディッド・セル」（クッション壁のある病室）というニックネームがついた。

WOW！
ワーオ！

2016年実験中の日本のマグレヴ（リニアモーターカー）が最高時速603kmを記録した。

世界最速の蒸気機関車

- 発明　マラード号
- 発明者　ナイジェル・グレスリー卿
- 時代と国　1938年イギリス

蒸気機関車は1930年代に絶頂期を迎え、マラード号は当時の最先端技術だった。1938年7月3日、マラード号は蒸気機関車の世界最高速度を記録した。イギリスのロンドン＝エジンバラ間での最高速度は時速203kmに達した。

高速弾丸列車

- ❖ 発明　新幹線
- ❖ 発明者　日本国有鉄道(現在のJR)
- ❖ 時代と国　1964年日本

1964年、日本に流線型の弾丸電車、新幹線が登場した。ゆるやかなカーブを描く専用の軌道を高速走行する。今日ではこうした高速列車が世界の多くの国で走行している。

磁気浮上式鉄道(マグレヴ)

- ❖ 発明　上海マグレヴ・トレイン(SMT)
- ❖ 発明者　ジーメンス、ティッセンクルップ
- ❖ 時代と国　2004年中国

世界最速の列車には車輪もなければエンジンもない。強力な磁石で列車を軌道の上に浮上させて走らせる。こうした列車は英語では磁気浮上を意味するmagnetic leviationを略してマグレヴ(maglevs)と呼ばれている。上海都心と空港を結ぶSMTの最高速度は時速430km。

軌道上にある磁石と列車の底にある磁石が反発しあって列車が浮上する。

移動

最高速の弾丸列車

- ❖ 発明　復興号(フウシン)
- ❖ 発明者　中国鉄路総公司
- ❖ 時代と国　2017年中国

中国には現在世界最速の弾丸列車がある。最新の列車は「復興」という意味の復興号(フウシン)で最大速度は時速400km、平均時速350kmで運行されている。中国の北京＝上海間の1318kmをわずか4時間半で結ぶ。

空中鉄道

世界最古の懸垂式モノレールは1901年以来、今もドイツのヴッパータールで運行されている。12m上空から渋滞する道路を見下ろし、混雑する通りや川を渡って滑るように走る。全長13.3kmの軌道は鉄骨構造の塔からつり下げられ、地元の人々の足となり、観光客にわくわくする体験を提供している。このモノレールのお手本となったのは1897年にドイツ人技術者カール・オイゲン・ランゲンが製作した実験的な懸垂式電動モノレールだ。

移動

移動

スティーヴンソン親子

最初の蒸気機関車は1804年に製作されていたが、蒸気鉄道を実用化したのは技術者親子のジョージ・スティーヴンソンとロバート・スティーヴンソンだった。ふたりは1825年に世界初の公共鉄道を建設し(p.126参照)、有名なロケット号(p.127参照)を製造した。この鉄道が開業した1830年にロケット号はイギリスのリヴァプール゠マンチェスター間ではじめて旅客を乗せた車両を牽引した。

▶作業中の親子
スティーヴンソン親子は経験豊かな技術者で、鉄道の可能性を見通しそれを実現する才能があった。

安全灯

炭鉱内では空気中に可燃性ガスが含まれるため、照明にロウソクを使うと爆発事故が起きやすかった。そこで1818年、ジョージ・スティーヴンソンとイギリスの科学者ハンフリー・デーヴィーはそれぞれ炭鉱作業員用の安全灯を提案した。炭鉱内の可燃ガスが炎に接触しないように、ロウソク全体に覆いをつけた設計だ。まもなくするとスティーヴンソンの安全灯はイングランド北東部一帯の炭鉱で幅広く使われるようになり、電灯が出現するまで炭鉱内を照らした。

ジョージ・スティーヴンソンの設計による安全灯

軌道から橋梁まで設計

スティーヴンソン親子は軌道やエンジンの設計の他に、橋梁も設計した。ロバート・スティーヴンソンが設計した北ウェールズ、メナイ海峡にかかる鉄橋は革新的だった。煉瓦造りの巨大な橋脚に支えられた箱型の鉄製チューブの中を列車が走る。列車の荷重はこの箱型チューブの4面全体に分散するのでとても丈夫だ。スティーヴンソンの設計は非常に優れていたため、今でもこの構造を用いた鉄橋がある。

機関車

スティーヴンソン親子は世界初の公共蒸気鉄道を建設し、イングランドのふたつの都市ストックトンとダーリントンを結んだ。1825年に親子の蒸気機関車ロコモーション1号が最初の列車を牽引した時、運転したのはジョージ・スティーヴンソンだった。スティーヴンソン親子にはボイラーを水平に置き、車輪への力の伝達を効率的にするという秀逸なアイデアがあった。

ジョージ・スティーヴンソンによる1825年の蒸気機関車ロコモーション1号の完成予想図

ボイラーは水平に配置された。

生涯

1781年	1803年	1818年	1823年
イギリスのノーサンバーランドでジョージ・スティーヴンソン誕生。両親の暮らしは貧しくジョージは学校に通えなかったため、地元の炭鉱で働くことに。	ジョージの息子ロバート誕生。翌年、生まれたばかりの娘と妻が相次いで死去。	ジョージ・スティーヴンソンは炭鉱夫のための安全灯を発明。鉱内の可燃性ガスへの引火を防ぎ鉱内を照らした。	スティーヴンソン親子はニューキャッスルで蒸気機関車製造会社をおこし、世界初の蒸気機関車製造工場を立ち上げ蒸気鉄道の建設にとりくむ。

移動

ジョージ・スティーヴンソンとロバート・スティーヴンソン

1825年	1830年		1848年
スティーヴンソン親子はストックトン＝ダーリントン鉄道を建設。石炭輸送が目的だったが、乗客も乗せた。	ロケット号などスティーヴンソン親子が製造した蒸気機関車を使った世界初の旅客鉄道が開業。		ジョージが67歳で死去。この時までにおよそ6万5000kmにおよぶ鉄道が建設された。ロバートは1859年55歳で死去。

コミュニケーション

人類の長い歴史の中で、声が届かない遠方の人と話すためには言葉を書いて伝えるしかない時代がとても長く続いた。しかし現在ではいつでも、どこでも、誰とでも連絡を取れる。

コミュニケーション

電信

1820年、ハンス・クリスティアン・エルステッドは電気で磁気を作れることを発見した。ここからヒントを得たウィリアム・スタージャンとジョセフ・ヘンリーは、電流を流すと強力な磁場が生じる電磁石を開発した。さらにこの発明がサミュエル・モールスに電気の実験を再開させることにつながり、ついに通信のまったく新しい方法が誕生した。

コミュニケーション

可動式の腕木の位置によって様々な文字と数字を表す。

腕木通信

フランスの発明家クロード・シャップは一種の通信システムを発明。1794年、シャップは塔の上に可動式の腕木を乗せた構造物を距離を置いて配置し、バケツリレー式にフランスのリルとパリ205km間を1時間以内でニュースを伝えた。

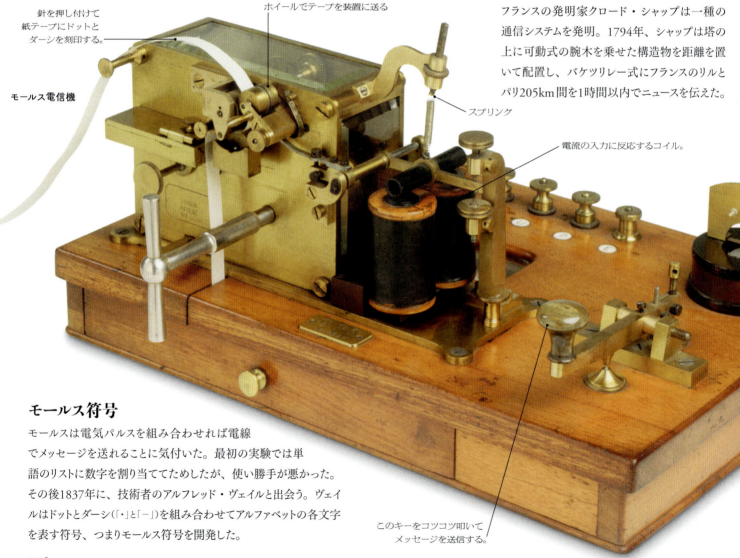

針を押し付けて紙テープにドットとダーシを刻印する。

ホイールでテープを装置に送る

モールス電信機

スプリング

電流の入力に反応するコイル。

このキーをコツコツ叩いてメッセージを送信する。

モールス符号

モールスは電気パルスを組み合わせれば電線でメッセージを送れることに気付いた。最初の実験では単語のリストに数字を割り当ててためしたが、使い勝手が悪かった。その後1837年に、技術者のアルフレッド・ヴェイルと出会う。ヴェイルはドットとダーシ（「・」と「－」）を組み合わせてアルファベットの各文字を表す符号、つまりモールス符号を開発した。

5針式電信機

1837年、イングランド人ウィリアム・クックとチャールズ・ホイートストンは最初の実用的な電信の特許を取得した。電流で動作する5本の針がアルファベットの20文字を指し示し、受信したメッセージを解読できる。1839年までに鉄道で使用されるようになった。

盤面には文字が彫られている。

5本の磁針が回転して文字の位置を指す。

電線に接続する端子。

クックとホイートストンの電信機

キーをふたつ同時に押して文字を送る

国境を越える

最初の大西洋横断電信ケーブルが蒸気船グレート・イースタン号（上図）を使ってアイルランドとカナダのニューファンドランドの間に敷かれたのは1858年。これによってヨーロッパと北アメリカ間の通信に要する時間は10日（船舶が大西洋を横断する所要時間）からわずか17分に短縮された。

コミュニケーション

WOW! ワーオ！
モールスの電信機で最初に送られた言葉は「神のなせる業（What hath God wrought）」。1844年にアメリカのボルティモアとワシントンDCの間で交わされた。

電気で通信する

モールスとヴェイルは送信キーを押すと電池を含む電気回路が閉じて作動する機械を製作した。これによって電気パルスが電線のもう一方の端にいる受信者に送られた。受信者の側には、送られた電気パルスによって動作する小さな電磁石があって、これがペン先を引き寄せ紙テープに長短の印、つまりドットとダーシを意味する印がついた。

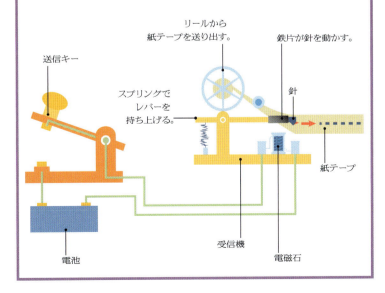

リールから紙テープを送り出す。
鉄片が針を動かす。
送信キー
スプリングでレバーを持ち上げる。
針
紙テープ
電池
受信機
電磁石

時刻を知る

人々が都市で生活するようになると
すぐに時刻を知ることが欠かせないものとなった。
時計は太陽の位置で合わせていたが、
それだと国内でも場所によって時刻が異なってしまう。
それでも鉄道が登場するまではなんとかやっていけたが、
列車を運行させるには共通の時刻に標準化する必要があった。

コミュニケーション

日時計

およそ3000年前、古代エジプトの天文学者は天空を太陽が規則的に動くことから時刻を知った。初期のエジプトの時計はいわゆる日時計で、影が文字盤に落ちる位置で時刻を示した。

文字盤にグノモンの影が落ちる。

9世紀の日時計（北アイルランド）

機械式時計

最初の機械式時計は14世紀のはじめころヨーロッパで発明された。どこの家庭にもまだ時計はなく、町や都市の中心部にある塔に据え付けられた。

時計塔には鐘があって正時にはその鐘が鳴る。

町の時計塔（ポルトガルのタビラ）

時刻の標準化

列車は時刻表に合わせて運行する。それには鉄道網の駅や施設などはすべて同じ時刻を使って運営しなければならない。こうした時刻の標準化を最初に適用したのがイングランドのグレート・ウェスタン鉄道で、1840年のことだった。1855年までには、教会や役所などほぼすべての公共機関が時計を「鉄道時刻」に合わせた。

イギリスの駅長はグリニッジから送られる時刻信号に駅の時計を合わせた。

 ロンドン
 ブリュッセル
 ニューヨーク
 香港
 モスクワ

時間帯

イタリア人数学者キリコ・フィロパンティは1858年に世界の時間帯システムを提案し、1879年にはスコットランド出身のカナダ人サンドフォード・フレミング卿も時間帯システムを提起した。フィロパンティは、ローマを通る子午線を中心にして時間帯を決定するべきだと主張した。一方フレミングはグリニッジを通る子午線を経度0度にすることを国際標準とし、世界を子午線で区切り、1時間ごと24の時間帯を設定することを提案した。

▲世界の時差
グリニッジから経度が15度離れるごとに1時間を加えるか差し引く。

経度0度0分0秒と定義された本初子午線上に設置された鋼鉄製のモニュメントは北極星を指している。

グリニッジ標準時

1884年10月にアメリカのワシントンDCで開催された国際子午線会議で、各国代表者はイギリスのグリニッジを通る子午線を経度0度とすることを決定した。

鋼鉄製の板で本初子午線の位置を表している。

WOW! ワーオ！
NIST-F1はアメリカの原子時計で、非常に正確なため3000万年で1秒の進みも遅れもないといわれている。

コミュニケーション

◀世界初の原子時計
正確に時を刻む世界初の原子時計は1955年に製作された。

原子時計

世界最初の利用可能な原子時計は1955年、イングランドの国立物理学研究所でルイス・エッセンとジャック・パリーが製作し、最も正確な時刻測定を実現した。原子時計は原子内の振動を利用して時間を測定する。

時刻を告げる

時間の経過を知るため、昔はロウソクが一定の速度で燃えることや、小さい穴から流れ落ちる水の量などを利用した装置を用いていた。最初の機械式時計は、フォリオットという一定のリズムで振れる金属棒を使い、文字盤を回る針の動きを調節していた。その後左右に振れる振り子が用いられるようになる。振り子で歯車の動きを調節し時計の針を動かした。

コミュニケーション

和時計はランタンに似ていることから英語では「ジャパニーズ・ランタン・クロック」Japanese lantern clock と呼ばれる。

昼と夜で時間が異なる時計

- ❖ 発明　和時計
- ❖ 発明者　不明
- ❖ 時代と国　19世紀日本

日本では1872年に1日を24等分する時間制に移行するまで、昼の長さと夜の長さをそれぞれ6等分して時刻を表していた。そのため日中の時間と夜間の時間は長さが異なり、どちらの時間も季節によって変化した。この時計には時間経過を知るために、日中用と夜間用のふたつの仕掛けが備えられていた。

19世紀の和時計

蘇頌の時計の縮小模型

蘇頌(そしょう)の水時計

- ❖ 発明　水時計
- ❖ 発明者　蘇頌
- ❖ 時代と国　1090年ころの中国

太陽を観察せずに時刻を知る最も古い装置のひとつに水時計がある。蘇頌の水時計は1088年に中国で製作され、その構造はとても複雑で高さ10mにもなる塔に収められていた。この時計は水車が動力で、117の人形が現れて時刻を知らせ正時にはドラが鳴った。

最初の懐中時計

- ❖ 発明　懐中時計
- ❖ 発明者　ピーター・ヘンライン
- ❖ 時代と国　1500年代初期のドイツ

1500年代のはじめ、ドイツのニュルンベルク出身の鍵職人ピーター・ヘンラインは、それまでの据え付け型時計の大きな部品を小型化し、持ち運びできる時計「懐中時計」を製作した。当時はまだポケットに収まるほど小型ではなく、この太鼓型の時計は首に下げたり、衣服につけたりして使われた。もっと小さい本当の意味での懐中時計が登場するのは、ヘンラインの時計から約100年のちのことだ。

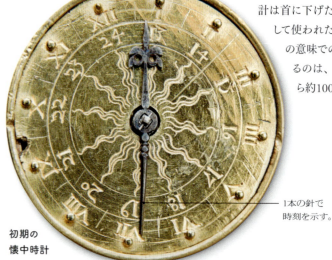

初期の懐中時計

1本の針で時刻を示す。

テンプが見えるテリー社の
スケルトン時計（19世紀）

さらに正確な時計

- **発明** 振り子時計
- **発明者** クリスティアーン・ホイヘンス
- **時代と国** 1657年オランダ

物理学者、天文学者そして数学者のクリスティアーン・ホイヘンスは振り子時計の発明者でもある。当時最も正確な時計でも1日の誤差は約15分あったが、ホイヘンスの振り子時計は誤差約15秒だった。

ホイヘンスの最初の振り子時計の
設計にもとづいた模型

電気時計

- **発明** ハミルトン・エレクトリック 500
- **発明者** ハミルトン・ウォッチ・カンパニー社
- **時代と国** 1957年アメリカ

ハミルトン・エレクトリック500は電池で動く最初の電気腕時計で、ゼンマイを巻く必要もなくなった。未来の時計と銘打ち、盾型をした「ベンチュラ」（左）などモダンなデザインのモデルが数種類発売された。

コミュニケーション

重りの利用

- **発明** テンプ
- **発明者** 不明
- **時代と国** 17世紀のヨーロッパ

テンプは小さなゼンマイと車輪のような形で重りになる天輪からなっていて、ゼンマイが一定の周期で繰り返し巻いてはほどける。このゼンマイにつながった天輪が往復するごとにカチッと音を立てて歯車が動き、時計の針が規則正しく進む。

ハミルトン「ベンチュラ」電池式時計

デジタル時計

- **発明** ハミルトン・パルサー P1
- **発明者** ハミルトン・ウォッチ・カンパニー社
- **時代と国** 1972年アメリカ

高級腕時計ブランドのハミルトンは1972年に世界初のデジタル・ディスプレイ腕時計を発売。とんでもなく高価なこの時計のケースは18金製だった。それを追いかけるようにもっと安価で一般向けのデジタル時計が出回るようになる。

セイコー 06LC
デジタル時計（1973年）

スマートウォッチ

- **発明** トゥルー・スマート
- **発明者** オマテ社
- **時代と国** 2013年アメリカ

スマートフォンの機能をすべて備えた最初のスマートウォッチがトゥルー・スマートで、2013年前半に登場した。その後サムスンやソニー、アップルといった大手企業もスマートウォッチを発売。

WOW! ワーオ！

初期の腕時計は女性用のアクセサリーとしてデザインされた。おそらく最初の腕時計は19世紀中ごろに貴族向けに製作されたのだろう。

電話の発明

電話が発明されるずっと以前から、音が針金を伝わることは知られていた。子どもでも空き缶ふたつと針金を使えば離れた場所の相手の声が聞こえることは知っていた。19世紀後半になると、多くの人がもっとうまく音声を伝える方法を研究した。そして1876年に突破口を開いたのがスコットランド人のアレクサンダー・ベルで、音声を電流に変換し電線で送ることに成功した。

コミュニケーション

アレクサンダー・グラハム・ベル

アメリカで電話の開発に取り組んでいた科学者アレクサンダー・グラハム・ベルは、1876年に誰よりも早く電話の特許を取得した。ライバルに差をつけたのはそのすぐれたビジネス感覚と売り込みの才能だった。

女王にお似合い

1878年、イギリスのワイト島でベルはヴィクトリア女王に電話を実演して見せた。この時ベルが電話をかけたのはイギリスのサウサンプトンとロンドンの間だった。女王はこの電話をとても気に入り、電話の購入を希望した。

王室での実演のためベルの電話機は美しい木製のケースがつけられた。

電話をかけるときには受話器に向かって話す。

次にその受話器を耳に当てて相手の返事を聞く。

ベルの電話機（1878年）

142

◀電話をつなぐ
電話をかけるときは電話機を持ち上げてつないでほしい相手の番号を伝える。すると交換手が交換台にある相手番号の位置に線を差し込んで回線をつなぐ。

ちょうど指が入る大きさの穴があって、電話をかけるときにはここに指をかけて、相手の電話番号をダイヤルで回す。

電話交換手
初期の電話は一対で販売され、そのふたつの電話の間でしか繋がらなかった。任意の電話で他の任意の電話に繋がるようにするには、電話同士を接続するための中央交換所の開発が必要だった。

携帯電話
手持ちで使える最初の携帯電話は1980年代に登場する。ネットワークに十分な周波数帯域はなかったが、数百万人が利用し、交換手を介さず自動的に通話できた。

手持ちで使える最初の携帯電話とマーティン・クーパー博士

▲自動交換電話
この1905年製の電話機は、自動交換機を利用して通話する。1889年にはじめて登場した。

テキスト送信
世界ではじめてメッセージがテキストとして送信されたのは1992年のことで、送られたのは「ハッピー・クリスマス（Happy Christmas）」だった。しかしテキスト送信が人気を得るまでには時間がかかり、流行するのはフル・キーボードが使える電話が登場する1996年になってからだ。

コミュニケーション

WOW! ワーオ！
電話で最初に送られた言葉はアレクサンダー・グラハム・ベルが発した「ワトソン君、こっちに来てくれないか、頼むよ」（Mr Watson, come here, I want you）だった。

電話機

最も古い電話は2台がひと組になっていて、それらが1本の電線で結ばれていた。だからその2台の間でしか通話できなかった。現在電話は無線になり世界中どこにいても誰とでも通話できる。さらにスマートフォンやアップルのフェイスタイムなどのアプリを使えば、通話相手の映像を見ながら話すこともできる。

コミュニケーション

燭台型電話機

❖ **発明** 燭台型電話機
❖ **発明者** アメリカン・ベル・テレフォン・カンパニー社
❖ **時代と国** 1892年アメリカ

燭台型電話機は最初の机上型電話機で、大量生産された最古のモデルのひとつでもある。送話器はスタンドの頂部にあって通話の際には受話器を手でとって耳に当てるタイプで、写真右のウェスタン・エレクトリック社製の燭台型電話機でその形状がわかる。このタイプの電話機は1920年代に入っても使われていた。

燭台型電話機にはのちにこの写真のように、回転ダイヤルがついた。

ボタンを押すとそれぞれが異なる周波数の音をふたつ組み合わせて交換機に送信する。

受話器

送話器

ウェスタン・エレクトリック社の
ニッケル製燭台型電話機（1920年代）

この回転ダイヤル式には穴が開いていて番号をダイヤルするのが楽になった。

回転ダイヤル式電話機
（1930年代）

回転ダイヤル式電話

❖ **発明** モデル 50AL キャンドルスティック
❖ **発明者** ベル・システムズ
❖ **時代と国** 1919年アメリカ

1892年以降、自動交換によって相手に直接電話をかけられるようになったが、1905年ごろ導入された回転ダイヤルによって電話をかけることがもっと簡単になった。その後この回転ダイヤルに送話器と受話器をひとつにした取っ手型のハンドセット（送受話器）を組み合わせた電話機が普及した。

押しボタン式電話機

押しボタン式電話機

❖ **発明** ウェスタン・エレクトリック モデル1500
❖ **発明者** ベル・システムズ
❖ **時代と国** 1963年アメリカ

押しボタン式電話機「プッシュホン」には、相手の電話番号を入力するダイヤルの代わりに押しボタンがあって、回転ダイヤル式電話とくらべるとずっと簡単に素早く電話番号を入力できた。1960年代に導入されたが、大部分の電話利用者が家庭にプッシュホンを置くようになるのは1980年代になってからだった。

WOW！ ワーオ！

予測では2019年までに世界人口の60％以上が携帯電話を持つようになる。

144

家の中ならどこでも電話できる

❖ 発明 コードレス電話
❖ 発明者 ソニー
❖ 時代と国 1980年代、日本

コードレス電話の原型となる特許は1960年代に前アメリカ陸軍通信士のジョージ・スワイガートが取得していた。しかし多くの人が使えるようになるのは、1980年代に日本企業のソニーが最初のコードレス電話を発売してからだった。

コードレス電話

かつての携帯電話

❖ 発明 ノキア 3210
❖ 発明者 ノキア社
❖ 時代と国 1999年フィンランド

1999年に発売されたノキア 3210は、歴史上最も普及し成功した電話機のひとつだ。3種類のゲームがはいっていて、カバーは交換可能で好みの着信音を選べた。さらに価格が手ごろだったため若者の間で人気となり、当時ははじめての携帯電話といえばノキアだった。

ノキア 3210

コミュニケーション

衛星電話

❖ 発明 グローバルスター GSP-1700
❖ 発明者 イリジウム・アンド・グローバルスター・カンパニーズ社
❖ 時代と国 1998から1999年イギリス

衛星電話は地上基地局ではなく通信衛星に接続する。こうすることで実質的に世界中のどこからでも電話がかけられる。衛星電話サービスの利用は安くはないが、固定電話網や携帯電話網が存在しない遠隔地では貴重な通信手段だ。

アンテナ

初期の衛星電話

情報早わかり

▶アレクサンダー・グラハム・ベルは、電話に出るときは「アホーイ(Ahoy)」と答えるように推奨した。
▶世界の携帯電話数は2014年に世界人口を超えた。
▶SMSテキストを受信した時のノキアの着信音は「SMS」をモールス符号で表したもの。
▶最初の携帯電話のバッテリーは10時間かけて充電しても30分しか通話できなかった。
▶アメリカでは555で始まる電話番号は(映画などで使う)仮想電話番号として欠番になっている。

初期のスマートフォン

❖ 発明 Nシリーズ
❖ 発明者 ノキア社
❖ 時代と国 2005年フィンランド

ノキア N70の発売によって、ハンドヘルド・コンピューターとカメラ、GPSそしてミュージック・プレーヤーを兼ね備えた携帯電話が登場した。しかしわずか2年後にはアップル社がタッチスクリーンを備えたスマートフォンiPhoneを発売し市場を独占した。

ハンズフリー・ワイヤレス・テクノロジー

❖ 発明 ブルートゥース・ユニット
❖ 発明者 エリクソン社
❖ 時代と国 1994年スウェーデン

Bluetooth(ブルートゥース)はワイヤレスでデータを交換する方法で、スウェーデンで開発された。特定の電波を使いデータを送ることで近距離でのネットワークを構成する。ブルートゥースを使って電話と接続すれば手を使わずに話ができる(ハンズフリー)。またデスクトップPCや携帯電話をブルートゥースで接続すればケーブルを使わずにファイルのやり取りができる。

Bluetooth(ブルートゥース)ヘッドセット

スマートフォン

ある時は電話、またある時は手のひらサイズのコンピューターとして、現在ではスマートフォンなしの生活は想像もできない。電話をかけるだけでなく音楽を聴いたり、ビデオを見たり、ゲームをしたり写真を撮り情報を検索したり、インスタグラムなどのソーシャルメディアに出来事をアップしたりする。そんなスマートフォンもほんの10年前までは存在していなかった。

コミュニケーション

エリクソン R380（2000年）

iPhoneはそれまでのどんなデバイスとも異なり、スリムな躯体に大きな画面という革新的なスタイルだった。

大きな画面と独自のオペレーティング・システムにより、インターネットの閲覧に適したはじめての電話となった。

タッチ操作
アップルが2007年に初代iPhoneを発売したことで携帯電話業界は一変した。革命的なタッチスクリーンにより、それまでのどの製品よりも簡単に使え、音楽やビデオなどさまざまな機能が利用できた。

ホームボタンはiPhoneにある唯一のボタン。

初期のスマートフォン
エリクソン R380は「スマートフォン」と呼べる最初の製品で、2000年に発売された。すぐ後に続いたのが大人気となったブラックベリーで、フル・キーボードを搭載し移動中でも電子メールを使え、十分ではなかったがインターネットの閲覧もできた最初のスマートフォンだ。

▲ アプリ
ユーザーが新しいソフトウェアをアプリ（アプリケーション）として簡単にインストールできるのも、iPhoneの特徴のひとつ。

アップルといえばミュージックプレーヤーのiPodが有名だったが、今ではiPhoneがiPodの機能をすべて受け継ぎ、それに勝る特徴を備えている。

スマートフォンのコンピューター

スマートフォンはチップで動作する。SIMカードは外部ネットワークと接続するためのもの。小さなコンピューター・プロセッサーであるチップがスマートフォンの多くの機能を実行させている。

チップは指の爪ほどの大きさ。

絵文字

最初の絵文字は1998年に日本の携帯電話キャリア（NTTドコモ）の社員だった栗田穣崇がデザインした。絵文字は感情や気分といった複雑な情報を単純なキャラクターで伝える。

コミュニケーション

はい、チーズ

かつて自画像といえば画家に描いてもらうか、セルフタイマーをかけたカメラでの撮影に限られた。スマートフォンのフロントカメラや自撮り棒などの発明のおかげで、誰もが自撮りに夢中だ。

ワーオ！
スマートフォンメーカーのサムスンが実施した世論調査によると、18歳から24歳の人が撮影した写真の30%が自撮りだった。

スマート・テック

スマートフォンは消費者に気に入ってもらうために、より薄く、より速く、そして賢くなってきた。最近の賢いテクノロジーとしては、たとえばカメラをスキャナーとして利用して外国語のメニューを翻訳するアプリなどがある。

▼指紋認証
指紋スキャナーを搭載したスマートフォンは2007年に登場したが、この技術が広まったのは2013年にiPhone 5Sが発売されてからだ。

◀顔認識
スマートフォンには画面を開く際にセキュリティーとして顔認識システムを利用しているものがある。目の虹彩のパターンで認識するものもあれば、赤外線で顔全体をスキャンするシステムもある。

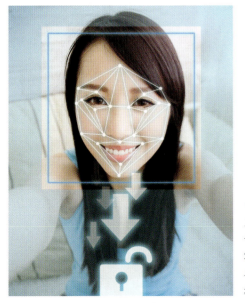

スーパーコンピューター

2018年に世界最速のスーパーコンピューターとなったのは「神威・太湖之光」。中国東部の無錫市に設置され、1秒間に9京3000兆回の演算ができる。第2位はやはり中国のスーパーコンピューター「天河二号」だが、神威はその2倍の速さ。

コミュニケーション

コミュニケーション

無線

ドイツの物理学者ハインリッヒ・ヘルツが電波を発見したのが1888年。ヘルツは電波がエネルギーの一形態で、光のように波として伝搬することを理解していたが、電波に実用的な使い道があるとは考えていなかった。しかし他の科学者はこのヘルツの発見に飛びつき、10年たらずで電線を使わずに世界中に信号を送れるようになった。

コミュニケーション

WOW! ワーオ！
初期の鉱石ラジオにはイヤホンが必要で、一度に放送を聴けるのはひとりだけだった。

マルコーニの無線電信機の復元模型

マルコーニ
イタリア人グリエルモ・マルコーニもヘルツの電波の発見に飛びついたひとりだった。マルコーニは1894年から始めた実験で、3.2km離れた場所に電波信号を送れることがわかった。1896年には無線電信の世界初の特許を取得した。

オーディオン
イギリスの科学者ジョン・フレミングの研究に基づいて、アメリカの発明家リー・ド・フォレストが1906年に「オーディオン」という真空管を開発した。これによって微弱な電気信号を増幅できるようになり、無線通信の発展に欠かせないものとなった。アメリカではド・フォレストは「無線の父」として知られる。

オーディオン真空管を搭載（1906年）

アレキサンダーソン交流発電機

アレキサンダーソン交流発電機は電気技術者アーンスト・アレキサンダーソンとレジナルド・フェッセンデンが1904年に発明した高速で回転する機械。高周波交流を発生させ、連続的な電波を発信できる最初の装置のひとつ。

鉱石ラジオで聞こえるのは小さい音なので、イヤホンを使って聴く。

ラジオ放送の始まり

初期の送信機で送れるのは短いパルスだけだったので、モールス符号が利用された。音声そのものを送るには連続的な波を送る必要がある。1906年、カナダ出身のアメリカ人技術者レジナルド・フェッセンデンは高周波発電機を発明しこれを実現した。フェッセンデンが最初に放送したのは1906年のクリスマスイブ。定期的な放送が始まったのは1909年だが、広く普及するのは第一次世界大戦が終わってからだった。

クランクハンドルを回して発電する。

手巻き式ラジオ

1990年代はじめに、イングランドの発明家トレヴァー・ベイリスは電気が得られない遠隔地で利用するためのラジオを設計した。ゼンマイにエネルギーを蓄えるゼンマイ式モーターで発電した。その後開発された同じようなラジオは、ハンドルを回しバッテリーに充電した電気を用いている。

コミュニケーション

最も簡単なラジオ放送受信機で、ラジオ放送初期には一般的だった

▲鉱石ラジオ

家庭用ラジオは1920年代に普及し、このラジオはその当時製造されたもの。

デジタル放送

デジタル放送は1980年代はじめにドイツ、ミュンヘンの放送技術研究所(IRT: Institut für Rundfunktechnik)で開発された。しかし普及するのは2000年に入ってからで、現在では放送局はかつてより多くのサービスと高品質の信号を提供できるようになっている。

151

ラジオを聴く

ラジオの発明は非常に革命的だったので
その後の発展はわずかな改良に過ぎなかった。
デジタルラジオによってデータ放送など
ラジオ放送の幅が大きく広がったが、
今日ラジオを聴くスタイルは基本的に
100年前とほとんど変わっていない。

コミュニケーション

エソダイン・ラジオ

- ❖ 発明　スーパーヘテロダイン回路
- ❖ 発明者　エドワード・ハワード・アームストロング
- ❖ 時代と国　1919年アメリカ

ニューヨーク出身のエドワード・ハワード・アームストロングは子どもの
ころからラジオに夢中だった。そして成長してから、今ではとてもよく普
及している周波数変調式(FM)ラジオを発明した。さらに受信機側です
べての放送局の周波数を同じ周波数(中間周波数)に効率的に移す方法
も発明した(スーパーヘテロダイン)。この方法により回路設計が単純になり
感度が良く選局も容易になった。

情報早わかり

▶ 1908年、リー・ド・フォレストは、フランスのパリで新婚旅行中に
エッフェル塔の頂上から音楽を放送し、史上初のラジオDJとな
る。
▶ 1920年、アメリカのピッツバーグで世界初の商業放送局KDKA
が放送開始。

エソダイン・ラジオ(1925年)

バックパック型軍用無線

- ❖ 発明　SCR-300
- ❖ 発明者　モトローラ社
- ❖ 時代と国　1940年アメリカ

第二次世界大戦中の1940年、モトローラ社はアメリカ合衆国旧陸軍省
からバッテリーで駆動する携帯式軍事用無線を開発するよう要請された。
「ウォーキートーキー」とニックネームが付けられた最初の無線機。

ウォーキートーキー

❖ 発明　AM SCR-536
❖ 発明者　モトローラ社
❖ 時代と国　1940年アメリカ

現在ウォーキートーキーといっているのはかつては「ハンディートーキー」と呼ばれた携帯型双方向無線のこと。最初のウォーキートーキーがモトローラ社製のAM SCR-536だ。軍事用に製造され、とても大きかった。すぐに小型で軽いモデルが続き、軍関係や作業現場に普及した。

世界人口の半数以上はインターネットに接続できない。だから多くの人々にとっては今でもラジオが情報のよりどころだ。

アンテナ

UFT 432 ウォーキートーキー（1970年代）

トランジスタ・ラジオ

❖ 発明　リージェンシー TR-1
❖ 発明者　テキサス・インストゥルメンツ社、イデア社
❖ 時代と国　1954年アメリカ

リージェンシー TR-1によって、それまで大型家具のようだったラジオがポケットに入るサイズになった。これを可能にしたのがトランジスタで、信号を増幅するこの小さい固体素子は1947年に開発され、大きなガラス製の真空管に置き換わった。テキサス・インストゥルメンツ社がトランジスタを提供し、イデア社がこのガジェットを設計、製造したことで、世界中で音楽を聴くスタイルが変わった。

ボタンを押すだけで簡単に選局やモードの切り替えができる。

ポータブルラジオ

❖ 発明　TR82
❖ 発明者　ブッシュ社
❖ 時代と国　1959年イギリス

最初のトランジスタ・ラジオはとても高価だったが、まもなく他のメーカーから安価なモデルが販売されるようになった。ポータブルラジオ最初の流行を最も象徴する製品のひとつがTR82トランジスタ・ラジオで、イギリス企業ブッシュ社が1959年に発売した。デイヴィッド・オグルによるファッショナブルなデザインで、大きな選局ダイヤルにはラジオ局名が記されていて、とくに十代の若者に爆発的な人気となった。現在でも古さを感じさせないデザイン。

デジタルラジオ

❖ 発明　アルファ10
❖ 発明者　アーカム社
❖ 時代と国　1999年イギリス

デジタル放送は1980年代に開始されたが、アーカム社が世界初の家庭用デジタルラジオ受信機（アルファ10）を発売したのは1999年だった。しかし大きくて高価だった。それから数年のうちに小型で手ごろな値段のデジタルラジオが出回り始めた。なかでも草分け的存在といえるのがこの「イヴォーク1」でイギリスのピュア社が2002年に発売した。

コミュニケーション

コミュニケーション

大陸をつなぐ

インターネットなど世界中のデータの99%が海底に敷設されている海底通信ケーブルでやりとりされている。このケーブルは特殊な船舶と陸上設備によって設置され、エベレストの高さに匹敵する8848mの深海に達する部分もある。ケーブルを敷設するには岩礁や沈没した難破船などの障害物を避ける注意が必要だ。

コミュニケーション

カメラ

古代からピンホールカメラ(針穴写真機)を使って景色などを投影していたが、写真として記録することはできなかった。写真の技術が登場するのは1820年代だ。世界初の写真機で撮影するには数時間も露出しなければならなかった。今ではデジタル技術のおかげで、撮影は瞬間的ですぐにその映像を見ることもできる。

コミュニケーション

WOW! ワーオ！

最も古い写真として知られているのは1826年にジョセフ・ニセフォール・ニエプスが撮影したもの。フランスの田園地帯にある自分の屋敷の上階の窓から写した風景写真。

はじめてのスナップ写真

世界初の写真は1820年代にジョセフ・ニセフォール・ニエプスが撮ったが、その画像は薄くぼやけていた。実用的な写真技法をはじめて開発したのはニエプスの同僚でもあったルイ・ダゲール。そして商業生産された世界初のカメラが1839年のジルー・ダゲレオタイプだ。

この開口部からカメラ内部に光が入る。

三脚で露出中のカメラをしっかり支える。

ジルー・ダゲレオタイプ
（1839年）

銀で撮る

ダゲレオタイプは右図のように撮影され(1843年の様子)、銀メッキをした銅板に数分間かけて露出した。おぼろげな像が水銀の蒸気に当てることで現像され、はっきりとした像が現れる。またウィリアム・フォックス・タルボットも1841年に「カロタイプ」という独自の写真技法を発明している。ダゲレオタイプとは異なり、1枚のカロタイプから好きなだけ焼き増しができた。

カメラ・オブスクラ

カメラ・オブスクラは単純なピンホールカメラ(針穴写真機)を大型化したもので、1570年に改良された。暗室内に入ると壁に小さな穴が空いている。自然光がその穴を通って焦点を結び外部の景色が反対側の壁に映し出された。スコットランド、エジンバラには実際に体験できるカメラ・オブスクラ(左)がある。

天然色を楽しむ

はじめのころ、カラー写真を撮影するには、赤と青、緑色のフィルターをつけた写真を1枚ずつ計3枚撮らなければならなかった。その3枚を重ねてプロジェクターで投影して観賞した。フランス人リュミエール兄弟は1907年に、乾板1枚の上に色を重ねる方法を編み出した。ふたりはこの方法を「オートクローム」と名付けた。

写真乾板は箱の後ろ側にある。

オートクロームは長時間の露光が必要だったため、ほとんどが風景写真だった。

◀庭園のペギー（1909年）
このオートクローム写真は先駆的なイギリス人写真家ジョン・シモン・ウォーバーグが撮影。ウォーバーグは1880年代から写真撮影を始めた。

コミュニケーション

一瞬の光

昔の写真家は暗い場所での撮影には照明を得るために、フラッシュパウダーという粉を使った。粉末のマグネシウムと塩素酸カリウムを混ぜたもので、皿の上で発火させた。しかし非常に危険な方法だった。1929年にはドイツの企業が、電球内にマグネシムを詰めたフラッシュ用電球を発売した。

線状のフィラメントに電気を通してマグネシウム箔を発火させる。

フィラメント

ドイツ製フラッシュ電球（1929年）

ゼラチン乾板

1871年に発明されたゼラチン乾板はそれまでの湿板とくらべてとても感度がよく、露出時間も短縮できた。三脚などカメラを支える道具が必要なくなったのもはじめて。小型になったカメラで「スナップ写真」も片手で撮れた。

ロールにすればいい

コダックには100枚撮影できるフィルムが入っている。

1855年、アメリカ人ジョージ・イーストマンは透明で、丸められる写真用フィルムを開発した。1枚の写真乾板では無理だが、ロール状のフィルムなら1本で複数の映像を撮影することができた。イーストマンはこのロール・フィルム用のカメラ、コダックも開発し1888年に発売した。コダックは片手で持て、使い方も簡単だったので、プロの写真家だけでなく多くの人たちが写真撮影を楽しめるようになった。

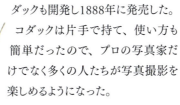

コダック・カメラ（1888年）

フィルムを撮り終わったら、工場に送り返して写真を現像してもらう。

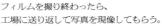

最初のコダックフィルムのパッケージ（1890年）

157

いろいろなカメラ

つい最近まで写真撮影にはお金がかかり、
フィルムを買ったり現像に出したりするのに時間もかかったため、
撮影は旅行や結婚式など特別な機会に限られていた。
それが今ではいつでもどこでも写真を撮れるようになり、
高価なカメラも必要なくなった。携帯電話があるからだ。

コミュニケーション

WOW! ワーオ！

推定によると、19世紀中に世界中で撮影された全写真と同じ枚数のスナップ写真が、今では2分ごとに撮影されている。

1903年から1915年にかけて製造されたコダック No.3a

小型カメラ

❖ 発明　フォールディング・ポケット・コダック No.1
❖ 発明者　イーストマン・コダック社
❖ 時代と国　1897-1898年アメリカ

カメラ業界のパイオニアであるコダック社は、アマチュア向けにそれまでにない小さくて安いカメラを開発した。そのひとつが初のフォールディング・カメラ。その後1912年にはさらに小型の「ヴェスト・ポケット」カメラが発売された。

プレスカメラ

❖ 発明　スピード・グラフィック
❖ 発明者　グラフレックス社
❖ 時代と国　1912年アメリカ

プレスカメラ（報道用カメラ）は一般的なものよりサイズの大きい写真を撮影するが、本体は意外にコンパクトで、とても簡単に操作できる。報道カメラマンや、貴重な瞬間を逃さない信頼できるカメラを必要とする人たちが手にした。

フラッシュ電球

グラフレックス・スピード・グラフィック・カメラ

二眼レフカメラ

❖ 発明　ローライフレックス K1
❖ 発明者　フランケ・アンド・ハイデッケ社
❖ 時代と国　1929年ドイツ

二眼レフカメラにはふたつのレンズがあって、一方のレンズで写真を撮影し、もうひとつのレンズはファインダー用（のぞき窓）。上の写真は後に発売された2.8Fモデルだ。カメラ内に45度の鏡が内蔵されていて、カメラを腰の位置に固定した状態で、上から撮影の対象を見ることができる。この発明によりカメラをずっとしっかり支えられるようになった。

ライカ・スタンダード（1932年）

35mmカメラ

❖ 発明　ライカ・スタンダード
❖ 発明者　オスカー・バルナック
❖ 時代と国　1932年ドイツ

35mm（フィルムの幅）がカメラの標準仕様となったのは、20世紀に入って25年ほどたったころだった。35mmフィルムを用いるカメラは1913年ごろには発売されていたが、ライカが開発したあの象徴的ともいえるライカ・スタンダード（左）のようなコンパクトカメラの出現によって35mmの仕様が普及した。

ブローニー・フラッシュ IV

ブローニー・フラッシュ・シリーズ

- ❖ 発明 ブローニー・フラッシュ II
- ❖ 発明者 イーストマン・コダック社
- ❖ 時代と国 1957年イギリス

1898年、コダック社の創業者ジョージ・イーストマンは同社のカメラ設計担当者にできる限り安いカメラを設計するように要請した。その結果誕生したのが「ブローニー」。使い方がとても簡単だったので誰にでも写真が撮影できた。ブローニー製品はその後も製造され、1950年代のブローニー・フラッシュ・シリーズへとつながる。このシリーズではフラッシュをつけられるようになりさらに便利になった。

SX-70 ワンステップ(1978年)

ポラロイド

- ❖ 発明 ポラロイド SX-70
- ❖ 発明者 ポラロイドコーポレーション社のエドウィン・ランド
- ❖ 時代と国 1972年アメリカ

ジェニファ・ランドは父親に写真を撮ってもらった後で、「どうして今すぐ見られないの?」と聞いた。ランドの父親はポラロイド社を創業したエドウィン・ランドで、この娘の疑問をきっかけに一般向けインスタント・カメラを発明した。その革新的発想から生まれた象徴的な製品がSX-70だった。写真撮影の後すぐにプリントされ、1970年代に人気となった。

コミュニケーション

ハッセルブラッド・カメラ

- ❖ 発明 ハッセルブラッド 500 EL
- ❖ 発明者 ヴィクトル・ハッセルブラッド
- ❖ 時代と国 1969年スウェーデン

ハッセルブラッド社は貿易会社だったが、第二次世界大戦中にカメラの製造を始め、最高品質のカメラと評価される。今では伝説となった1969年の月面着陸で用いるカメラとしてNASAがハッセルブラッド 500 ELを採用したことで有名になった。

ゴープロ・ヒーロー4

デジタル・カメラ

- ❖ 発明 ミノルタ RD-175
- ❖ 発明者 ミノルタ社
- ❖ 時代と国 1995年日本

フィルムを使わず写真を電子的に撮影し保存するカメラがはじめて市販されたのは1990年代中ごろだった。しかし本当の意味で最初の携帯デジタルカメラといえるのは1995年に発売されたミノルタ RD-175だろう。1999年にはNikon D1が続いた。

アクション・カメラ

- ❖ 発明 ゴープロ・ヒーロー (GoPro HERO)
- ❖ 発明者 ニック・ウッドマン
- ❖ 時代と国 2004年アメリカ

アドベンチャー・スポーツ愛好家のお気に入りはゴープロ・カメラ(GoPro)だ。サーフボードに乗りながら撮影する最適なカメラを探し続けたサーファーが夢にまで見たカメラだった。2001年に最初に開発されたゴープロは35mmフィルムを使っていたが、その後のモデルはデジタル技術を取り入れ、ビデオ機能に超広角レンズも搭載された。

ドローン撮影

- ❖ 発明 SOLO Drone
- ❖ 発明者 3Dロボティクス社
- ❖ 時代と国 2015年アメリカ

GPSナビゲーションとデジタルカメラを搭載した小型のドローンは、もともと軍事用に設計された。今では珍しくなくなり、ドローンを使って素晴らしい航空写真を撮影する写真家も増えている。

オリンパス・デジタルSLRカメラ(2015年)

映画

1891年、アメリカのエディソン社は動画用に設計したカメラ、キネトスコープの実演をした。のぞき窓から観賞するもので、一度に見られるのはひとりだけだった。4年後には数百人の観客が一度に観賞できるようになったが、さらに録音された音声も聞ける最初の映画『ザ・ジャズ・シンガー』が制作されるのは1927年になってからだ。

コミュニケーション

華麗なテクニカラー®

映画をカラーにするためはじめはフィルムに手描きで色を付けていた。1932年のはじめに、テクニカラー社は赤、青そして緑の色を3本の別々のフィルムに記録する下のようなカメラを開発した。1950年代ころまでカラー映画の標準技法となった。

カメラに収める

初期の映画は一場面だけのわずか1分ほどの長さだった。この1896年製のシネマトグラフ・カメラ(左)は回転台を回して動きを追いかけることができた。おそらく1897年にイギリスで催されたヴィクトリア女王の即位60年式典の行列もこのカメラで撮影されたのだろう。

保護用の円筒型容器にフィルム・リールが入っている。

リールには3本のフィルムが巻かれていて、それぞれが異なる色を記録する。

テクニカラー社のスリー・ストリップ・カメラ(1932年)

マイブリッジの駆ける馬(1877年)

映画

シネマトグラフィーは写真を何枚も高速で投影して、あたかも動いているかのように錯覚させる技法。イギリス人エドワード・マイブリッジは先駆的な写真家で、動物の高速度写真を連続撮影し、それを映写してパラパラ漫画のように見せた。映画誕生の瞬間だ。

160

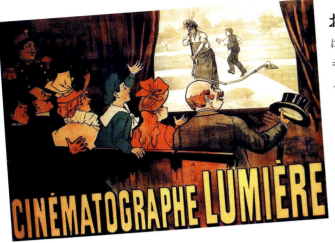

お金を払って観賞する

はじめて観客から料金を取って映画を上映したのは、フランス人のオーギュスト・リュミエールとルイ・リュミエール兄弟。1895年12月フランスのパリで兄弟が撮影した10本の短編動画が上映された。

東芝DVDプレーヤー（1996年）

レーザー技術

1970年代中ごろにビデオデッキが発売され、映画を家庭で楽しめるようになった。1997年にハリウッド映画スタジオ製作のDVDが発売されると、高品質な映像と音響、使い勝手のよい選択メニュー、さらにインタラクティブなゲームまで楽しめ、洗練された感動が味わえるようになった。

DVD

コミュニケーション

3-D体験

3-D映画の実験が始まったのは1890年代後半のこと。お金を払って観賞した最初の3-D映画は1922年にアメリカのロサンゼルスで公開された『ザ・パワー・オブ・ラブ(The Power of Love)』だった。左右で色の違う補色のレンズをつけた立体写真式3-Dメガネを利用した。1986年には偏光レンズが使われ品質が向上した。そして2009年に公開され興行的に最も成功した3-D映画『アバター』で3-D映画の人気は頂点に達した。

最新の3-Dメガネ

最新の3-D映画用カメラ

最新のカメラはセルロイド製のフィルム・リールは使わない。その代わりにデジタル技術で録画、録音をする。英語で映画のことを「フィルム」というが、最新の映画だと映画館へ提供されるのはフィルムではなくデジタルファイルだ。

最初に上映されたデジタル映画は1999年に公開された『スター・ウォーズ　エピソード1　ファントム・メナス』。

レンズフードでレンズにまぶしい太陽光が入らないようにしている。

ジェネシス社製デジタル映画カメラ。これを使った最初の映画は『スーパーマン　リターンズ』（2006年）

テレビ

テレビジョンの発明には同じ時代の数人の技術者が関わっていた。ジョン・ロジー・ベアードは1932年に、有名なイギリスの放送局BBC向けに電気機械式テレビ・システムを開発した。アメリカでは1934年にフィロ・ファーンズワースが電気式テレビを実演。しかし、今日のような完全に電気式のテレビを生み出したのは、ロシア人アイザック・シェーンベルクとウラジミール・ツヴォルキン。

コミュニケーション

ワーオ！
1926年にTV放送として最初に放映された映像はちょっと不気味なストゥーキー・ビルという腹話術の人形だった。

初期の放送

1936年にベルリンで開催されたオリンピックなどがテレビ放送されたことはあったが、世界ではじめて定期テレビ放送を開始したのは1936年11月2日に開局したBBC。

ブラウン管（CRT）

最初の重要な一歩はブラウン管（CRT）の発明だった。最初のブラウン管はドイツ人フェルディナンド・ブラウンが1897年に製造した。真空管内の蛍光物質を塗った面に電子が当たると、当たった部分が輝く。そこで蛍光物質が光ってほしいところに電子が当たるようにうまく制御すれば、映像が映し出されることになる。

ブラウン管の画面の内側には蛍光塗料が塗られている。

カソードを熱して電子を送り出す。

回転円盤テレビジョン

スコットランドの技術者ジョン・ロジー・ベアードは被写体にスポットライトを当て、その光を回転する円盤で断続的に遮り画像を電気信号にして送った。受信側は円盤を回転させて画像を再生した。1926年にベアードはこの機械式テレビの公開実験を行った。しかしベアードの機械の映像は電子的に作られた映像ほど鮮明ではなかった。

テレビのリモコン

アメリカのゼニス・レディオ・コーポレーション社は1950年に「レイジーボーン」という最初のテレビ用リモコンを開発した（上）。テレビのスイッチやチャンネルを切り替えることができた。このリモコンはテレビにコードで接続されていた。1955年には最初の無線リモコンが登場する。

1929年に製造されたベアード・テレヴァイザー

回転円盤が収められているケース

小さな画面に動画が映る。

カラーテレビ

1951年6月25日、アメリカのテレビ放送局CBSは最初のカラー放送番組を放映した。残念ながら、当時出回っていたテレビ受像機はほとんどが白黒テレビで、そのカラー放送を楽しめたのはごく限られた人だけだった。イギリスで最初のカラーテレビが生産されたのは1967年だが、テレビの販売数が白黒よりカラーテレビの方が多くなるのは1970年代に入ってからだった。

1970年代に人気だったカラーテレビ、ソニー・トリニトロン

コミュニケーション

デジタル放送

カラー放送のあと、テレビで最大の進歩といえば、アナログ信号ではなくデジタル信号を受信できるようになったことだろう。デジタル放送は2000年代に始まり、テレビ会社はより高音質で、解像度の高い映像を放送できるようになり、アナログ時代ではありえなかった多種多様なチャンネルが実現した。

BTビジョンTV用のデジタル・セットトップボックス（デジタル放送信号を一般のテレビで見られるように変換する装置）

プロ用デジタルHDカメラ

高精細度テレビジョン（ハイビジョン）

HDテレビジョン（日本ではハイビジョンともいう高精細度テレビジョン放送）は、映画に匹敵する画質を提供するテレビ放送技術のことで、映像の細部まで美しく、シャープで色彩も鮮やかだ。最初のハイビジョン放送は1989年に日本で放映された自由の女神像とニューヨーク港だが、ハイビジョン放送が一般的になるのは2000年代になってからだ。

ドイツのデータセンター内のサーバー・ラック

ストリーミング

最近になってテレビは大きく変化した。インターネットに接続すれば番組の転送と同時に再生されるので（ストリーミング）、今では見たいものをどこにいても見ることができる。スマートフォンやノートパソコンがあればテレビは必要ない。さらに放送局にたよらなくても、コンピューター・サーバーに接続さえすれば動画を視聴できる。

163

大型画面

電子技術の進歩によってほとんどの製品が小型化してきた。
発売当初の携帯電話やコンピューター、カメラは驚くほど大きかった。
ところがテレビの画面はまったく逆で、どんどん大きくなってきた。
昔のテレビ画面はノートパソコンくらいのサイズだった。
最新のテレビはというと、映画館のスクリーンを
小さくしたような感じだ。

コミュニケーション

WOW!
ワーオ！

世界最大のテレビ画面は、オーストリアの企業が製造したもので、画面の対角線の長さが6.6m以上もある。

初期の家庭用テレビ

❖ **発明** テレフンケン FE-1
❖ **発明者** テレフンケン社
❖ **時代と国** 1934年ドイツ

最初のテレビセットはジョン・ロジー・ベアードの機械システムを利用していたが、1930年代にドイツで電子式テレビが製造されると、機械式システムは使われなくなった。まもなくするとフランス、イギリスそしてアメリカでそれぞれ独自の電子式テレビが開発された。初期のテレビは小さな（30cm）画面がついた大型木製家具のようだった。

1970年代のカラーテレビ

カラーテレビ

❖ **発明** ウェスティングハウス H840CK15
❖ **発明者** ウェスティングハウス社
❖ **時代と国** 1954年アメリカ

最初のカラーテレビジョン放送は1951年にアメリカで放映されたが、ウェスティングハウス社のカラーテレビが発売されたのはその3年後だった。他社でもカラーテレビを生産したが、とても高価だったこととカラー放送番組がほとんどなかったことから、売れ行きは悪かった。カラーテレビが普及するのは、全番組がカラー放送になる1970年代のことだった。

モダンな時代のテレビ

❖ **発明** フィルコ・プレディクタ
❖ **発明者** フィルコ社
❖ **時代と国** 1958年アメリカ、フィラデルフィア

テレビが木製の箱に収まっていたのはそれほど長い間ではなかった。技術革新により、移動させやすくなり、新しいアイデアも組み込まれた。たとえば、このフィルコ・プレディクタは世界ではじめての回転式画面だった。テレビがまだ高級品だった1950年代、家電デザイナーはできるだけ未来的な形を追求した。

フィルコ・プレディクタはどの方向にも回転させられる。

ポータブル・テレビ

- **発明** フィルコ・サファリ
- **発明者** フィルコ社
- **時代と国** 1959年アメリカ、フィラデルフィア

まさにポータブル・テレビといえる世界初の製品はフィルコ・サファリだ。バックパックほどの大きさで小さなバッテリーで動作する。1970年にはパナソニックがハンドバッグ大のテレビTR-001を、1978年にはイギリスの発明家クライヴ・シンクレアがポケットに入るくらいのサイズのMTV1(写真)を発売した。

伸縮アンテナ

大きさは10×15cm

シンクレア MTV1テレビ

フラットスクリーン・プラズマテレビ

- **発明** プラズマテレビ
- **発明者** 様々なメーカー
- **時代と国** 1997年日本とアメリカ

このテレビは薄くて軽いので壁にかけられる。プラズマテレビの技術は1964年にイリノイ大学のふたりの教授によって発明された。画面にはガスを充填した微小なチューブが何千本も並んでいて、電気で赤、緑あるいは青に輝く。ひとつひとつのチューブは電子回路で制御され明るさを連続的に変化させて動画を映し出す。実際に最初のプラズマテレビが市販されたのは1997年のことだった。

有機ELテレビ

巨大でスリムな画面で高品質な映像が見られる。

有機EL（OLED）テレビ

- **発明** ソニーXEL-1
- **発明者** ソニー
- **時代と国** 2008年日本

有機EL(OLED)は、電気が通ると発光するプラスチックのような素材を使った素子。このOLEDを何千個も使って画像を映し出すのが有機ELテレビ。有機ELテレビは信じられないほど薄型にでき、画質も圧倒的にいい。ソニーは初の有機ELテレビを2008年に発売したが、あまりに高価だったので多くの人は手が出せなかった。

3-Dテレビ

- **発明** ヴィエラVT20 プラズマ3-D ハイビジョンテレビ
- **発明者** パナソニック
- **時代と国** 2010年日本

2009年、ジェームズ・キャメロンのSF映画『アバター』のような映画が公開されて、これからの映画は3-Dの時代だと思われた。エレクトロニクス業界も3-Dテレビの製造に拍車がかかり、最初の製品は『アバター』公開の翌年に登場している。ところが2017年には3-Dはまったく人気がなくなり、一時的流行に過ぎなかった。

コミュニケーション

コミュニケーション

文字で伝える

5000年前のメソポタミア（現在のイラク）では粘土板に、
2000年以上前の中国では紙に記号を記して情報を伝えるようになった。
しかし次の偉大な飛躍までには時間がかかった。
ドイツで活版印刷が発明されたのは1450年。
この技術によって書籍や新聞（17世紀に始まる）、
雑誌（18世紀から）が生まれる道が開かれた。

ビック・バイロウ　ボールペン

ペニー郵便制度

郵便事業は古代にまでさかのぼる。しかしペニー・ブラックとして知られる最初の切手（右）は、1840年5月1日にイギリスで発行された。誰でも安く手紙を送れるようにと導入された郵便事業改革の一環だった。

よどみないインクの流れ

初期のペンではインクをつけながら、あるいは補充しながら書かなければならなかったが、それだとインクが垂れたり、乾燥したりした。1880年代に、アメリカ人ジョン・J・ルードはボールペンの原型となるペンを開発した。ペンの内部にインクが入っていて、いつでもすぐに書くことができた。その後このペンを改良したのがハンガリー人のビーロー・ラースロー。

1870年にはデザインを意識した切手とともにハガキも発行された。

お元気ですか

最古のハガキとして知られているのは、1840年に作家のセオドア・フックがペニー・ブラック切手を使ってイギリスのロンドンで自分宛に投函したもの。アメリカでハガキ型の郵便として最初に送られたのは1848年で、料金は郵便に印刷された広告料で賄われた。

ドイツのハガキ（1870年）

166

指先で読む

盲目のフランス人ルイ・ブライユは学生のころ、突起した点を使って伝言を記述する方法にめぐり合う。それは兵士が夜間に連絡を取り合うために用いていた方法だった。ブライユはそのシステムを改良し1829年に書籍を出版した。このシステムはブライユ（点字）として現在も用いられている。

ブライユのシステムは6つの点を使って、アルファベットの文字を表現した。

最初の点字本（1829年）

コミュニケーション

カーボン紙を使って同じ書類を複数印刷できた。

キーを叩く

タイプライターを発明したアメリカ人はかつて新聞の編集者で、まさに適任だった。クリストファー・ショールズが欲しかったのはペンより速く書ける筆記具だった。発明家仲間のカルロス・グリッデンとサミュエル・ソールのふたりと協力し、1873年に念願の機械が誕生した。

インクをしみ込ませたリボンにアーム先端の活字が当たると、紙にその字が転写される。

クランドール・タイプライター（1875年）

高速でキーを打つタイピストだと、このような初期のキー配列では活字をつけたアームが絡まりやすかった。そこでショールズは1875年にQWERTY(クワーティ)配列のキーボードを思いついた。

167

明るい光

1962年に発光ダイオード(LED)が発明され、1964年に液晶ディスプレイ(LCD)が発明されると、写真の香港、九龍(カウロン)のように商店の広告や看板、道路標識などが明るく鮮やかに光る電子看板に代わった。最新のスマート・デジタル・ビルボード(電子看板)では、次期新車の製造国や形式、発売予定などを検索できる。また、こうした検索情報をもとに逆に自動車愛好家の好みに合わせた広告を流すこともできる。

コミュニケーション

コンピューター

イギリス人発明家、数学者のチャールズ・バベジは3つの計算機械を設計したことで有名だ。その目的は数字を記憶して計算し、その計算結果を出力することだった。バベジの設計は画期的で、「コンピューターの父」といわれるようになった。

コミュニケーション

ビル・ゲイツ

コンピューターにはソフトウェアがいる。コンピューターに作業を実行させる命令の集合体だ。1975年、アメリカの計算機科学者ビル・ゲイツはマイクロソフト社を共同設立すると、世界最大のソフトウェア企業となり、世界の大富豪のひとりとなった。

計算機関

チャールズ・バベジは最初の自動計算機関を設計したが、製造はできなかった。バベジの「階差機関2号機」がイギリスのロンドンで完成されたのはなんと1991年のことで、設計から142年も経っていた。

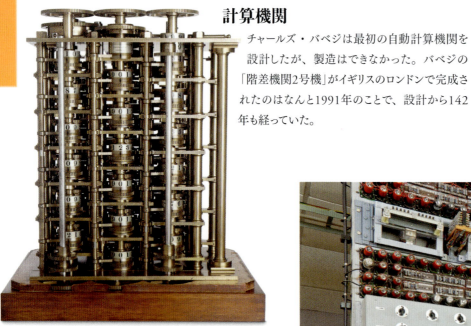

バベジの「階差機関1号機」の一部

初期の計算機

計算機の時代は第二次世界大戦中に始まった。1941年、ドイツ人技術者コンラート・ツーゼは、世界初のプログラム可能な汎用デジタルコンピューターZ3を完成させた。電子式ではなく一部屋がいっぱいになるほど巨大だった。ツーゼはこの計算機を航空機設計の計算に利用した。

▶**計算する巨人**
コロッサスは第二次世界大戦中の1943-1945年に、イギリスがドイツの戦時暗号を解読するために開発したコンピューター。

◀「マーク1」にプログラムを入力する（1944年）
写真はグレース・ホッパーがハワード・エイケンのコンピューター「マーク1」にプログラムを入力しているところ。マーク1は第二次世界大戦中原子爆弾の設計に必要な計算を実行した。

どんどん小さく、高速に

マイクロプロセッサーはいわばコンピューターのエンジンだ。昔のコンピューターは大きな衣装部屋かそれ以上に大きかった。1947年、トランジスタが生まれると演算機能は小さな集積回路にまで縮小し、しかも信じられないほどのスピードで演算を実行できるようになり、コンピューターは小型化した。

この初期プロセッサーのサブサーキットには何千個ものトランジスタが詰まっている。

グレース・ホッパー

1940年代グレース・ホッパーはアメリカ海軍将官であり世界初のコンピューター・プログラマーのひとりだった。ホッパーは現在も利用されているCOBOL（コボル）という最初のプログラム言語の開発を支えた。また「コンピューター・バグ」という言葉は、ホッパーがコンピューターの中に入り込んだ蛾を取り出した時に彼女が思いついた造語。

コンピューター・マウス

1963年、アメリカ人技術者ダグラス・エンゲルバートはコンピューターのカーソルを移動させるホイールのついたデバイスを思いついた。エンゲルバートは「バグ」と呼んでいた。彼の同僚ビル・イングリッシュは翌年それを「マウス」と改名した。

最初のマウスは木製だった。

コミュニケーション

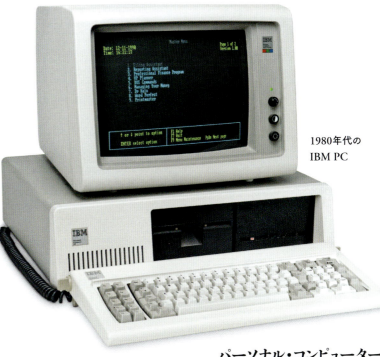

1980年代の IBM PC

パーソナル・コンピューター

最初のパーソナル・コンピューター（PC）は1970年代に誕生したが、専門家向けの組み立てキットだった。本当の意味でのパーソナル・コンピューター革命が始まったのは1981年のことで、この年IBMが最初のPCを発売し、仕事や遊び、通信のあり方が劇的に変化した。

パソコン

最初期のパーソナル・コンピューター(パソコン)は箱型でずっしりと重かったが、その後もっと処理能力が高く小さな装置へと進歩した。現在のスマートフォンは、衣装部屋ほどもあった昔のコンピューターよりはるかに高性能だ。

> **情報早わかり**
> - 1950年代にはコンピューターのことを一般に「電子頭脳」と呼んでいた。
> - スマートフォン内蔵のコンピューターは、人間を月に運んだアポロ月着陸船に搭載されたコンピューターよりも処理能力が高い。
> - 1980年に発売された最初の1ギガバイト・ハードディスクは価格が4万ドル、重量は226kg以上。

自作コンピューター

- **発明** アルテア 8800
- **発明者** MITS社
- **時代と国** 1974年アメリカ

最初期のパーソナル・コンピューターは趣味の自作キットとして販売されていた。アルテア 8800がポピュラー・エレクトロニクス誌の表紙を飾ってから、売れ行きが急増しパーソナル・コンピューター革命に勢いをつけた。

スティーヴ・ウォズニアックのアップルⅡ

- **発明** アップルⅡ
- **発明者** アップル・コンピューター社
- **時代と国** 1977年アメリカ

アップルⅡはアップル・コンピューター社(現在のアップル社)の共同創業者であるスティーヴ・ウォズニアックが1977年に設計した。アップル社が販売した最初の消費者向け製品のひとつだ。カラーグラフィックスにサウンド機能、そしてプラスチックのケースというスタイルは、その後に続くすべてのパーソナル・コンピューターの原型となった。

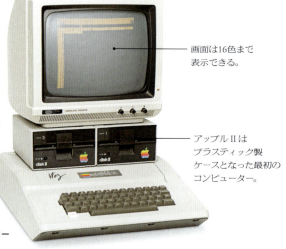

- 画面は16色まで表示できる。
- アップルⅡはプラスチック製ケースとなった最初のコンピューター。

1970年代のアップルⅡ コンピューター

家庭向けコンピューター

- **発明** アタリ 400/800
- **発明者** アタリ社
- **時代と国** 1979年アメリカ

専門家ではない一般向けの最初のホーム・コンピューターといえるものが登場したのは1979年。群を抜いていたのがテキサス・イントゥルメンツ社と、なによりアタリ社の製品だった。そのコンピューターで何をしていたかというとほとんどはテレビゲームだったが、なかにはワードプロセッサーとして使ったり、簡単なプログラムを製作したりする者もいた。

最初のラップトップ・コンピューター

- **発明** エプソン HX-20
- **発明者** セイコー社の横澤幸男
- **時代と国** 1981年日本

世界初のラップトップ・コンピューター(ノートパソコン)がエプソン HX-20。日本のセイコー社が開発し、エプソンが海外への販売を展開。大きさはちょうどA4版の紙と同じくらいで、重さは1.6kg。モニター画面の大きさは電卓と同じくらいだった。

エプソン HX-20にはキャッシュレジスターについているような印刷機が搭載されていた。

エプソン HX-20ラップトップ(1981年)

グリッド・コンパス・ラップトップ（1982年）

アップル・マッキントッシュ

* 発明　アップル・マッキントッシュ
* 発明者　アップル社
* 時代と国　1984年アメリカ

マッキントッシュ（McIntoshというリンゴの品種名にちなんでいる）は、誰でも簡単に使えて、低価格のコンピューターを目指して設計された。1984年に発売されたが、実際にはそれほど安くはなかった。マッキントッシュが本当の意味で人気が出るのはアップル社がもっと価格面で競争力のある製品を発売する1990年代になってからのことだ。

ケースのトップに組み込まれたハンドルで楽に持ち運べる。

アップル・マッキントッシュ 128k

折りたたみ式ラップトップ

* 発明　グリッド・コンパス
* 発明者　グリッド・システムズ・コーポレーション社
* 時代と国　1982年アメリカ

現在のラップトップの特徴を備えた最初のラップトップで、とくに画面を平らに折りたためる製品は1982年に発売された。とても高価だったので主な納入先はアメリカ合衆国政府だった。このラップトップはアメリカ海軍で使用され、NASAではスペースシャトルのミッションで何度かシャトルに載せている。

サイオン 3a PDA ノートブック（1993年）

タッチパッド

* 発明　サイオン MC 200
* 発明者　サイオン社
* 時代と国　1989年イギリス

タッチパッドは指の位置と動きを追跡できる特殊な面のことで、その位置や動きの意味を読み取って画面に表示する。タッチパッドはマウスの代わりとして用いられ、最初はイギリスの企業サイオン社が製造する多くのラップトップに搭載された。

タッチスクリーン革命

* 発明　マイクロソフト・タブレットPC
* 発明者　マイクロソフト社
* 時代と国　2002年アメリカ

1990年代には多くの企業がタブレット・コンピューターの構想を練っていたが、最初の市販製品はマイクロソフト社が設計し2002年に発売された。しかし当時のタブレットは重く、使い勝手が良いとはいえなかった。アップル社がiPadを発売したのが2010年、改良されたタッチスクリーン技術と素敵なアプリ群によりタブレットは大きな人気を得た。

アップル iPad

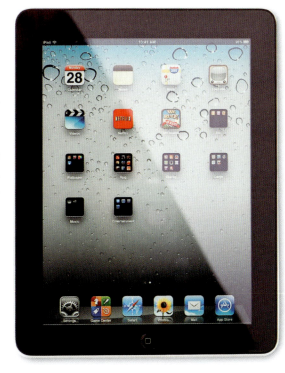

コンバーチブル型PC

2-in-1 PC

* 発明　コンパック・コンチェルト
* 発明者　コンパック
* 時代と国　1993年アメリカ

2-in-1 PCはラップトップとタブレットの両方をかね備えている。初期の製品がコンパック・コンチェルトで、1993年に開発された。しかしこの発想が受け入れられるようになるのは2011年にエイスース社（Asus）がイー・パッド・トランスフォーマーを発売してからで、コンチェルトからほぼ20年が過ぎていた。

コミュニケーション

ワールド・ワイド・ウェブ（WWW）

日常生活はワールド・ワイド・ウェブがなければなりたたないほどだ。ワールド・ワイド・ウェブは誰でもインターネットを利用できる使いやすいシステムだ。またインターネット上のソーシャルメディアはコミュニケーションの手段として普及している。買い物や料金の支払い、テレビを見るにもゲームで遊ぶにもインターネットを使う。国によってはオンラインで選挙投票しているところもある。

コミュニケーション

情報早わかり

- 送られてくる電子メールの70％はスパムメール。
- 2010年、フィンランドはインターネットへの接続を市民の法律に基づく権利とした。
- 中国の北京にはインターネット中毒のための治療施設がある。
- インターネット接続が最も良好とされているのは現在のところ韓国と日本の都市だ。両国での平均的なインターネット速度はアメリカのほぼ3倍。

接続する

イギリスの計算機科学者ティム・バーナーズ＝リーが「ワールド・ワイド・ウェブ」を開発したのは、スイスのジュネーブ近郊にあるCERN（欧州原子核研究機構）で研究している時だった。コンピューター同士を接続する基本的なシステム（オープン・プラットホーム）を構築し、世界中の人々が情報を共有し協力しあえないかと考えた。

バーナーズ＝リーが使っていた個人用コンピューターが最初のウェブサーバーで、ウェブが切断されないように「このマシンはサーバーです。電源を切らないで！」と注意書きがあった。

▼ **ティム・バーナーズ＝リー**
コンピューターNeXTの脇に立っているのがインターネットの発明者。このコンピューターでワールド・ワイド・ウェブを開発した。

カフェ文化

1990年代のはじめにはまだ家庭ではインターネットに接続できなかった。1991年アメリカのサンフランシスコで、多くのカフェにコンピューターを設置し、それらを互いに接続するネットワークが立ち上げられた。完全にインターネットに接続できる最初のインターネットカフェが現れたのは1994年はじめ。それはイギリス、ロンドンの現代美術館のカフェだった。

ベトナム初のサイバーカフェに集まるインターネット利用者（1996年）

最初のウェブページ

世界初のウェブページ（上）が、1991年8月6日に開設された。制作したのはティム・バーナーズ＝リー。彼はこのWebページでWWWプロジェクトに関する情報を共有し、ウェブページの作り方をわかりやすくまとめた。

文字と画像

初期のウェブサイトは文字だけで、画像はなかった。1993年、アメリカのイリノイ大学にある国立スーパーコンピューター応用研究所がグラフィックスもサポートするインターフェイスつまりウェブ・ブラウザのMosaic（モザイク）を発表した。おかげでウェブサイトはずっと魅力的で読みやすいものになった。モザイクはワールド・ワイド・ウェブ（WWW）の普及に貢献した。

コミュニケーション

WOW! ワーオ！
インターネットに接続されている装置の数は、世界の人口より多い。

ウェブ・ブラウザでインターネットのページが閲覧できる。

グローバル・ネットワーク

オンライン・コミュニティーはWWW以前からあった。しかし普及に拍車がかかったのは、クラスメイツ（1995年）やシックス・ディグリーズ（1997年）、リンクトインそしてマイスペース（どちらも2003年）、フェイスブック（2004年）、ツイッター（2006年）などのサイトが開設されるようになってからだ。

▲ ウェブサイトの制作

2003年に開設されたワードプレスなどウェブサイト制作サイトのおかげで、自分のサイトを簡単に制作できるようになった。

エイダ・ラヴレス

エイダ・ラヴレスは1815年エイダ・オーガスタ・ゴードンとして生を受ける。父親はイングランドのロマン派詩人ジョージ・ゴードン、バイロン卿としてよく知られている。エイダは後に数学者となった。最初のコンピューター・プログラムとされるものを書き、彼女のアイデアは20世紀中ごろに始まった初期の計算機の研究を刺激した。

コミュニケーション

科学教育

エイダの両親は彼女が若いころ離婚している。エイダが父親の気まぐれな性質を受け継ぐのではないかと心配し、母親はエイダに科学と数学の教育を受けさせた。若いエイダは産業革命の新しい発明の数々に魅了された。

解析機関

17歳のころ、エイダは数学者で発明家のチャールズ・バベジとめぐり会う。エイダの興味を引いたのは、複雑な計算を実行できるバベジの「解析機関」というアイデアだった。そこには現代のコンピューターの本質的な要素がすべて含まれていた。

解析機関の現代の模型

▶エイダ・ラヴレス
エイダはラヴレス伯爵と結婚し、彼女の正式な称号はラヴレス伯爵夫人エイダ・キング。

生涯

1815年	1816年	1828年	1833年
12月、エイダ・ゴードンはイギリスのロンドンで誕生。ロマン派詩人ジョージ・ゴードン別名バイロン卿ただひとりの嫡出子。	1月、母親のアナベラはまだ生後1か月のエイダを連れて、正気とは思えない夫と別れた。	エイダは賢く才能のある子どもで、13歳の時に独自の飛行機械を設計する。	エイダは数学者で発明家のチャールズ・バベジを紹介される。

バベジの機械に用いるパンチカード

コンピューター・プログラム

エイダはバベジの機械の可能性についてノートを残している。下の手紙にもそうした記述があって、（ベルヌーイ数の）計算は「人間の頭や手を使って作業をしなくても、この機関が実行してくれるでしょう」とあり、ある種のコンピューター・プログラムについて記している。

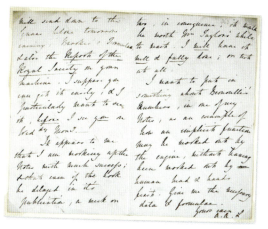

エイダからバベジへの手紙（1842年）

コミュニケーション

エイダの遺産

残念ながらバベジの解析機械は製作できなかったし、エイダのアイデアも理論的なものに終わった。しかしエイダの洞察は素晴らしかった。実際に彼女の理論の真価が明らかになるのはコンピューターが発明される100年後のことだった。

▶アイデアの応用
エイダが提案したプログラミングという概念は多くの分野に、なかでも航空宇宙科学に影響を与えた。

1843年	1844年	1851年	1852年
エイダはバベジの解析機関に関するノートを出版。そこには複雑な数列を計算するアルゴリズムも書かれていた。	人間の感情を理解するための数学モデルを作ろうとし、「神経系の微積分学」と名付けた。	ギャンブル中毒だったエイダは馬に賭ける方法の数学モデルを考案した。もちろんうまくいかなかった。	36歳の若さでエイダはがんで死去。有名な詩人である父親の隣に葬られた。

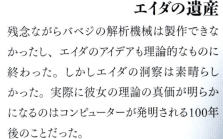

177

生活

生活

料理道具や掃除道具、娯楽用の家電製品やゲームなど、わたしたちの家庭は生活を快適にする発明でいっぱいだ。

電球

19世紀、科学者たちはなんとか電気を光に変えられないか研究を続けていた。目標は家庭で長時間使える電気による照明だ。ふたりの発明家ジョゼフ・スワンとトマス・エジソンは、大西洋を挟んでそれぞれ独自に研究し、この問題を解決した。その答えが白熱電球だ。この発明もまた世界を変えることになった。

生活

暗がりでの生活

電気照明が発明される前、世界はずっと暗かった。人々は動物の脂肪や蜜蠟で作ったロウソクやオイルランプ、ガス灯を灯していた。これらの照明は電気よりはるかに効率が悪かった。100ワットの電球はロウソクの炎の100倍以上も明るい。

道を照らす

1809年にイギリス人科学者ハンフリー・デーヴィーが発明したアーク灯は、ふたつの木炭棒の間の空気中に電気を通して光を発生させる。それは小さな雷のようなものだった。はじめての実用的な照明だったが、家庭で利用するには光が強過ぎた。アーク灯は主に街灯として使われた。

1881年、アーク灯が照らすアメリカ、ニューヨークの通り。

▶スワンの電球

1878-1879年にはじめて実演された、スワンのフィラメント式電球の複製模型。スワンの電球は光りはしたが、長時間灯すことはできず、商業的には成功しなかった。

カーボン製フィラメント

このガラス球の中の空気はほとんど取り除いてある。酸素をなくすことで、フィラメントが燃え尽きないようにしている。

WOW！ ワーオ！

アメリカでは電球の販売数が急増した。1885年におよそ30万個だったが1945年には7億9500万個が販売された。

スワンの光

イギリス人科学者ジョゼフ・スワンはフィラメント（電気を通すと明るく輝く素材の薄片）を使い、はじめて家庭向けの電球を製作した。1879年、スワンの家に世界ではじめて電球が灯された。

エディソンの名案

スワンが電球の実演をしてから1年後、アメリカ人発明家トマス・エディソン(pp.186-187 参照)は、炭化させた竹製のフィラメントを使った独自の電球を考案した。同時にエディソンは電気を供給する発電所と送電システムも開発して電球の普及を進め、はじめて数百万の家庭に電気を送ることに成功した。

電球の中はほぼ完全に真空

ループ状にしたフィラメント

接続した電線で電流を送る。

現在の電球

最近の家庭では白熱電球(電球の中にあるフィラメントを加熱して光らせている)からもっと省エネタイプの電球へと置き換えが進んでいる。省エネタイプの照明としては小型の電球型蛍光灯(p.183参照)や上の写真のような発光ダイオード(LED)照明がある。LED照明の中には集中管理システムに接続したスマートフォンなどを使って調節できるものもある。

生活

電球を比較してみる

コイル状に巻かれたタングステン製フィラメント

電線の電流がフィラメントに流れると、フィラメントが発熱して明るい光を放出する。

白熱電球

電気接点

3. LEDに電流が通ると明るく輝く。

2. 電流が電線を流れる。

1. 電流は基部に隠れている制御回路を通る。

LED電球

スイッチを入れると電球の中のフィラメントに電流が通り明るく輝く。電球には酸素の代わりに不活性ガスを入れてフィラメントがすぐに燃えつきないようにしている。

LEDは半導体という素材でできている。スイッチを入れると、荷電粒子である電子がこの素材を流れ、光という形のエネルギーを生み出す。

◀力を合わせて

この初期のエディソン電球は1879年製。この発明の特許をめぐってはじめのころ意見の不一致はあったものの、スワンとエディソンは1883年に手を組み、エディソン・アンド・スワン・ユナイテッド・エレクトリック・カンパニー社を創立し、イギリスではのちにエディスワン社と呼ばれる。

世界を照らす

電球の発明で、世界の夜はかつてないほど明るくなった。
ここからいろいろな照明が誕生する道が開かれ、
家庭に電気が送られるようにもなった。
まもなくするとこの電気によって多くの家電製品が動きだす。

生活

情報早わかり

▶最初にスイッチを入れたのが1901年。それから現在まで点灯し続けているのがアメリカ、カリフォルニア州リヴァモアのセンテニアル・ライトで、世界一寿命の長い電球だ。
▶1881年、ロンドンのサヴォイ・シアターは、全館が電気で照明される世界初の公共建造物となった。
▶アメリカ、ラスヴェガスのルクソール・ホテルのサーチライトは、晴れた夜なら440km離れたところからも見える。
▶「世界最大の電球」はアメリカ、ニュージャージー州のトマス・エディソン・メモリアル・タワーの屋上にあるが、実は今ではLEDが使われている。

自動車のライト

❖ **発明** 電気式ヘッドライト
❖ **発明者** エレクトリック・ヴィークル・カンパニー社
❖ **時代と国** 1898年アメリカ

自動車のヘッドライトはもともとは灯油やガスを燃料にしていたが、火災の危険性があった。最初の電気式ヘッドライトは、フィラメントがすぐに燃え尽きてしまい、うまくいかなかった。また電気式だと電力を供給する必要があり、その費用も高価なものになった。20世紀はじめになると技術が進歩し、1912年にはアメリカの自動車会社キャデラック社が自動車の点火システムを利用してヘッドライトに電力を供給する方法を考案した。上の写真は1915年製フォード・モデルTの電気式ヘッドライト。

気体が光る

❖ **発明** ネオン管
❖ **発明者** ジョルジュ・クロード
❖ **時代と国** 1910年フランス

フランス人物理学者ジョルジュ・クロードは、ネオンガスを満たしたガラス管に電流を流すと、紅赤色の強い光を発することを発見した。この光は家庭の照明に使えるほど明るくはなかったが、クロードは広告看板としてならうまく使えるのではないかと考えた。1912年、最初のネオンサインがパリの床屋の店先に点灯された。まもなくするとネオン広告は世界中で見られるようになった。

▶**鮮やかな照明の輝き**
アメリカ、カリフォルニア州にあるこのネオンサインの光は様々な気体から放出されている。紅赤はネオン、ピンクは水素、ピンクがかったオレンジ色はヘリウム、青は水銀、白っぽい黄色はクリプトンだ。こうした用途に最初に使われた気体がネオンだったので、光を放つ気体を充填した放電管のことをネオン管という。

省エネタイプの照明

❖ **発明** 蛍光灯
❖ **発明者** エドモント・ゲルマー、フリードリッヒ・マイヤー、ハンス・スパナー
❖ **時代と国** 1926年ドイツ

蛍光灯の中には水銀原子の蒸気が入っていて、電気を流すとこの水銀蒸気から目には見えない紫外線が放出される。この紫外線が蛍光物質を塗布した蛍光灯の内面に当たると、可視光に変わる。初期の蛍光灯は大きかったが、1970年代にはアメリカ人技術者エドワード・E・ハマーが小型でコンパクトな蛍光灯(CFLs)を開発した。

CFLsは白熱電球の15倍も寿命が長い。

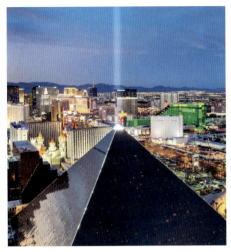

サーチライト

❖ **発明** キセノン・アーク灯
❖ **発明者** オスラム・リヒト社
❖ **時代と国** 1940年代ドイツ

キセノン・ランプはアーク灯の一種で高圧のキセノンガスが封入されている。電流が通るとキセノンが明るく光る。キセノン・ランプは映画のプロジェクターやサーチライト、灯台などに用いられ、世界で最も強力な光を発しているのがアメリカ、ラスヴェガスのルクソール・ホテル屋上にあるキセノン・ランプ(上)。

レーザー光

❖ **発明** レーザー
❖ **発明者** セオドア・H・メイマン、アーサー・ショーロー、チャールズ・タウンズ、ゴードン・グールド
❖ **時代と国** 1960年アメリカ

レーザーは収束性のよい(広がらない)強力な光線。固体あるいは気体状の原子にエネルギーを加えて光を発生させている。この時原子は互いに足並みをそろえ光の波の山と谷がそろった単色の光を生み出す。レーザーは、光ファイバーで情報を送ったり、宇宙へ情報を送るなど主に産業用として利用されている。

生活

コンサートでレーザーを用い華やかさを演出

LED

❖ **発明** 発光ダイオード(LED)
❖ **発明者** ニック・ホロニアック・ジュニア
❖ **時代と国** 1962年アメリカ

LEDはエネルギー消費が少なく、丈夫で長持ちするため、最近では白熱電球からLEDへの交換が進んでいる。LEDは異なる種類の半導体を接合したもので、ここに電圧をかけると、電子とプラスの電気を持つ正孔が結合して光を発する。LED電球は非常に小さいので、リモコンのオン・オフボタンについているような小さい光源としても利用されている。

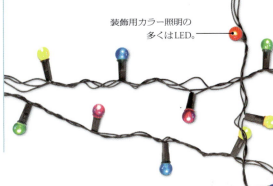

装飾用カラー照明の多くはLED。

生活

養殖と太陽光発電

電気照明などの電気製品が世界中に普及すると、電力を得るエネルギー源が必要になる。この中国浙江(ジョージャン)(せっこう)省にある巨大な太陽光発電プラントは2017年に発電を開始した。空間を有効利用するため、養魚場の上に設置されていて、漁獲と太陽電池パネルで発電される電気とで二重に収入を得ている。約2.99平方kmをパネルで覆い、このプラントだけで10万世帯1年分の電力を供給できる。

生活

トマス・エディソン

電球や蓄音機そして映画カメラを世に送り出した男、トマス・エディソンの発明によって人々の生活スタイルは一変した。エディソンは素晴らしいアイデアを発明しそれを検証するため、研究者と発明家の大きなチームを組織した。またエディソンは発明をめぐりライバルに抗議するのも早かった。

生活

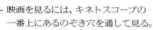

映画を見るには、キネトスコープの一番上にあるのぞき穴を通して見る。

メンローパーク

1876年、エディソンはアメリカ、ニュージャージー州メンローパークに研究施設を開設した。エディソンは生涯に、アメリカで1093件の発明で特許を取得、海外でさらに1200件の特許を取得している。20世紀の人物としては最多だ（2016年現在の世界記録は、山﨑舜平の1万1353件）。

ビジネスを生み出す

エディソンにとって発明はビジネス。彼の表現を借りれば「売れないものは発明しない」。エディソンの初期の発明でよく売れたのはキネトスコープだった。1888年にエディソンはその装置の特許を申請したが、映画を見られるのは1回にひとりだけだった。

エディソンのキネトスコープ

生涯

1847年	1859年	1869年
エディソンは2月11日アメリカ、オハイオ州で誕生し、ミシガン州で育った。主に家庭で母親から教育を受けた。	12歳の時、エディソンは列車に引かれそうになった3歳の子どもを助けたお礼にその子の父親から電信の使い方を教わった。エディソンは鉄道の電信係となり、仕事のあいまに発明をした。	エディソンの発明ではじめて大きな成功を収めたのが、株価を電信で送信する装置。エディソンはその権利を4万ドルで売り渡し、22歳の若さで発明家として専念できるようになった。

エディソンの株価を知らせる装置

ACかDCか

1880年代になって、エディソンは送電する最良の方法をめぐり電気技術者のジョージ・ウェスティングハウスと苦々しい紛争になった。エディソンは直流(DC)を好んだが、ウェスティングハウスは交流(AC)を推奨した。交流なら長距離でも送電できることから、最終的にエディソンは交流が優れた方法であることを認めざるを得なかった。

エディソンが1882年に建設したアメリカ初の発電所のダイナモ（直流の発電機）。

失敗作もあった

電気式投票計数機やコンクリート住宅（コンクリート製の家具付き）そして電気ペンなど、エディソンの発明の多くは、彼自身はそう考えてはいなかったが、失敗作だった。エディソンは電球を開発している時次のように述べたことがあった。「わたしは失敗したのではない。ただうまくいかない方法を1万通りも発明しただけだ」

電池で動くモーター

エディソンの電気ペン

生活

ニュージャージー州のメンローパークで新しい照明の試験をするエディソンと同僚。

1879年	1895年	1904年	1931年
1877年の蓄音機(p.204参照)に続いて、エディソンはさらに評判となる装置を発明した。電球だ。	蓄音機にキネトスコープを取り付けたキネトフォンを製作。最初の発声映画システムのひとつ。	エディソンは自動車用のバッテリーを製造し、莫大な儲けを得る。	10月18日エディソンは84歳で死去。アメリカ中の企業が照明を落とし弔意を表した。

エディソンと彼のバッテリーで動く電気自動車。

187

生活

生活

高電圧

ここに写っているのはセルビア系アメリカ人科学者のニコラ・テスラ(pp.60-61参照)。彼の発明のひとつテスラ・コイルの横にさりげなく座っているが、テスラ・コイルによって激しい空中放電が起きている。非常に高い周波数の電気で超高電圧を作り出すと、電線がなくても空中を電気が流れるようになる。

電池

電気の存在は古くから知られていた。古代ギリシャの学者は静電気を用いた実験をしていたし、18世紀にはアメリカ人発明家のベンジャミン・フランクリンが雷が電気の一形態であることを証明した。しかし19世紀にはいってイタリア人科学者アレッサンドロ・ヴォルタが最初の電池を発明するまで、電流の作り方は知られていなかった。

生活

カエルの跳躍

1780年、イタリア人科学者ルイジ・ガルヴァーニは死んだカエルの筋肉を震わせられることを発見した。カエルの脚の神経に異なる金属を接触させると、まるで生きているかのようにカエルの脚が動いた。その力はカエルの内部で生じるものと考え、ガルヴァーニはそれを「動物電気」と名付けた。

ガルヴァーニの実験の図解 — 鉄板／金属棒で触れると脚が動く。／真鍮製の棒

ヴォルタの電堆

もうひとりのイタリア人科学者アレッサンドロ・ヴォルタは、ガルヴァーニの説明は間違っていると思った。ヴォルタは動物ではなく金属が電流を作っていると考えたのだ。それを証明するために、ヴォルタは1800年に世界初の電池を作った。この「ヴォルタの電堆」は、銅板、塩水につけた厚紙そして亜鉛板からなる3枚の円盤のセットを何重にも重ねたものだ。

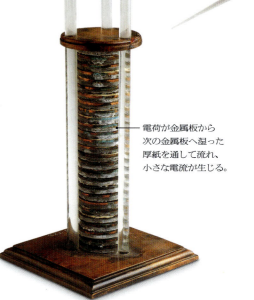

電荷が金属板から次の金属板へ湿った厚紙を通して流れ、小さな電流が生じる。

ガストン・プランテの鉛酸蓄電池（19世紀）

長寿命

初期のヴォルタ型電池は長時間持続しなかった。化学物質で電気が生じるので、化学物質の供給がなくなると電気は流れなくなる。フランス人物理学者ガストン・プランテは1859年に充電可能な鉛酸蓄電池を発明してこの問題を解決した。現代のスマートフォンなどで使われているリチウムイオン電池も充電が可能だ。

安全に使える

初期の電池は液体を使っていてガラス製の容器に入っていることが多かった。そのため電池を動かすときには十分注意しなければならなかった。1886年にドイツ人科学者のカール・ガスナーが乾電池を発明したことで、電池を扱うのが容易になり、多くの装置に使えるようになった。ガスナーの電池は、乾燥したペースト状の電解質（電流を通す物質）を亜鉛のケースに詰めてある。

ホーンズデール・ウィンドファームに99基あるタービンのひとつ。

エネルギーを蓄える

蓄電池（バッテリー）は電力を供給するだけでなく、電気を蓄えるためにも使える。現在多くの企業がソーラーパネルやウィンド・ファームから集めた電気を蓄えるための蓄電池を生産している。蓄電池に蓄えた電気は、曇ったり風がなかったりした時に、発電施設のある地元へまた全国へも供給できる。

電池が機能する仕組み

アルカリ乾電池を電気製品に入れると、電池内のふたつの電極（カソードとアノード）の間で化学反応が起きて電流が生じる。この電流が電池から集電体を通って電気製品に流れる。

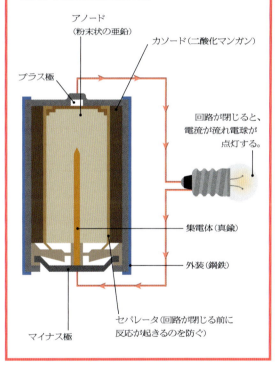

アノード（粉末状の亜鉛）
カソード（二酸化マンガン）
プラス極
回路が閉じると、電流が流れ電球が点灯する。
集電体（真鍮）
外装（鋼鉄）
セパレータ（回路が閉じる前に反応が起きるのを防ぐ）
マイナス極

生活

◀最大のバッテリー
世界最大の蓄電池（バッテリー）はアメリカ企業テスラ社が、2017年12月にオーストラリアのホーンズデール・ウィンドファーム用に建設した。

洗濯

世界初の機械式食器洗い機は19世紀に裕福なアメリカ人ジョセフィン・コクランが発明したが、おそらく使用人に皿を割られないようにするためだったのだろう。いくら探してもお目当の機械は見つからない。業を煮やしたコクランはきっぱりこういった「誰も皿洗い機を発明するつもりがないなら、わたしが作ります」。そして1893年に皿洗い機が発表されると、すぐに様々な家庭用洗濯装置が登場した。

生活

温水用蛇口に接続した食器洗い機（1921年）

世界初の食器洗い機

コクランの食器洗い機は皿をワイヤー製のラックに立てかけ、レバーを使って手動で回転させる。皿が回転している間に、最初は石鹸入りの温水、次に清潔な常温の水を浴びせる。洗い終わると皿は清潔でぴかぴかになっている。しかしコクランの機械は大型でかさばった。小型の家庭用食器洗い機が普及するのは1950年代になってから。

最新の食器洗い機

現代の食器洗い機の中の食器は、コクランの発明とは異なり、ラックに乗っているだけで動かない。上部と下部にあるアームが回転して皿に水を浴びせる。最初は冷水で前洗い、それから洗剤入りの温水、さらに清潔な水ですすぐ。最後に加熱装置で空気を温めて、皿を乾燥させる。

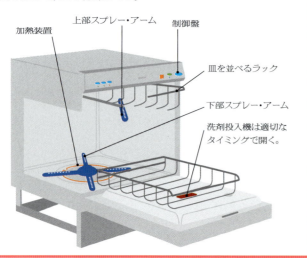

洗濯したて

19世紀になると、大型の蒸気力洗濯機を設備したランドリーの営業が始まった。しかしアメリカ人発明家アルヴァ・フィッシャーが最初の電気洗濯機ソールを考案し商業的にも成功するのは1908年のことだった。洗濯用の水を入れた円筒曹を回転させる仕組みだ。デザインは非常に素朴で、洗濯後には手で水を絞らなければならなかったが、売れ行きは良く、ソールを模倣した製品も多く出回った。その後のソール（右）には余分な水を搾るローラーが付属するようになった。

濡れた洗濯物をローラーの間に挟んで余分な水を絞り出す。

ローラーを回すハンドル

ソール洗濯機（1929年ころ）

脱水乾燥機

まだ乾燥機が発明される前の19世紀、洗濯物はたいてい屋外に干したり暖炉のそばで干したりしていた。1920年代になると電気乾燥機が出回り始める。金属製のドラムに洗濯物を入れモーターで高速回転させる。ドラムには穴が空いていてそこから水が切れる仕組み。そして現代の乾燥機と同じように加熱して洗濯物を乾かした。

初期のドイツ製回転式乾燥機（1929年）

生活

最新の洗濯機

最近の洗濯機はソールに相当の改良が加えられている。ドラムは水平置きになり、高速に回転させて水分を除去する。液体洗剤や柔軟仕上げ剤を入れる部分があり、さらにウールやポリエステルなど様々な素材に合わせて洗濯できるように多様な洗濯プログラムが組み込まれている。

洗濯洗剤

現代の洗濯用洗剤は界面活性剤という物質でできている。油分を引き離して水に溶けやすくする化学物質で、汚れを衣服から洗い落とす。界面活性剤は第一次世界大戦中にドイツ人科学者が発見し、1940年代にアメリカ人研究者デイヴィッド・バイヤリーによって改良された。

パック詰めの液体洗剤

キッチン用品

それほど遠くない昔のこと、混ぜたり、切ったり、焼いたりといった調理の作業はほとんどが手作業で、時間もかかっていた。19世紀中ごろ以降になると、発明家の関心は調理の時間や労力を減らす道具、そして料理を保存するのに役立つ道具の開発にも向けられた。

缶を開ける

- **発明** 缶切り
- **発明者** ロバート・イエーツ
- **時代と国** 1855年イギリス

不思議なことだが、1810年にブリキ製の缶詰が発明されてから実用的な缶切りが考案されるまでに40年以上が経っていた。初期の缶詰は金槌とタガネを使って開けていて、缶詰を開けるのはなかなか危険な作業だった。1855年イギリスのある食卓用金物メーカーが、刃が1枚ついていて、缶詰のふち周りを切って開ける簡単な道具を開発した。写真にある缶切りは1930年代のもの。

トーストマスターの雑誌広告（1951年）

パンを焼く

- **発明** ポップアップ式トースター
- **発明者** チャールズ・ストライト
- **時代と国** 1919年アメリカ

はじめて電気トースターが登場したのは1893年だが、取り扱いが面倒で、誰かがスイッチを切らない限り焼き続けるので、出来上がるのは黒焦げのパンばかりだった。アメリカ人発明家チャールズ・ストライトはタイマー付きのトースターを開発し、パンが焼きあがると飛び出すようにした。はじめは仕出し料理業界で利用され、その後1926年に家庭用の「トーストマスター」が市販された。それ以来トースターはキッチンの必需品だ。

レバーを引き上げると熱湯がコーヒーを通り、抽出されてカップに落ちる。

取り外し可能なフィルター内に挽いたコーヒー豆を入れる。

イタリア製エスプレッソマシン（2007年）

手早くコーヒーを淹れる

- **発明** レバー操作式エスプレッソ・メーカー
- **発明者** アキーレ・ガッジャ
- **時代と国** 1938年イタリア

手早くコーヒーを淹れるアイデアは、1884年にイタリア、トリノのアンジェロ・モリオンドが蒸気を使ったコーヒーメーカーの特許を得たころに始まる。この大型機械は成功とはいえなかったが、1903年になってふたりのイタリア人ルイジ・ベッツェッラとデシデリオ・パヴォーニによって改良が加えられた。それから1938年にはイタリア人技術者アキーレ・ガッジャがレバーで操作する初の蒸気エスプレッソ・メーカーを発明。小型にはなっても、初期の機械とくらべて水圧がとても高くなったため、現在のようなエスプレッソ・コーヒーをふつうの大きさのコーヒーカップ分淹れることができた。

焦げ付かないフライパン

❖ 発明　テフロン®
❖ 発明者　ロイ・プランケット
❖ 時代と国　1938年アメリカ

多くの発明がそうであるように、フライパンの表面を焦げ付かないようにするコーティング技術は偶然生まれた。アメリカ人化学者ロイ・プランケットが化学会社デュポンで冷蔵庫に用いる冷媒用ガスの研究をしている時に、たまたま非常に粘着性の弱い物質のポリテトラフルオロエチレンを発見した。後にテフロン®と名付けられて、フライパンに用いられ、パンケーキをひっくり返すのに絶大な貢献をした。

食材を新鮮に保つ

❖ 発明　タッパーウェア®
❖ 発明者　アール・タッパー
❖ 時代と国　1946年アメリカ

第二次世界大戦の終戦直後のころ、食材を新鮮に保つ数多くの製品が生まれた。その中のひとつがプラスチック製冷蔵容器、タッパーウェア。気密性の高い蓋で「ピチッと密閉」(burping seal)が特許となった。発明したアメリカ人アール・タッパーの名にちなんで命名され、この容器は1950年代にセールスウーマンのブラウニー・ワイズが草分けとなった消費者の家庭で開く「タッパーウェア・パーティー」の手法で人気を得た。

超高速クッキング

❖ 発明　電子レンジ
❖ 発明者　パーシー・スペンサー
❖ 時代と国　1945年アメリカ

アメリカ人技術者パーシー・スペンサーはマグネトロン（電磁波の一種であるマイクロ波を発生させる装置）の実験をしている時、どうしたわけかポケットに入れておいた板チョコが溶けていることに気が付いた。マイクロ波が板チョコに含まれる水分子を振動させて、熱が発生しチョコレートが調理されていたのだ。スペンサーが勤めていたレイセオン社は、この発見を新型の調理機に生かした。それが電子レンジだ。

初期の電子レンジ「ラダレンジ」（1958年ころ）

調理の下ごしらえ

❖ 発明　フードプロセッサー
❖ 発明者　ピエール・ヴェルダン
❖ 時代と国　1971年フランス

パン生地をこねたり液状の素材を泡だてたりするキッチン用のミキサーは1919年ごろからあった。しかし固形の食材をみじん切りしたり、ざっくり混ぜたり、しっかり混ぜ合わせる道具が登場するのは何十年もあとのこと。フランス人技術者ピエール・ヴェルダンが最初のフードプロセッサーを開発してからだ。ヴェルダンは自分で発明した手間が省けるプロセッサーをマジミックスと名付けた。

最近のフードプロセッサー

生活

冷蔵技術

19世紀中ごろに発明された冷蔵技術によって食事や保存の方法は大きく様変わりした。低温の冷蔵庫内では食品を腐らせる細菌の増殖速度が抑えられ、食品を長期間新鮮に保ってくれる。こうした冷却の技術はエアコンの開発にもつながり、気候が高温の地域でも快適に暮らせるようになった。

生活

この初期の冷蔵庫では、温度を調節するコンプレッサーが冷蔵庫の上に載っていた。最近の冷蔵庫はたいてい底の部分にある。

厚い断熱ドアで内部を冷たく保つ。

製氷室は冷凍食品を入れたり角氷を作ったりする。

▶GE社製「モニター・トップ」冷蔵庫（1934年）
アメリカのゼネラル・エレクトリック社、クリスチャン・スティーンストロップが発明した世界初の気密式冷蔵庫。

冷蔵庫の仕組み

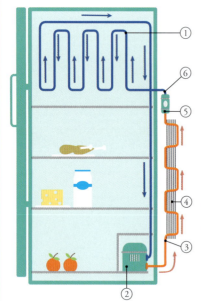

1. コイルで冷蔵庫内の熱を吸収する。
2. コンプレッサーで気体を圧縮して気体冷媒を加熱し冷蔵庫の外部へ送り出す。
3. 気体冷媒は冷蔵庫背面にあるコイルを通る間に冷却され、液体に戻る。
4. 放熱板を通して冷蔵庫内で吸収した熱を放熱する。
5. 膨張弁で液体冷媒を膨張させ、急速に気体に変化させつつ冷却する。
6. 冷媒は冷蔵庫内に戻り、おなじ過程が繰り返される。

冷蔵庫は熱を冷蔵庫内部から外部へ移動させて庫内を冷やす。そのために冷媒という物質が冷蔵庫内のコイル状の管を流れている。冷媒は冷やされて庫内に入り、庫内を流れる間に熱を吸収する。庫外へ出た冷媒は吸収した熱を放出し、再び冷蔵庫内へ戻る。

温度を下げる

人工的に冷却する方法はスコットランドの医師ウィリアム・カレンが18世紀中ごろに発明している。しかし最初の機械式冷蔵庫を発明したアーサー・T・マーシャルにアメリカの特許が下りたのは1899年だった。最初の家庭用冷蔵庫DOMELRE（ドメルレ）は1913年にアメリカ人技術者フレッド・W・ウルフ・ジュニアが開発した。

冷凍マグロを冷凍船から荷揚げしている（2005年日本）。

急速冷凍

アメリカ人ナチュラリスト、クレアレンス・バーズアイはカナダのイヌイットの人々が用いる技術に基づいて、1920年代に急速に冷凍する方法を開発した。とても低い温度のもとで食品を急速に冷凍すれば、ゆっくり冷凍するよりずっと新鮮に保存できる。

急速冷凍でシーフードを保存する作業

冷凍輸送

冷凍技術によって家庭で食品を長期間保存できるようになっただけでなく、食卓に並ぶ食品まで変わった。1870年代に冷凍船が発明されると、世界の食料供給はすっかり変化した。肉や魚などすぐに腐ってしまう食品でも、今では冷凍して世界中に輸送できるようになった。

生活

室内を涼しくする

アメリカ人技術者ウィリス・キャリアが1902年に発明したエアコンの仕組みは冷蔵庫とそっくりだ。冷媒が屋内と屋外を循環する。その冷媒が屋内では熱を吸収し、屋外では上の写真のように送風ユニットを使って空気中に熱を放出している。

スマート冷蔵庫

1990年代の終わりころから、家電各社が「スマート冷蔵庫」の開発に力を入れてきた。冷蔵庫内で少なくなっているものがあれば、インターネットで自動的に注文して補充できる冷蔵庫だ。サムスンのファミリー・ハブ冷蔵庫（下）は庫内にカメラがあって、外出中でもスマートフォンで冷蔵庫内をチェックできる。

素早く手軽に食べる

新製品のスナックやお菓子が世界中で大ヒットすることがある。何が成功するかはほとんど予測できないが、発明家は一般の人々の好みをじょうずに判断してお金を儲ける。ところがそうしたアイデアも特許をとったり(コカ・コーラのように)レシピを門外不出にしなければ、競争相手が出し抜いて富と名声を得ることになる。

生活

フライ社の最近の
チョコバー(板チョコ)

冷たいデザート

❖ 発明　アイスクリーム
❖ 発明者　不明
❖ 時代と国　おそらく紀元前200年ころの中国

アイスクリームの起源ははっきりしていない。ギリシャやローマ、中国などの古代文明で、デザートを雪で冷やして味わっていた記録はある。現在アイスクリームといわれるもののレシピは、17世紀にヨーロッパ王族に献上され、次第に庶民へと広まった。

▼ アイスクリーム販売車
1961年、イギリス、ハルでコーン・アイスクリームを美味しそうに食べる男の子。移動アイスクリーム販売車は多くの国で流行っている。

チョコレートの味わい

❖ 発明　固形のチョコバー(板チョコ)
❖ 発明者　フランシス・フライ
❖ 時代と国　1847年イギリス

チョコレートを最初に食べたのは、第1世紀年(西暦1年から1000年の間)ころのメキシコ、マヤの人々だった。彼らはカカオ豆とスパイスを使ってショコラトルという苦い飲み物を作っていた。16世紀にスペインの侵略者がこの飲料に砂糖を入れて甘くした。しかし最初のチョコバー(板チョコ)ができるのは1847年のこと。イギリスの菓子職人がココア・パウダーにココアバターと砂糖を混ぜてできあがった。

シュワッと泡立つ飲み物

❖ 発明　コカ・コーラ
❖ 発明者　ジョン・ペンバートン
❖ 時代と国　1886年アメリカ

世界一売れている清涼飲料は、アメリカ人薬剤師ジョン・ペンバートンが調合した生薬として始まった。薬用成分をシロップ状にして炭酸水と混ぜたものだが、その成分の中にはアルコールと当時は合法ドラッグだったコカインも含まれていた。のちの製品からはどちらの成分も除かれている。コカ・コーラは毎日18億本以上販売されている。

朝食はシリアルで

❖ 発明　コーンフレーク
❖ 発明者　ジョン・ハーヴェイ・ケロッグ博士
❖ 時代と国　1894年アメリカ

アメリカのジョン・ケロッグ博士は療養所を運営し、博士が特に健康にいいと考える菜食中心の食事を提供していた。朝食は調理したトウモロコシをフレーク状にした簡単なシリアルだった。このフレークが患者にとても人気だったため、ケロッグの弟ウィル・キースが大量生産してみると、すぐに世界中で販売されるようになった。

サンドイッチを簡単に

❖ 発明　スライス食パン
❖ 発明者　オットー・ローウェッダー
❖ 時代と国　1928年アメリカ

アメリカの技術者オットー・ローウェッダーが食パンをスライスする機械を完成させるには、しばらく時間がかかった。最大の問題はスライスした食パンはすぐに風味が落ちることだった。そこでローウェッダーは食パンをスライスしたらすぐに包装して新鮮に保つ機械を発明して、この問題を解決した。まもなくするとアメリカの食パンはほとんどがスライスされて販売されるようになった。

最新の機械なら同じ厚さで正確にスライスできる。

生活

風船ガム

❖ 発明　風船ガム
❖ 発明者　ウォルター・ディーマー
❖ 時代と国　1928年アメリカ

会計士のウォルター・ディーマーは、アメリカ、フィラデルフィアのチューインガム会社で働いていた時、特別よく伸びて、簡単に大きい風船に膨らませるガムを見つけた。すぐに「ダブル・バブル」という商品名で全国発売された。しかしディーマーはこの発明の特許をとっていなかったため、まもなくすると競合会社が同じような商品を販売した。

「ダブル・バブル」ガムの最近のパッケージ

最初の風船ガムはピンク色だった。当時の工場で利用できる唯一の着色料だったからだ。

どこでもラーメン

❖ 発明　インスタントラーメン
❖ 発明者　安藤百福
❖ 時代と国　1958年日本

長期間保存できるインスタントラーメンの発明は、カップヌードルという1970年代の新しい軽食の発明につながった。乾燥させたインスタントラーメンと香辛料を混ぜたものをプラスチック製のカップに入れたもので、熱湯を加えればすぐに軽食のできあがり。

情報早わかり

▶アメリカ人シェフのルース・グレイヴス・ウェイクフィールドは1938年にチョコチップ・クッキーのレシピを完成させた。彼女はそのレシピを生涯チョコレートを提供することを条件に、わずか1ドルで食品会社ネッスルに売りわたした。

▶チューインガムは、1869年にアメリカの科学者トマス・アダムスがメキシコ産の弾力のある樹液チクルを使って作り出した。

電気掃除機

科学者は19世紀中ごろまでには真空掃除の原理をつかんでいた。掃除機内部を真空に近くすればチリやゴミを吸い取れる。しかし消費者が飛びつくほどうまく掃除できる仕掛けが生まれたのは、20世紀はじめのことだった。

ふいごのついた掃除機（1910年）

ふいご

生活

昔の掃除機

アメリカ人発明家ダニエル・ヘスは1860年にはじめて家庭用のホコリ吸引機を考案した。車輪のついたカーペット掃除機にふいご（圧縮できる空気袋）という装置をつけその下に回転するブラシをつけた。このふいごを上げ下げして真空を作りホコリを吸い上げる。しかしこの発明は成功しなかった。

動力掃除機

大きな飛躍がやってきたのは1901年。イギリスの技術者ハバート・セシル・ブースが「パフィング・ビリー」という巨大な掃除機を発明した。ガソリンエンジンが動力で重量が1800kgもあり、荷車に乗せて馬で引かなければ移動できなかった。ブラシはなかったが長いホースでホコリを吸い取った。

▼ パフィング・ビリー
ブースの掃除機械は巨大で屋内に持ち込めなかった。そのかわりに機械を路上に停めてホースを窓から通して屋内のホコリを吸い取った。

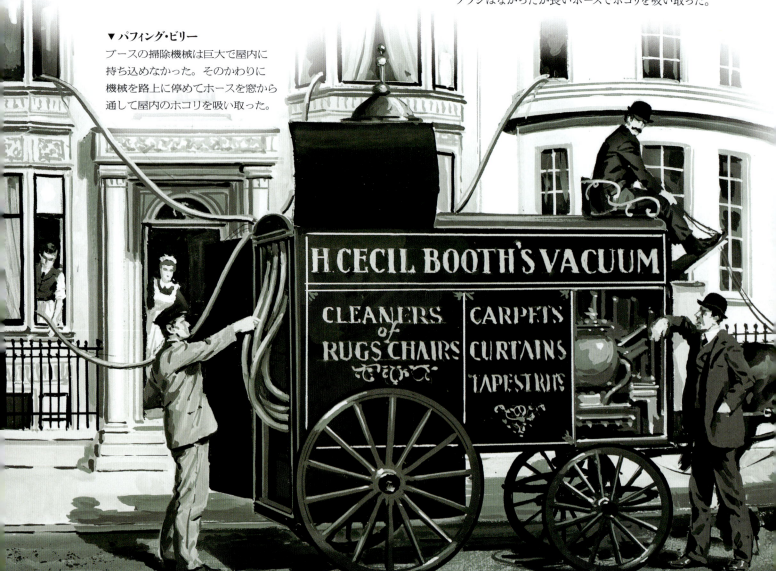

ホコリを吸い込む

1907年、アメリカのジェームズ・スパングラーという用務員が小型で持ち運べる掃除機を発明した。回転するブラシと電動ファンでホコリを吸い込み、それを枕カバーのようなものに集める。箒の柄のようなもので掃除機をあちこちへ移動させることもできた。スパングラーはこの掃除機の権利をアメリカ人実業家ウィリアム・フーヴァーに売却した。その後フーヴァーはスパングラーの発明を改良し掃除機の世界トップメーカーを立ち上げることになる。

未来感覚のフーヴァー掃除機（1954年）

ハンドルで掃除機を操作する。

ホコリはこの透明なプラスティック製のシリンダーに集まる。いっぱいになったら空にする。

ダイソンの掃除機

およそ20世紀の間は掃除機といえば布製バッグを使ってホコリを集めていたが、バッグがいっぱいになるにつれて、ホコリを吸い取る力は弱くなった。1979年、イギリスの発明家ジェームズ・ダイソン（pp.202-203参照）はバッグのいらない、サイクロン式掃除機という新しいタイプの掃除機を発明した（右）。

Gフォースはダイソン初のサイクロン式掃除機で売り上げも好調だった（1990年）

前方にあるブラシでホコリをかき込む。

サイクロン式掃除機

サイクロン式掃除機は、回転するファンで真空を生み出し空気もろともホコリを機械に吸い込む。この時空気はサイクロンという複数の円錐型装置を通過し、そこで空気が高速に回転してホコリが分離される。このホコリは収集ビンに落ちるので、いっぱいになったらホコリを捨ててビンを空にすればいい。こうしてバッグは必要なくなった。

5. 空気は小さなサイクロンの中で渦を巻き、細かいホコリ粒子を振り落とす。

6. ホコリが除去された空気を室内へ吹き出す。

4. 空気は内部シリンダーの穴から小さなサイクロンという装置に吸い上げられる。

3. このシリンダー内で空気は回転し大きなホコリの粒子を振り落とす。

2. 空気はパイプで大きな内部シリンダーへ運ばれる。

1. 空気（とホコリ）はパイプを通して掃除機に吸い上げられる。

ロボット掃除機

2000年代には、多くのロボット掃除機が市場を賑わした。ロボット掃除機にはセンサーがついていて、家具などの障害物を自動的に避けて走行しながらホコリを吸い上げる。最初に発売されたロボット掃除機は2001年のエレクトロラックス・トリロバイト（上）。

生活

ジェームズ・ダイソン

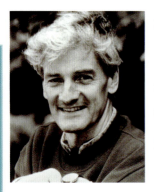

最近数十年で最も成功したイギリスの発明家のひとりジェームズ・ダイソンは、屋内外で利用する数々の道具を生み出した。中でも最も有名なのがサイクロン式掃除機だ。彼の発明にはみな同じような背景がある。ダイソンは広く利用されている既存の道具の欠点に注目しては、それを改善する革新的技術の開発に取り組んだ。

▶作業場で
ダイソンの作業場で、巨大な産業用掃除機から片手で持てる掃除機まで50種類以上のサイクロン式掃除機が生み出された。

ボールバロー

ダイソンの発明の中で最初に大きな成功を収めたのは新型の一輪車だった。細い車輪の一輪車をガーデニングで使っていると土にめり込んでしまう経験から、この発明を思いついた。ダイソンは車輪をプラスティック製のボールに換えることでこの問題を解決した。重量が分散するので柔らかい土の上でも一輪車を楽に使いまわすことができる。

一輪車の車輪をボールにしたことで楽に操作できる。

サイクロン式掃除機

1978年にダイソンはサイクロン・テクノロジー(p.201参照)を使って吸塵バッグのない掃除機の発明に取り掛かった。実証モデルを製作するまでに5127台の原型機を作っていた。ダイソンの最初のサイクロン式掃除機Gフォースは1980年代中ごろに日本で発売された。後続の製品ダイソンDC01は世界的現象となり、他社も独自のサイクロン式掃除機を製造するようになった。

失敗作

ダイソンの発明も成功だけではなく失敗作もあった。たとえば2000年のコントロローテーター(CR01ともいう)という洗濯機だ。この洗濯機にはドラムがふたつあって互いに逆回転する。これで洗濯物が回転すると他の方式よりよく乾くはずだった。しかし価格が高くまったく売れなかった。数年で生産中止となった。

コントロローテーターのふたつのドラムには5000以上の穴が空いていて、素早く水を切ることができた。

年表

1947年	1970年	1974年	1978年
5月2日ダイソン誕生。1960年代にロイヤル・カレッジ・オブ・アートで家具デザインと内装デザインを学ぶ。	在学中にイギリス軍用の高速上陸用舟艇ロートーク・シー・トラックの設計に加わる。	ボールバローを製造する会社を設立。ボールバローは1977年にビルディング・デザイン・イノベーション・アワードを受賞している。	サイクロン式掃除機の開発に着手。1983年までに原型機を製造したが、このプロジェクトに投資してくれる製造業者が見つからなかった。

生活

1986年	1993年	2006年	2016年
日本企業の支援を得て、ダイソンは最初のサイクロン式掃除機Gフォースを日本で発売。	ダイソン DC01をイギリスで発売。2年たらずで国内のベストセラー掃除機となる。2002年までにアメリカでも発売。	ダイソン社のもうひとつの大ヒット商品が最新版の送風式ハンドドライヤー「エアーブレイド」（右）。	最近では羽根のない扇風機や加湿器、羽根のないヘアードライヤーを発売。

レコード

19世紀後半までは、音楽を楽しむには
生演奏を聴くしかなかった。
その後1876年に電話が発明され、
音を電気的に送信できることがわかった。
このことがアメリカの発明家
トマス・エディソン（pp.186-187参照）を刺激し、
エディソンは音の記録に挑んだ。
その結果蓄音機が発明され、
レコード音楽産業が芽生えた。

生活

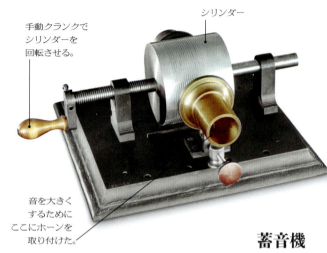

蓄音機

1877年にエディソンが発明したフォノグラフ（蓄音機）は、ホーンと針、そしてスズ箔で覆った回転するシリンダーからできていた。ホーンに向かって音を入れ、回転するシリンダーのスズ箔に針が溝をつけていく。録音を再生するにはもう一度針を溝に落とし、その溝に沿って針を引きずる。後の蓄音機はロウ製のシリンダーを使って音を録音し、再生した（p.206参照）。

電気なしで録音する

初期の録音では、演奏者は大型のホーンに向かって演奏し、その音波で直接録音用の針を動かした。ホーンで拾える音はあまり多くなかったので録音の品質は低かった。1870年代にはマイクロフォンが発明されたが、1920年代に登場する圧倒的な感度の「ウルトラ・オーディブル」マイクロフォンにはまったく及ばない。

▼ **大きい音で演奏**
マイクロフォンが登場するまで、演奏者は大きなホーンの前に集まって録音した。

WOW!
ワーオ！

現在ではほとんどの人が自分用のハイテク・デジタル録音機を持ち歩いている。スマートフォンに搭載されているからだ。

磁気テープ

1928年、ドイツ系オーストリア人技術者フリッツ・フロイマーは、磁化した酸化鉄の粉末で被覆したテープを使って録音する方法を発明した。磁化した粒子によって音をパターンとして記録する。フロイマーの発明をもとにした最初のテープレコーダーは1930年代に生産された。

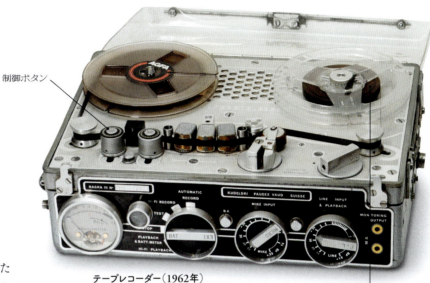

制御ボタン

テープレコーダー（1962年）

プラスティック製磁気テープ

生活

多重録音

多重録音の技術は第二次世界大戦が終戦を迎えた1940年代ころから存在したが、この技術を音楽に応用した先駆者はアメリカ人ミュージシャンのレス・ポールで、1950年代のことだった。レス・ポールは幅広の磁気テープに多くの録音用ヘッドを使って録音すれば、ミュージシャンの演奏を別々に録音して、あたかも一緒に演奏しているように再生できることに気付いた。この発明によって、音楽の最終的な音作りにレコード・プロデューサーが大きく関わるようになった。

多重録音機（1970年代）

▶家庭で録音
今やテクノロジーの進歩のおかげで、音楽好きならスマートフォンやiPadといったいわば日常的となった道具を使って、独自の高品質多重録音ができる。

デジタル録音

1970年代後半から、テープ録音はデジタル録音に置き換えられるようになった。この技術は電気信号として記録された音をデジタル符号に変換するもので、それを逆に変換すればもとの音を再生できる。このアイデアを最初に提案したのはイギリスの科学者アレク・リーヴズで1937年のことだった。

音楽を聴く

音楽を聴くために使う装置は時代とともに大きく変化した。20世紀中は、開発の重点が音質の向上にあった。しかし最近の開発目標は再生装置の小型、軽量化に向けられてきた。かつては棚を独占していたレコード・コレクションと再生装置類が今やポケットに入るまでに進化した。

生活

エディソンのロウ製シリンダーは1本で約2分間録音できた。

最初のレコード

- ❖ 発明　録音
- ❖ 発明者　トマス・エディソン
- ❖ 時代と国　1877年アメリカ

エディソンは1877年に音を記録する方法を発見した。1888年にはロウ製のシリンダーを開発し、音楽を聴く方法としてはじめて幅広く利用された。このシリンダーは硬いロウを成形したもので、外面には録音によるミゾがついている。フォノグラフ（蓄音機 p.204参照）を使ってこのシリンダーから音を再生する。初期のフォノグラフは「トーキング・マシン」とも呼ばれ、ゼンマイを動力にした。

情報早わかり

▶世界初の録音はトマス・エディソンが暗唱した童謡「メリーさんの羊」。
▶初期の円盤形レコードは、カイガラムシが分泌する樹脂シェラック製。
▶レコード・プレーヤーで本当に大きな音を出せるようになったのは1920年代。1915年にアメリカ人技術者ピーター・L・ジェンセンとエドウィン・プライドハムが電気式スピーカーを発明してからのこと。

初期の円盤は直径わずか13cmだったが、その後次第に大きくなる。

平らな円盤

- ❖ 発明　バーリナー・グラモフォン
- ❖ 発明者　エミール・バーリナー
- ❖ 時代と国　1887年アメリカ

フォノグラフは人気はあったが、高価なうえかなり広い置き場所が必要だった。ドイツ系アメリカ人発明家のバーリナーはもっと安価でそれほど大きくない蓄音機を考案した。平たい円盤に刻まれた音の溝をたどる新しいタイプの蓄音機だ。この新型のレコード盤は丈夫で製造も簡単になり（鋳型を使って押しつけるだけでよかった）、最大5分間録音できた。最終的にはさらに長時間の録音が可能になった。

長時間録音できるLPレコード

- ❖ 発明　ビニール製45回転、33回転レコード
- ❖ 発明者　RCAビクター社（45s）とコロンビア・レコーズ社（33s）
- ❖ 時代と国　1948年アメリカ

最初レコード盤は78rpm（1分間の回転数）で回転させていた。1948年、長時間録音できる新たな2種類の録音形式が導入された。どちらも同じビニールというプラスチック製だが、回転速度が違っていた。1分間に45回転するEPレコード（EP Extended Play）は片面で4分間の録音ができ、33回転のLPレコード（LP Long Playing）の方は片面25分間録音できた。

ビニール製レコード（1971年）

携帯音楽

❖ 発明　ウォークマン
❖ 発明者　井深大、大賀典雄、木原信敏、盛田昭夫、大曾根幸三
❖ 時代と国　1979年日本

1962年オランダのエレクトロニクス企業フィリップスが磁気テープに音楽を録音するコンパクト・カセットを発売（p.205参照）。この発明が1979年に名実ともに最初のポータブル音楽プレーヤーといえるソニー・ウォークマンが登場する道を開いた。ソニー共同創業者、井深大の飛行機の中で音楽を聴きたいという思いから生まれた。

ウォークマンにはひとりで音楽を楽しむためにヘッドホンが付属されていた。

初期のソニー・ウォークマン（1979年）

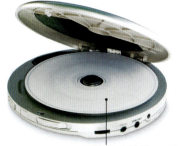

ビニール製のレコードと違って、CDは傷がつきにくい。

デジタル・サウンド

❖ 発明　コンパクト・ディスク(CD)
❖ 発明者　フィリップスとソニー
❖ 時代と国　1982年オランダと日本

1980年代から1990年代にかけて、ビニール製レコードにかわってコンパクト・ディスク(CD)が標準的な録音再生形式となった。CDはアメリカ人ジェームズ・ラッセルが1960年代に発明した技術がもとになっている。プラスチック製のディスクに突起部分（ピット）を作り、デジタル情報として音声を保存する技術だ。この情報をレーザーで読み取って音を再生する。

生活

2001年に発売されたアップル社のiPodでMP3プレーヤーが世界的人気に。

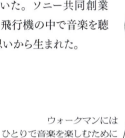

音楽を圧縮する

❖ 発明　MP3
❖ 発明者　カールハインツ・ブランデンブルク
❖ 時代と国　1989年ドイツ

デジタル録音には大容量のコンピューター・メモリーが必要だ。1989年MP3という新しいテクノロジーが登場した。ふつう人間には聞こえない周波数帯を削除することで、オーディオファイルのサイズをとても小さくする技術だ。たとえば40MBある曲がわずか4MBまで圧縮できる。このMP3ファイルを再生する最初の音楽プレーヤーは1999年に発売された。今では個人の音楽コレクションすべてをスマートフォンのMP3再生アプリで聴くことができる。

ヘッドホンとスマートフォンは電波で接続している。

「クリック・ホイール」を回転させて保存されている音楽を簡単に選曲できる。

コードなしのヘッドフォン

❖ 発明　Bluetooth（ブルートゥース）ヘッドフォン
❖ 発明者　複数の製造会社
❖ 時代と国　2002-2004年複数の国

ヘッドホンの問題点はコードがあるためユーザーが音源から自由に動けなかったことだ。そこで無線を使う解決策が模索された。結局スウェーデンの通信機器巨大企業エリクソン社が1990年代に開発した「ブルートゥース」を用いることでこの問題が解決したのは2000年代に入ってからだった。この電波技術は近距離でデータ通信ができるので、スマートフォンの音楽もコードなしで楽しめるようになった。最初のワイヤレス・ヘッドホンは2002年に発売された。

ゲームで気分転換

室内でのゲームや娯楽は数千年前からあり、
それらの多くが現在も楽しまれている。
こうしたゲームは娯楽として楽しむものが多いが、
教育的な面もあって、数学や論理的思考を身につけたり、
将来の計画を立てる力を養えたりする。
ここで紹介する多くのゲームは世界中で楽しまれている。

生活

世界地図のジグソーパズル

古代のボードゲーム

紀元前1285年ころのセネト用ゲーム盤と駒

❖ 発明　セネト
❖ 発明者　古代エジプト人
❖ 時代と国　紀元前3100年ごろのエジプト

ボードゲームとして知られる最古のものがセネト。小さな盤面にはマス目があって、1列に10個ずつ3列で合計30個ある。プレーヤーは交互にマス目上の小さな駒を進める。盤上の駒を先にすべて盤外まで進めた者が勝者になる。このゲームは人間の魂の来世への旅を表現したものと考えられている。

絵のパズル

❖ 発明　ジグソーパズル
❖ 発明者　ジョン・スピルスベリー
❖ 時代と国　1766年イギリス

最初のジグソーパズルはイギリスの地図製作者ジョン・スピルスベリーが1766年に教材として製作したものと考えられている。スピルスベリーはヨーロッパ地図を木製の板に貼り付けてから、それをジグソー（糸鋸）で切って細かいピースにした。生徒はこのピースを再び組み合わせることで地理の学習ができる。「ジグソー」という名称はこのパズルを作るのに使われた糸鋸に由来する。

近代的なボードゲーム

❖ 発明　モノポリー
❖ 発明者　エリザベス・マギー、チャールズ・ダロウ
❖ 時代と国　1904年及び1935年アメリカ

これまでで最も有名なボードゲームのひとつがモノポリー。もともとは「ランドロード・ゲーム」（地主ゲーム）と呼ばれていた。アメリカのゲーム・デザイナー、エリザベス・マギーが考案したもので、マギーはこのゲームを貪欲な地主と財産所有への警告としたかった。ところがこのゲームの人気が出たのは、もうひとりのゲーム・デザイナー、チャールズ・ダロウがこのゲームを「モノポリー」（独り占め）という財産所有を賛美するボードゲームに変えてからだった。

チャールズ・ダロウは億万長者となった
最初のゲーム・デザイナー

WOW! ワーオ！

これまでで
世界最大のジグソーパズルは
巨大なハスの花の絵で
55万1232個の
ピースからなる。

組み立てゲーム

❖ **発明** レゴ®ブロック
❖ **発明者** ゴットフレッド・キアク・クリスチャンセン
❖ **時代と国** 1958年デンマーク

デンマーク企業レゴ・グループは1958年に新しいタイプのプラスチック製連結ブロックの特許を取得した。今ではとても有名なレゴブロック(LEGO® Brick)。20年後、同社はテーマのある組み立てセットを発売した。このセットを使って子どもたちは宇宙ロケットや中世の城、あるいは町全体の模型を組み立てることができた。ほんの数個のレゴブロックで無限の組み合わせが可能で、2×4レゴブロック6個だけで9億1500万通り以上の組み合わせ方がある。

ブロックとプレートをスタッド(突起)で結合する。

◀ **レッド・ドラゴン**
レゴ・クリエイター(LEGO®Creator)のブロック。「レッド・アニマル」セットはこの火を噴くドラゴンだけでなく、ヘビやサソリを作ることもできる。

炎形のレゴ・ピースをドラゴンが吐く炎として利用する。

生活

ロールプレイング・ゲーム(RPG)

❖ **発明** ダンジョンズ＆ドラゴンズ
❖ **発明者** ゲイリー・ガイギャックスとデイヴ・アーネソン
❖ **時代と国** 1974年アメリカ

ダンジョンズ＆ドラゴンズ(D&D)はファンタジーを題材にしたロールプレイング・ゲーム。ゲーム中のプレーヤーは戦士や魔法使いなどの役柄を演じて冒険をし、終わるまでに数日から数週間かかることもある。すべての行動は多面サイコロを転がして決める。サイコロには4面から20面のものがある。D&Dの発売が刺激となって類似したロールプレイング・ゲームが続々と登場した。

D20というサイコロは20面体。

7種類のD&D用サイコロ

3-Dゲーム

❖ **発明** ルービックキューブ
❖ **発明者** エルノー・ルービック
❖ **時代と国** 1974年ハンガリー

ハンガリーの建築教授が発明したパズル。この6色のキューブ(立方体)の色の混じり方はほぼ無限。6面それぞれが同じ色で揃えば完成。3億5000万個以上売れ、これまでで最も売れたパズルゲーム。

コンピューターが相手

❖ **発明** アルファ碁
❖ **発明者** グーグル・ディープマインド社
❖ **時代と国** 2014年イギリス

1960年代からチェスなどの複雑なボードゲームをこなせるコンピューターが現れた。コンピューターは年々腕を上げた。2014年にはイギリスのディープマインド社(グーグルが所有)は古代中国から続くゲームである碁をさせるプログラムを開発した。「アルファ碁」というこのプログラムは、世界の多くのトップ棋士たちを下してきた。

アルファ碁が世界のトップ囲碁棋士柯潔(コ・ジェ)に勝利(2017年中国)

テレビゲーム

最初のコンピューターは、敵の暗号を解読するなどの深刻な問題を解決するために製作された。しかし1950年代になると大学の研究者らは娯楽用のテレビゲームを作るためにコンピューターを使い始めた。こうした初期の実験から、1970年代はじめに初の家庭用テレビゲーム機が誕生する。テレビゲームはその後世界で最も人気のあるエンターテインメントのひとつにまで成長した。

生活

最初の家庭用ゲーム機

- ❖ 発明 ザ・マグナヴォックス・オデッセイ
- ❖ 発明者 ラルフ・H・ベア
- ❖ 時代と国 1972年アメリカ

世界初のテレビゲーム機はテレビと接続して「テーブル・テニス」などの簡単なゲームを楽しむものだった。このゲーム機がヒットすると、これが発想の原点となって多くの技術者が後に続き、ゲーム産業が立ち上がった。

ゲーム・カートリッジ

ジョイスティックでスクリーン上のキャラクターの動きを操作する。

カートリッジ・ゲーム

- ❖ 発明 アタリ2600
- ❖ 発明者 アタリ社、ノーラン・ブッシュネル、テッド・ダブニー
- ❖ 時代と国 1977年アメリカ

1970年代の家庭用テレビゲーム市場を制覇していたのがアタリ社だった。それまでのゲーム機で遊べるのはインストール済みのゲームだけだったが、アタリ2600は本体とは別に、カートリッジにゲームを保存した最初の製品でさらに多くのゲームを楽しむことができた。アタリ2600によって当時大当たりした「スペース・インベーダー」や「ドンキー・コング」といったゲームが広まった。

日本のゲーム機

- ❖ 発明 ニンテンドーエンターテインメントシステム（NES）
- ❖ 発明者 任天堂社
- ❖ 時代と国 1983年日本

初期のテレビゲーム業界はアメリカが独占していたが、1980年代になるとニンテンドーエンターテインメントシステム（NES）が発売され日本がゲーム業界をリードするようになった。当時NESはゲーム機として最高の売上を記録し、アメリカ全家庭のおよそ3分の1がこのゲームを購入した。

大きかったジョイスティックが、十字型をしたジョイパッドとボタンに替わり小さくなった。

NESクラシック・エディション（1985年）

携帯ゲーム機

- ❖ 発明 任天堂ゲームボーイ
- ❖ 発明者 任天堂社、岡田智
- ❖ 時代と国 1989年日本

ゲームボーイを発売した任天堂は、1990年代、2000年代と携帯型ゲーム機の市場を独占した。2004年にニンテンドーDSが発売されると、1億5400万台以上を売り上げ携帯型ゲーム機史上最大のベストセラー商品となった。このゲーム機によって「スーパー・マリオ・ブラザーズ」といったキャラクターを操作するゲームが普及した。

WOW! ワーオ！
最初のテレビゲームはアメリカ人物理学者ウィリアム・ヒギンボーサムが1958年に考案した「テニス・フォア・ツー」と考えられている。

家庭用エンターテインメントゲーム機

❖ **発明** ソニー・プレイステーション2
❖ **発明者** ソニー社、久夛良木健
❖ **時代と国** 2000年日本

もうひとつの日本企業ソニーも1990年代にテレビゲーム市場に参入した。ソニー初のゲーム機が「プレイステーション」で、1994年に発売されまずまずの成功を収めた。本当の意味で革新的だったのは後続モデルの「プレイステーション2」。このゲーム機はDVDとCDの再生もでき、家庭向けエンターテインメントを一体化したゲーム機となった。1億5000万台以上が出荷され、家庭用ゲーム機として史上最大のベストセラーとなる。

スクリーン上のアクションに合わせてコントローラーが振動する。

ゲーム機とパソコン

❖ **発明** Xbox（エックスボックス）
❖ **発明者** マイクロソフト社
❖ **時代と国** 2001年アメリカ

ゲーム機で日本が席巻した時代の後、アメリカは2001年にXbox（エックスボックス）という強力な製品で再び市場に参入した。後継機(Xbox One)のストリーミングサービスによって、Xboxのゲームをゲーム機本体から離れてパソコンで楽しむこともできるようになった。

ノートパソコンでXboxのゲームを楽しむ

モーション・コントロール

❖ **発明** 任天堂Wii（ウィー）
❖ **発明者** 任天堂社
❖ **時代と国** 2006年日本

ソニーとマイクロソフトが激しい競争を繰り広げていた2000年代、任天堂はゲーム機Wiiで大きな成功を享受していた。身体の動きでゲームを楽しむというアイデアが人気を得た。この発明の特徴はリモコンを仮想的なスポーツ道具として使う点にある。リモコンをもって動作をすることで仮想的なテニスやゴルフ、ボクシングが楽しめる。

生活

コントローラーを動かすと、画面上のアクションに反映される。

水洗トイレ

病気の原因になる汚物を水で流すことで、水洗トイレは何百万もの命を救ってきた。ところが驚いたことに、このトイレが発明された16世紀にはすぐには受け入れられなかった。水洗トイレが大評判となるのは、汚物を流し去るだけでなく、臭いを消す仕組みも組み込まれてからだった。

生活

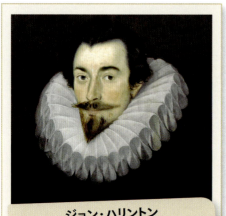

ジョン・ハリントン

イングランドの詩人ジョン・ハリントンは1596年に最初の水洗トイレを発明した。貯水タンクから便器へ水を流し、汚物を下方の穴へ洗い流した。名親である女王エリザベス1世のために製作したトイレではあったが、普及はしなかった。

Sベンド式トイレ

初期の水洗トイレの問題は、汚物を流し去った後、パイプから悪臭が戻ってくることだった。1775年、スコットランド人発明家アレクサンダー・カミングスはS字型水封トラップ（Sベンド）を使う方法を思いつき、悪臭が戻るのを防ぐことに成功した。

Sベンド水封トラップ
Sベンド式トイレ（1870年）

下水道システム

19世紀に水洗トイレが普及すると、汚物を流す新しい下水道システムの建設が急がれた。イギリス、ロンドンの地下に長大な下水道システムを建設したのはイギリスの技術者ジョゼフ・バザルジェット卿だ。おかげでロンドンは清潔で安全な場所となり、コレラなど致死的感染症の流行を防ぐのに役立った。

ロンドンで新設中の下水道システムを視察するジョゼフ・バザルジェット卿（下方中央）（1860年代）

鎖を引っ張ると水が勢いよく流れる。

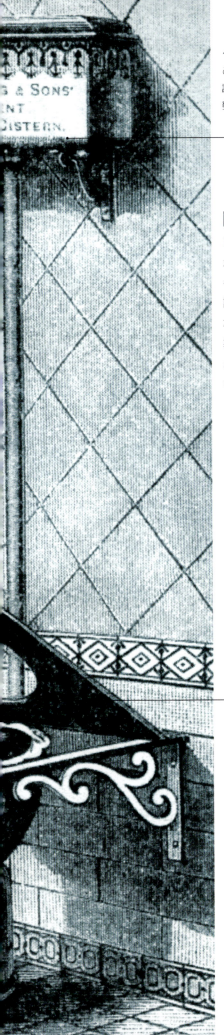

◀強力水洗
この1912年のトイレは貯水タンクを上方に設置することで、重力の力を借りて勢いよく水を流し水洗力を増している。

貯水タンクからパイプを通ってトイレへ勢いよく水が流れる。

陶器製トイレ
トイレ・テクノロジーの重要な革新的技術が一体型陶器製トイレで、1880年代にイギリスの製陶業者トマス・トワイフォードが設計した。それまでの製品は木製の箱で本体を覆っていたが、トワイフォードの新製品は左にあるように全体に装飾が施され、支えなしに自立し、掃除も簡単になった。

蝶番のついた木製の便座はトイレの上で上げ下げできる。

水洗トイレの仕組み

水洗トイレのハンドルを回すとタンク内の洗浄弁が開き水が便器へ流れ落ちる。水と汚物はサイホンを通って下水道へ流れる。Sベンドを改良したUベンドで水がせき止められ便器の底に水がたまり、悪臭が下水道からトイレへ内部へ逆流するのを防いでいる。

貯水タンク／ハンドル
1. 水は縁にある穴を通って便器に勢いよく流れる。
2. 水に流された汚物はサイホンを通り主要下水道へ流れる。
3. 水を流すとフロート弁が開いて再びタンクを水で満たす。
4. 浮き玉が一番上まで来ると、タンク内への給水が止まる。
フロート弁／便器

トイレットペーパー
トイレットペーパーを最初に使ったのは、おそらく6世紀ごろの中国人だっただろう。西洋では1857年にアメリカ人発明家ジョゼフ・ゲイエティーがトイレットペーパーを発明したとされている。ロール状のトイレットペーパーはクラレンス・スコットとE・アーヴィン・スコット兄弟が1890年になって発明した。ところが人々はこの新しいトイレットペーパーを買うのを恥ずかしがって、普及したのは20世紀になってからだった。

スーパー・トイレ
日本では1970年代から先進的なトイレが設計されてきた。保温便座や蓋の自動開閉、消臭機能、音楽を流すスピーカーまで備えたものもある。それらはすべてコントロール・パネルで操作する。こうしたハイテクトイレは日本の最も有名な衛生陶器メーカーの製品名にちなんで「ウォシュレット」ともいう。

便座の温度は好みに合わせて調節できる。
コントロール・パネルのボタンに触れるとノズルから温水シャワーが出る

生活

身だしなみ

発明は社会や生活に革新的変化をもたらすものばかりではない。毎日の自分を支えてくれる、身近でなくてはならない発明もある。歯を白くきれいにしたり、皮膚を健康に保ったりする発明や、髪のスタイリングやマニキュアなど、ここでは美容を中心に、身だしなみを整えてくれる発明を紹介する。

生活

WOW! ワーオ！

最近のマニキュアは自動車の塗料とほぼ同じ。

美しく白い歯

- **発明** チューブ入り練り歯磨き
- **発明者** ワシントン・シェフィールド
- **時代と国** 1892年アメリカ

練り歯磨きを使って歯を磨く習慣は19世紀に普及し、最初は瓶に入れて販売された。1890年代にイギリスの練り歯磨きメーカーのコルゲート社が、押しつぶせる金属製チューブ入りの練り歯磨きを広めた。このチューブ入り歯磨きはアメリカ人歯科医師のワシントン・シェフィールドが発明した。シェフィールドはチューブ入りの絵の具からヒントを得たといわれている。コルゲート社の宣伝文句は「細く絞り出せて、歯ブラシに平らに乗せられる」。

練り歯磨きのチューブは厚紙製の箱に入っていた。

コルゲート練り歯磨きの広告（1922年）

カミソリでひげを剃る

- **発明** 安全カミソリ
- **発明者** キング・C・ジレット
- **時代と国** 1901年アメリカ

19世紀の男性はひげを剃る時、刃がむき出しで危険な西洋カミソリを使っていた。店員で発明家のアメリカ人キング・C・ジレットは安くて安全なカミソリを思いついた。使い捨て替え刃だ。カミソリの取っ手を買い、刃を1枚差し込んで使う。刃が切れなくなったら捨てて新しい刃に入れ替える。

ジレット安全カミソリ（1930年代）

マニキュア

- **発明** マニキュア液
- **発明者** キューテックス
- **時代と国** 1917年アメリカ

紀元前3000年ころ、古代中国では早くも爪に色を付けていた。20世紀はじめ、マニキュアといえばペースト状や粉状のものを使っていたが、1917年にアメリカのキューテックス社が最初のマニキュア液を発売した。

マニキュアの広告（1937年）

214

口紅

- ❖ 発明　スウィヴェル・リップスティック
- ❖ 発明者　ジェームズ・ブルース・メイソン・ジュニア
- ❖ 時代と国　1922年アメリカ

口紅は古代から使われていたが、ブラシで塗るのがふつうだった。20世紀はじめに、スライド式の金属製容器に詰めた固形の口紅(リップスティック)を塗る方法が考案された。まもなくすると回転式容器が発売され、今日も利用されている。

ヘアスプレー

- ❖ 発明　エアゾール・スプレー缶
- ❖ 発明者　エリック・ロートハイム
- ❖ 時代と国　1927年ノルウェー

ノルウェーの化学技術者エリック・ロートハイムが発明したスプレー缶だが、実は最初は人気が出なかった。しかし第二次世界大戦中、アメリカ人化学者ライル・グッドヒューがアメリカ兵用の「バグ・ボム」という虫除け剤容器に採用したことで普及。スプレー缶の使い勝手の良さが知られると、戦後、エアゾール技術は家庭用品として幅広く用いられるようになった。たとえば上の1955年の広告にもあるようなヘアスプレーもそのひとつ。

口紅を塗る女性(1930年)

電気カミソリでひげを剃る

- ❖ 発明　電気カミソリ
- ❖ 発明者　ジェイコブ・シック
- ❖ 時代と国　1928年アメリカ

1928年、アメリカ陸軍のジェイコブ・シック大佐は、かつて取っ手部分に替刃を収めておけるカミソリの発明で得た資金で、電気で動く電気カミソリを考案した。その後1937年にイギリスのレミントン社が刃を覆う保護カバーを付け、1939年にはオランダのフィリップ社が回転刃式シェーバーを開発した。

シック・電気シェーバー(1934年ころ)

この電気カミソリのボディーには細かい溝があって握りやすい。

日焼け止めローション

- ❖ 発明　アンブル・ソレール
- ❖ 発明者　ウージェンヌ・シューレル
- ❖ 時代と国　1936年フランス

フランス人化学者ウージェンヌ・シューレルのオイル「アンブル・ソレール」は、皮膚がんの原因となる有害な紫外線(UV)から皮膚を守るための日焼け止めローションとしてはじめて量販された。アンブル・ソレールが製造された1930年代は、南フランスで日光浴が人気だった。このローションは第二次世界大戦中に兵士を日焼けから守るためにも用いられた。

生活

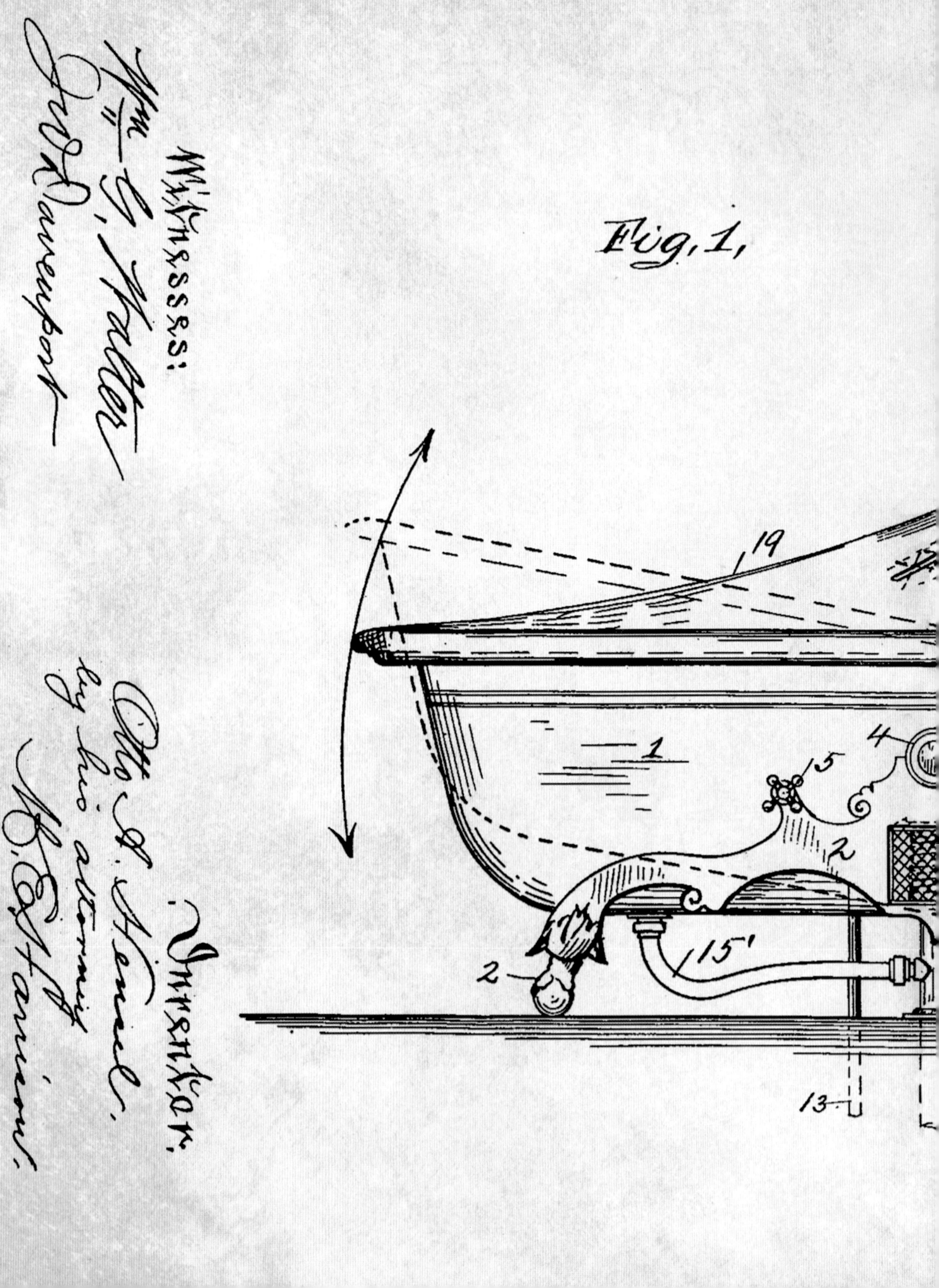

Fig. 1.

お風呂のひととき

19世紀、いろいろな疾病の治療として人気だったのが「水治療」。1900年に登録されたオットー・ヘンセルのアメリカ特許は、彼の発明したロッキングチェアならぬロッキング風呂。風呂桶が上下に揺れて入浴する人に優しく水がかかる。風呂桶から入浴者の首もとまでカーテンで覆われているので水があふれることはない。現代人が温かいお風呂やジャグジー、いろいろなジェット水流のついたシャワーでくつろぐようなものだろう。

No. 643,094.　　　Patented Feb. 6, 1900.

O. A. HENSEL.
ROCKING OR OSCILLATING BATH TUB.
(Application filed Jan. 6, 1899.)

(No Model.)　　　2 Sheets—Sheet 1.

衣服

長い歴史の中で、衣服は生活に大きな変化をもたらしてきた。
18世紀と19世紀の産業革命を後押ししたのも
織機など繊維製造に関わる発明だった。
服装は世界各地で様々だが、衣服のちょっとした工夫が
とても便利なため世界中で普及したものもある。

生活

針が上下に動いて、布の上下の糸が繋がる。

雨をしのぐ

1824年スコットランド人化学者のチャールズ・マッキントッシュはゴムを塗り込んだ生地を使った防水コートを発明した。発明者にちなんで「マッキントッシュ」というこのコートは最初のころ、気温が高いとゴムが溶けることがあった。イギリス人技術者トマス・ハンコックは、熱と硫黄を加える加硫という反応を利用し、ゴムを丈夫にすることでこの問題を解決した。

高速ステッチ

19世紀中ごろ、アメリカでは複数の発明家によってミシンが考案されていたが、1851年以降大成功を収めたのはアイザック・シンガーのミシンだった。しかしシンガーの機械はやはり発明家のエリアス・ハウのミシンとそっくりだったため、ハウはシンガーを相手に訴訟を起こし勝利した。このふたりの男はその後共同で事業を行うようになる。

マッキントッシュコート
（1922年）

現代のブラ

アメリカ人女性メアリー・ジェイコブは、現在のようなスタイルの軽量なブラジャーを最初に発明したといわれ、1914年に特許を取得している。ジェイコブは新調したドレスから大きなコルセットがはみ出るのが気になり、ハンカチ2枚とリボンを数本使って代わりになる下着を作ったといわれている。

軽量素材で通気性もいい。

ゴム底

しのび足用シューズ

1832年にアメリカ人発明家ウェイト・ウェブスターが取得した特許は、レザー製のアッパー部にゴムの靴底を付けた柔らかい靴の製法だ。しかしスニーカーあるいはトレイナーという本当の意味でのスポーツシューズが登場するのは、グリップ性能が高いゴム底が発明されてからだ。世界初のスニーカーは1916年に発売され、ゴム底なので誰かにこっそりと近づくことができたことからスニーカー（sneaker 英語で「こっそり近づく人」）と呼ばれた。

安いナイロン

1938年にアメリカ人化学者ウォーレス・カロザーズがナイロンを発明すると、それまでは絹製で高価だったストッキングが突然とても安く買えるようになった。第二次世界大戦後、アメリカのグレン・レイヴィング・ニッティング・ミルズ社はナイロンストッキング1足分をつないで両脚用にした新製品を発売した。現在のタイツあるいはパンティーストッキングのこと。

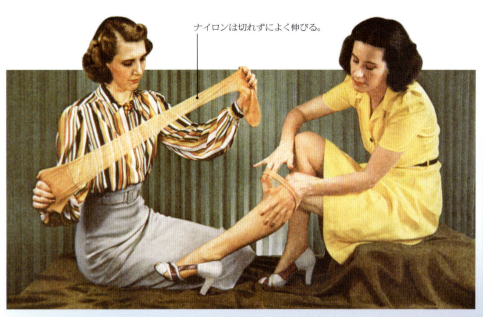

ナイロンは切れずによく伸びる。

ナイロンストッキングを試す女性（1939年）

汗で蒸れない服

1969年にアウトドア衣料に用いられるゴアテックス®を発見したのがアメリカ人技術者のロバート・W・ゴア。一般的にテフロン®（p.195参照）として知られるポリテトラフルオロエチレンを急速に伸ばすと、新素材ができることを発見した。防水性と透湿性を兼ね備え汗を逃がしてくれる素材だ。

生活

▲全天候性装備
ゴアテックス®はスキーなどのスポーツウェアをはじめ、透湿性と防水性を兼ね備える必要がある衣服に幅広く利用されている。

ファスナー（留め金具）

良質な衣服を作るには素材やスタイル、サイズだけで考えてはいけない。着ている間に開いては困る部分が開いたり、落ちては困るものが落ちたりしないようにしなければならない。古代から豊かな発想でバックルやボタン、さらに歯のような金具（務歯(むし)）をかみ合わせる複雑な留め金やホックなど、独創的なファスナー（留め金具）が考案されてきた。

ボタンをかける

- ❖ 発明 ボタン
- ❖ 発明者 おそらくインダス文明の人々
- ❖ 時代と国 紀元前2500年ころパキスタンのモヘンジョダロ

これまでに知られている最古のボタンは、現在のパキスタンとインド北部に当たるインダス文明の人々が約5000年前に作ったもの。貝殻で作られていて、服の穴（ボタンホール）にうまくはまるものだったのだろうが、そうした機能性よりも装飾が主な目的だったのだろう。ボタンホールの数を増やしてボタンを列に並べる方法が発明されたのは13世紀になってからだ。

剣を守る

- ❖ 発明 バックル
- ❖ 発明者 おそらく古代ローマ人
- ❖ 時代と国 おそらく紀元前100年ころのイタリア

バックルがはじめて作られたのがいつごろかはよくわかっていないが、古代ローマ人がよく使っていたことは確かだ。主に兵士が防具や武器をしっかり身に着けるために使っていた。製造法が改良される15世紀まで、ヨーロッパのバックルは高価だったので富裕層が着用していた。

青銅製バックル（7世紀）

フック（ホック）をアイ（ループ）に通して留める。

中世の留め金

- ❖ 発明 スプリングホック
- ❖ 発明者 不明
- ❖ 時代と国 14世紀イングランド

衣服用の留め金で最も簡単なもののひとつが小さな金属製フック（スプリングホック）。「アイ」というループの中にぴったり収まる。中世から幅広く使われていて、はじめて使われたのはイングランドのようで、「クロチェット・アンド・ループ」と呼ばれていた（クロチェットはフランス語で「留め金」という意味）。この留め金は今もブラジャーなどに利用されている。

◀ 鉄製の安全ピン

ハントの安全ピンは真鍮製だったが、現代の安全ピンはステンレスを使うのがふつうで、様々なサイズがある。

おむつ留め

- ❖ 発明 安全ピン
- ❖ 発明者 ウォルター・ハント
- ❖ 時代と国 1849年アメリカ

安全ピンはスプリングを使ってピンの針先を安全に金具の中に収めている。上の写真のように、おむつなどを留めるのに使われることが多い。

この安全ピンを発明したのはアメリカ人発明家のウォルター・ハント。ハントはその特許を400ドルである会社に売却すると、その会社はこの安全ピンで何百万ドルも儲けた。

片方の円盤にある突起部が他方の円盤の穴にぴったりはまる。

2枚の円盤がぴったりくっつく。

穴

パチンと留める

❖ **発明** スナップボタン（ホック）
❖ **発明者** ヘリバート・バウアー
❖ **時代と国** 1885年ドイツ

古代中国ではぴちっとかみ合う小型の円盤を留め金として使っていた。近代の金属製「スナップボタン（ホック）」は、19世紀にドイツ人発明家ヘリバート・バウアーが考案したもの。バウアー自身は「フェーダークノップ・フェアシュルス」（スプリング式ボタン留め）と呼んでいた。簡単に留めたりはずしたりできるので、子ども服の留め金としてよく使われるが、おとなの服に使われることもある。

引き合わせる

❖ **発明** ジッパー
❖ **発明者** ギデオン・サンドバック
❖ **時代と国** 1913年スウェーデン

最初のジッパーのような留め金は1893年にアメリカ人発明家ホイットコム・ジャドソンが発明した。（最近のジッパーのように金属製の務歯がかみ合わさるのではなく）金属製のホックと小穴の列でできていて、スライダーでホックを小穴に引っかける仕組みだった。「Cキュリティ」と名付けられ工夫はよかったが、信頼性が低かった。そこでジャドソンはCキュリティを改良するためスウェーデン系アメリカ人科学者ギデオン・サンドバックを雇った。そしてそのサンドバックが1913年に今日あるようなジッパーを開発した。

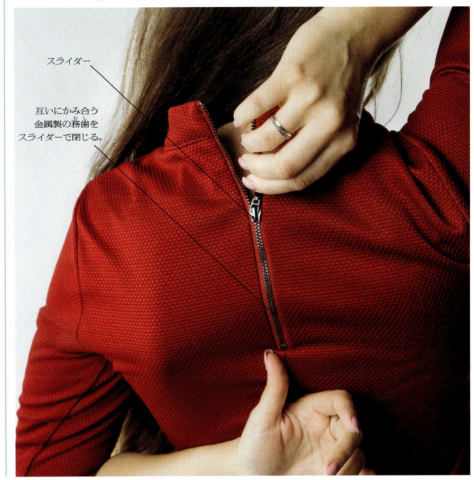

スライダー

互いにかみ合う金属製の務歯をスライダーで閉じる。

WOW! ワーオ！

「ボタン」（button）という言葉は古代ゲルマン語で「突き出ているもの」を意味する"buttan"に由来する。

フックとループ

❖ **発明** ベルクロ®
❖ **発明者** ジョルジュ・デ・メストレル
❖ **時代と国** 1955年スイス

デ・メストレルは雑草のオナモミの構造をもとにファスナーを考案した。服などによくくっつくオナモミの種子は、小さなフック状のとげで覆われていて、動物の毛などに絡みつく。デ・メストレルはふたつの素材を使った。一方の素材は小さなフックで覆われ、もうひとつは小さなループで覆われている。このふたつの素材を押し付けるとしっかりくっつく。「フックのあるベルベット」という意味のフランス語"velours croché"（ベロア・クロッシュ）からベルクロと名付けた。

最新のベルクロ®

一方の面には小さなフックがあって、他方の面にある小さなループに絡みつく。

生活

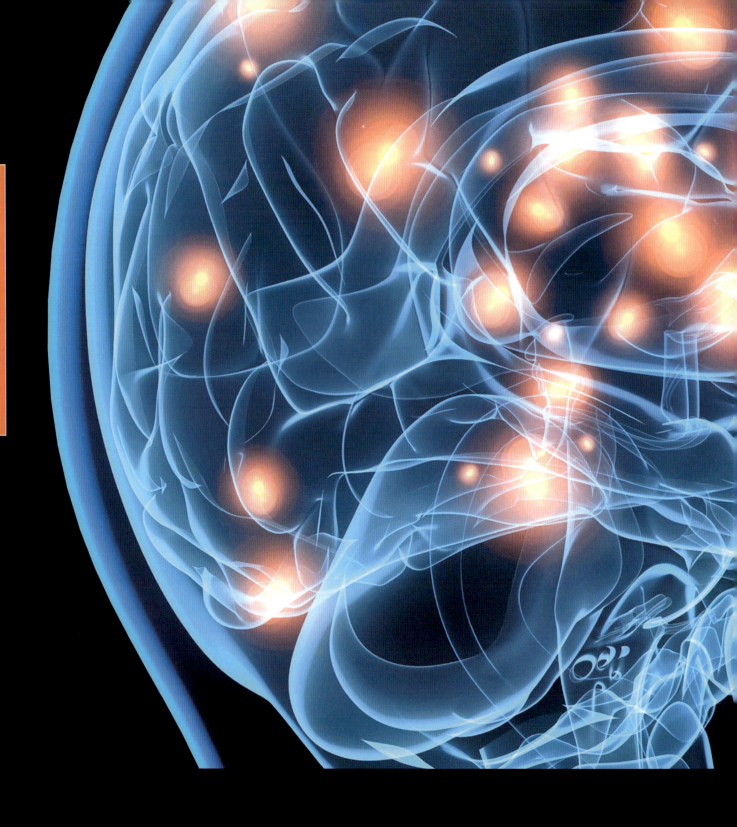

健康

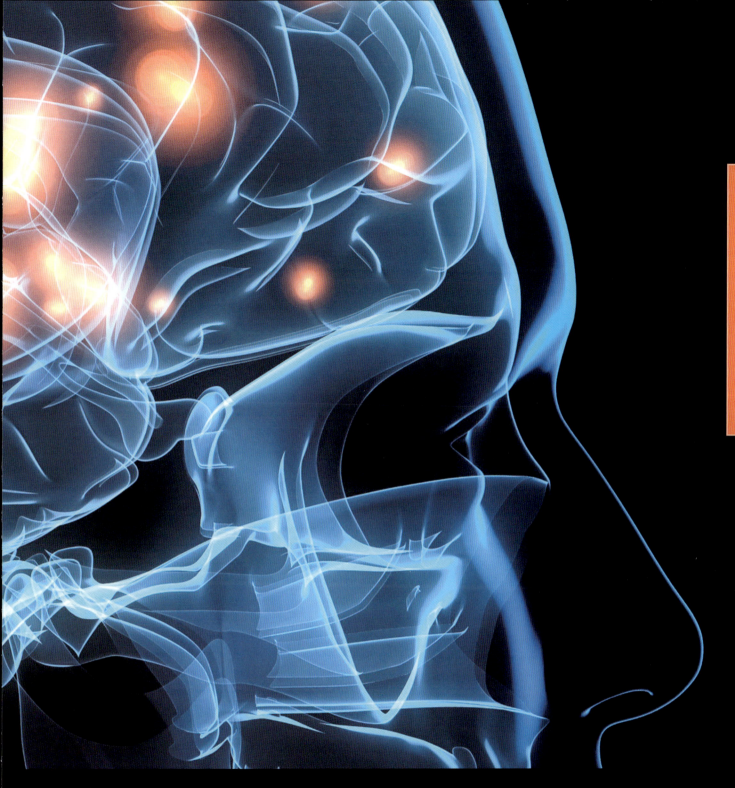

健康

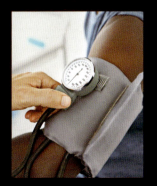 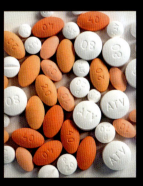 

過去200年の間に医療技術には大きな飛躍が何度もあった。様々な発明のおかげで医師は疾病の原因と治療を的確に判断できるようになってきた。

身体の内部を見る

患者の身体内部を見るには、1895年までは実際に身体を切り開くしかなかった。しかしドイツ人科学者ウィルヘルム・レントゲンがX線を発見したことで、新しい方法が生まれた。X線は可視光と同じ電磁波の一種で、臓器など身体の柔らかい部位は透過し、骨など密度の高い部位では吸収されるので、骨はX線画像にはっきりと映し出される。X線の他にも身体内部を安全に観察する方法が数多く開発されてきた。

健康

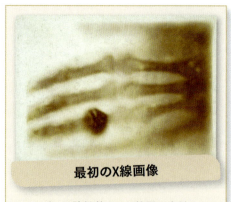

最初のX線画像

レントゲンは陰極管という装置で実験をしていた、装置から不思議な放射が出ていることに気が付いた。その放射は個体物質を透過しているようだった。レントゲンはこの放射を利用して1895年に世界初のX線画像を撮影した。指輪をはめた夫人の手が写っている（上）。

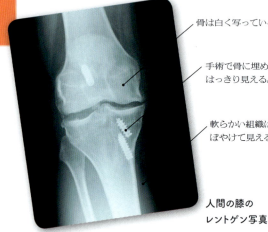

- 骨は白く写っている。
- 手術で骨に埋め込んだネジがはっきり見える。
- 軟らかい組織はぼやけて見える。

人間の膝のレントゲン写真

未知の存在

レントゲンは正体不明の放射を「X線」と命名した（「X」は「未知のもの」を意味する）。このX線の発見によりレントゲンは1901年にノーベル物理学賞を受賞している。現代の医師は骨折や、手術で埋め込んだもの、身体内部の異物などの確認にX線を用いる。

光で見る

1957年、アメリカ人医師ベイジル・ハーショヴィッツとラリー・カーティスは光ファイバー内視鏡を発明した。自在に曲がる細いチューブにガラスあるいはプラスティックの繊維が通っていて、そこを光が伝わる。医師はこの装置を患者の体内に挿入して、内部の映像を見ることができる。

- 先端部が身体内を進む。
- 光源はここに接続する。
- この印で内視鏡が身体内にどのくらい入ったかがわかる。
- ダイヤルで内視鏡の先端を動かし見る方向を変える。
- 接眼レンズを通して体内を見る。

内視鏡

音で見る

高い周波数の音波を身体に当てる超音波スキャナーは1950年代にはじめて使用された。骨と筋肉など組織が異なれば異なるエコーが現れ、2次元の「音波による画像」ができる。これをソノグラムという。この診察法は無害なので子宮内にいる胎児の観察によく使われる（左）。

CATスキャナー

3次元画像

コンピューター断層撮影(CAT)スキャナーは基本的に3次元X線機械だ。身体周囲の様々な角度からX線を照射して多くの画像を撮影し、それらを合成して3次元画像を作る。1971年、イギリスの技術者ゴッドフリー・ハウンズフィールドが最初の原型機を開発したが、頭部の画像しか撮影できなかった。その後1975年にハウンズフィールドははじめて全身用のスキャナーを製作した。

電動ベッドで患者をスキャナー内へ動かす。

健康

WOW!
ワーオ！

最新のMRIは地球の磁場の何千倍も強い磁場を生み出す。

人間の頭部MRI画像に着色加工（レタッチ）

磁石を使う

1977年にアメリカ人医師レイモンド・ダマディアンが発明した核磁気共鳴画像(MRI)スキャナーは、強力な磁石を使って身体内部の画像を得る。磁石によって身体中の水素原子を動かし、放出される電波を検出して画像を作成する。MRIスキャンを使って身体の骨や筋肉、臓器を見ることができる。

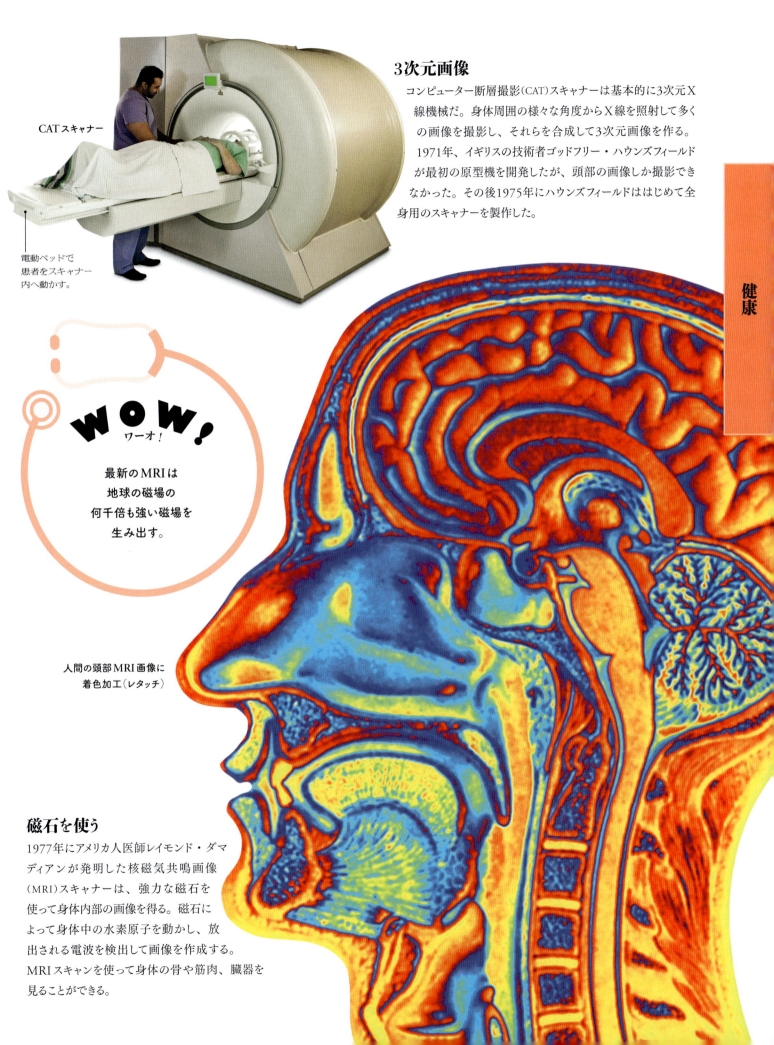

健康

▲実験室のマリー
フランス、パリ、ソルボンヌ大学の研究室のマリー・キュリー（1911年）。

生涯

1867年
11月7日ポーランドのワルシャワでマーニャ・スクウォドフスカ（マリー）誕生。10代のころラタヨンシ大学でひそかに科学を勉強をする。

1891年
研究のためパリに移り、ソルボンヌ大学教授のピエールと出会う。ふたりは1895年に結婚。

1897年
長女イレーヌ誕生。イレーヌも科学者となり1935年にノーベル化学賞を受賞。

イレーヌ・キュリー

1903年
キュリー夫妻がノーベル物理学賞を受賞。マリーは女性としてはじめての受賞となった。

マリー・キュリー

ポーランド系フランス人物理学者マリー・キュリーは、時代を代表する偉大な科学者のひとりで、放射線研究の草分け的存在だった。放射線とは不安定な原子が分裂するときに発生するエネルギーを持った粒子の流れのこと。キュリーの研究によって放射線の性質が明らかになり、がんの治療にも結びついた。2種類の放射性元素を発見したことで、キュリーは史上はじめてノーベル賞を2度受賞した。

ウラン鉱石。ここからポロニウムとラジウムが抽出された

新しい元素

キュリーがパリに着いたのは、当時の科学者がウランなど特定の元素に放射現象が見られることを発見してまもなくのことだった。夫である科学者ピエール・キュリーと共同で、また単独でも研究し、1898年にふたつの新しい放射性元素ポロニウムとラジウムを発見した。

健康

男世界の中で研究する女性

19世紀後半のヨーロッパでは、女性が科学の世界へ進むことはほぼ不可能だった。キュリーの母国ポーランドでは、女性が大学に入ることも許されず、キュリーは人目を避けて勉強しなければならなかった。彼女の科学者としての人生はフランスのパリへ移住してから始まり、キュリーはパリで物理学と化学の学位を取得した。その後キュリーが傑出した成功を収めたことで、女性が科学者となる道が開かれた。

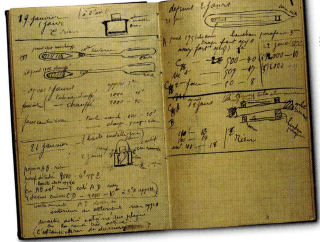

マリー・キュリーのノートからは今でも高い放射線が検出される。

がんを治療する

キュリーの発見によって放射線治療が生まれる。放射線を照射してがんを治療する方法だ。残念ながらキュリーの時代には放射線の危険性はよくわかっていなかったため、キュリーは放射線に長期間被曝したことによる骨の病気で死亡したと考えられている。

小さなキュリーたち

第一次世界大戦中、キュリーはX線装置を載せるため20台のトラックを調達した。銃弾や骨折で負傷した兵士の診察のためだった。キュリー自身もトラックの運転までして前線へ向かった。「プチ・キュリー」(小さなキュリー)(左)と呼ばれたこのトラックで、終戦までに百万人以上の兵士を診断した。

1906年	1910年	1934年	1995年
ピエールが交通事故で死亡後、マリーはピエールのあとを継ぐ形で女性としてはじめてソルボンヌ大学教授となる。	マリーは2度目のノーベル賞となる化学賞を受賞。2度ノーベル賞を受賞した唯一の女性で、異なる分野での受賞は男性も含めてマリーだけ。	マリーは長期にわたる闘病後、66歳で死去。放射線に長期間暴露したのが原因と考えられている。	ピエールとマリーの遺骨が、最も傑出したフランス市民が埋葬されるパリのパンテオンに移される。

診察器具

200年くらい前まで、医師が病気の診断に利用できる手段は、自らの専門知識と患者自身による症状の訴えだけだった。その後患者の健康を検査し、症状の原因を突き止めるいろいろな医療器具が開発されてきた。こうした器具により、診断は勘が頼りのゲームから科学的な判断へと転換することになった。

健康

> **情報早わかり**
> ▶病名を判定するという意味の「診断」（diagnosis）という言葉をはじめて使ったのは古代ギリシャ人。彼らは4つの体液、つまり血液、黄胆汁、黒胆汁そして粘液の過剰か欠乏が病気の原因と考えていた。
> ▶19世紀の科学者の一部は精神の健全性は骨相学によって診断できると考えていた。骨相学とは人間の頭部の形状と大きさを研究する学問だ。

ラエネックの聴診器 — 木と真鍮でできた1本の中空の管

内臓の音を聴く

❖ **発明** ステソスコープ（聴診器）
❖ **発明者** ルネ・ラエネック
❖ **時代と国** 1816年フランス

ステソスコープ（聴診器）は肺や心臓の音を聴いて異常を検出する道具だ。最初の聴診器は簡単な木製の管で、患者の胸部に押し付けて聴く。今日のような聴診器には音を集める部分のチェストピース、ゴム製チューブ、イヤーチップ（医師は両耳で聴ける）がついているが、こうした聴診器が開発されるのは19世紀後半になってから。

内部をのぞく

❖ **発明** 検眼鏡
❖ **発明者** ハーマン・フォン・ヘルムホルツ
❖ **時代と国** 1851年ドイツ

ドイツ人医師が発明した検眼鏡のおかげで、患者の瞳孔を通して目の健康を検査できるようになった。初期の検眼鏡は、ロウソクの灯を検眼鏡の鏡面に反射させて患者の眼球を照らしていた。その後ロウソクの代わりに電灯が使われるようになった。

ヘルムホルツの検眼鏡の後で製作されたフランス製検眼鏡（19世紀中ごろ）

眼球内部を検査するのぞき穴
医師はここを握る

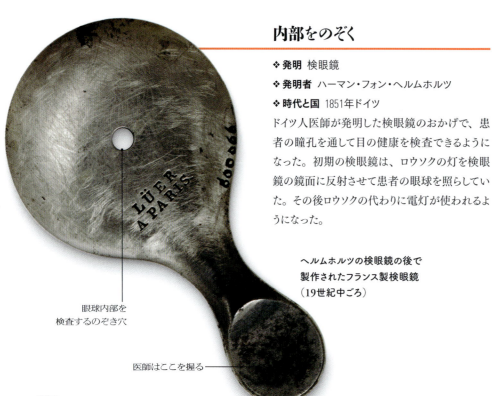

体温を測る

❖ **発明** 医療用体温計
❖ **発明者** トマス・オルバット
❖ **時代と国** 1866年イギリス

医療用体温計は19世紀中ごろに発明されたが、長さが30cm以上もあり、検温するのに最大で20分もかかった。イギリスの医師トマス・オルバットはこの体温計を改良し、大きさは半分でわずか5分で検温できる体温計を開発した。

オルバットの体温計（左）とそのケース（右）（1880年ころ）

血圧を測る

❖ **発明** 血圧計
❖ **発明者** サミュエル・ジークフリート・カール・フォン・バッシュ
❖ **時代と国** 1881年オーストリア

血圧計は血圧を測定する簡単な装置。オーストリア人医師が発明し、イタリア人医師シピオーネ・リヴァ・ロッチがこの装置を改良し、患者の腕に巻きつけて空気で膨らませるカフ（圧迫帯）を付けた。まずこのカフを腕に巻いて膨らませ、腕を締め付けて血の流れを止める。その後カフからゆっくり空気を抜き医師が血が流れ始める音を聴いたところで、メーターがその時の圧力を記録する。

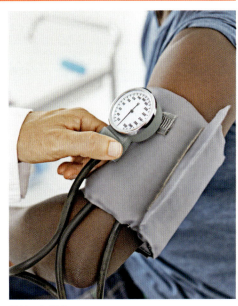

最近の血圧計

健康

心臓の電気的活動を測る

❖ **発明** 心電計（ECGまたはEKG）
❖ **発明者** ウィレム・アイントホーフェン
❖ **時代と国** 1901年オランダ

心電計は心臓で生じる小さな電流を測定する装置で、心臓病の診断に利用する。発明者であるオランダ人医師ウィレム・アイントホーフェンは心電計を発明した功績で1924年にノーベル生理学・医学賞を受賞した。

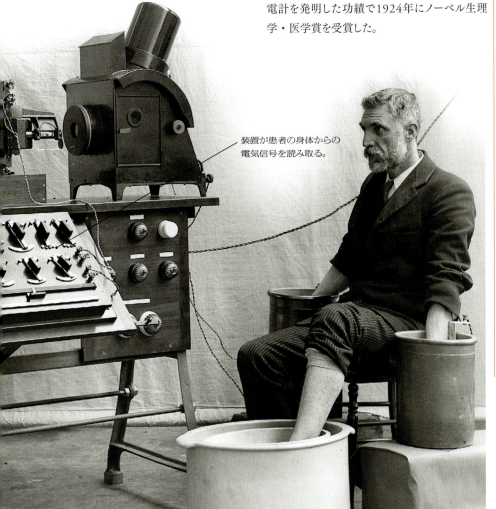

装置が患者の身体からの電気信号を読み取る。

血糖値の検査

❖ **発明** 血糖測定器
❖ **発明者** アントン・「トム」・クレメンス
❖ **時代と国** 1966年アメリカ

糖尿病（血液中のブドウ糖の濃度をうまく制御できなくなる病気）を持つ人々は血糖値の測定が欠かせない。ところが1960年代までは簡単に測定する方法がなかった。その後アメリカ人技術者が血糖検査紙を読み取る装置を開発した。1滴の血液に含まれるブドウ糖の量によって色が変化する検査紙から血糖値を読み取る装置だ。

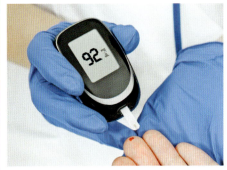

最近の血糖測定器はデジタル化されている。

◀初期の心電計（ECG）
1911年製のこの心電計を使うには、患者は電極がわりの塩水入りのバケツに手足を入れなければならない。そうすることで身体の電気信号を装置に送った。

229

麻酔

19世紀中ごろまで、手術はたえられないくらい痛い治療だった。よく効く麻酔剤がないなかで手術が行われていたからだ。一時的に感覚がなくなる麻酔剤が普及し始めるのは、1840年代になってからだった。現在では、様々な麻酔薬によって手術の痛みはほとんどない。

健康

古代の手術

外科手術は先史時代から行われていたことがわかっている。最もよく行われていたのが穿頭(せんとう)手術で、頭部に鋭利な道具で穴を開けて痛みを緩和する処置で、宗教儀式として行われたり、また一部では「悪霊」を追い出せると信じて行われたりした。この中東で発掘された穿頭術痕がある頭蓋骨は4000年以上前のもの。

穿頭術の穴がある頭蓋骨

チューブに流れるエーテルガスの量を調節する調整弁。

ゴム管でエーテルガスを瓶からマウスピースへ輸送する。

エーテルの奇跡

1846年、アメリカ人歯科医ウィリアム・モートンは医学に大きな進歩をもたらした。麻酔剤として患者に化学薬品のエーテルを用いてから、痛みのない手術を施した。エーテルには非常に引火しやすいという問題があったが、すぐに幅広く利用されるようになった。

手早く手術する

上の17世紀の絵画は歯科医が歯を抜いているところ。麻酔剤が開発されるまで、痛みがなるべく少なくなるように医師は患者にアルコールを飲ませたり、殴るなどして気を失わせたりしてから、できるだけ素早い処置を施した。

初期のエーテル吸引器。モートンの最初の設計をもとにしている

クロロホルム

エーテルと同じころに登場したもうひとつの麻酔剤がクロロホルムだった。スコットランド人医師ジェームズ・ヤング・シンプソンは1847年に出産中の女性の痛みを緩和するためにはじめてクロロホルムを用いた。こうした出産は「不自然」だと反対する者もいた。しかし1853年にイギリスのヴィクトリア女王は、自らの出産の痛みを和らげるため、医師ジョン・スノウにクロロホルムの使用を許可した。

クロロホルムが入った瓶（19世紀後半）

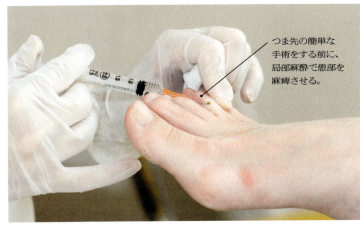

つま先の簡単な手術をする前に、局部麻酔で患部を麻痺させる。

局部麻酔剤

エーテルやクロロホルムを適量に投与すれば患者の意識をなくすことができるが、過剰に投与すれば死ぬこともある。1903年、フランスの化学者エルネスト・フルノーははじめて合成局所麻酔剤アミロカインを開発した。局所麻酔剤を投与すると手術する身体部位は無感覚になるが、患者の意識ははっきりしている。アミロカイン以外にも多くの局所麻酔剤が開発されている。

健康

WOW! ワーオ！
19世紀に痛みの緩和に使われた亜酸化窒素ガスは多幸感が得られるため、「笑気ガス」ともいわれた。

患者はマウスピースを口と鼻にあててエーテルガスを吸引する。

エーテルに浸したスポンジの小片からエーテルが気化する。

全身麻酔

今日の全身麻酔では、数種の薬剤を組み合わせて手術中の患者の意識を失わせている。その投与量は麻酔器で管理されるが、1917年にこの装置を発明したイギリス人医師ヘンリー・ボイルにちなんで「ボイルの機械」ともいう。手術では麻酔医（写真上の左端）が麻酔剤を投与し患者の容態を監視する。

医薬の開発

これまでの数百年の間に、医学は大きな発見とともに進歩してきた。それとともに医薬品の数や医療機器の種類も大きく増加した。救命処置に用いるものから、ちょっとした痛みに用いるものまで様々な医薬品がある。医薬品は特定の用途に合わせて特化してきた。数百年前の医師には想像もつかなかっただろう。

健康

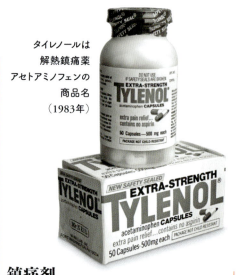

タイレノールは解熱鎮痛薬アセトアミノフェンの商品名（1983年）

鎮痛剤

- ❖ 発明　パラセタモール（アセトアミノフェン）
- ❖ 発明者　ハーモン・ノースロップ・モース
- ❖ 時代と国　1877年アメリカ

開発された薬剤が普及するまでにかなり時間がかかることがある。現在では広く使われている医薬品パラセタモールをアメリカ人化学者が開発したのは1877年のことだった。一般に穏やかな鎮痛剤として、また風邪薬としても使用される。ところがこの薬の安全性に根拠のない疑いが向けられ、一般向けに発売されたのは1950年になってからだった。

万能薬

- ❖ 発明　アスピリン
- ❖ 発明者　フェリックス・ホフマン
- ❖ 時代と国　1897年ドイツ

アスピリンは頭痛、心臓発作、血栓、脳卒中など実に様々な疾病に用いられるので「万能薬」ともいわれる。ヤナギの樹皮は病気の治療に何世紀も前から使われてきた。そのヤナギの樹皮から見つかったサリチル酸という天然化合物を化学的に合成し、副作用の少ない形にしたのがアスピリン。

水溶性アスピリン散剤（1900年）のパッケージ

呼吸を楽にする

- ❖ 発明　鉄の肺
- ❖ 発明者　フィリップ・ドリンカー、ルイス・アガシス・ショー博士
- ❖ 時代と国　1927年アメリカ

事故や病気で呼吸筋が麻痺してしまった患者が、「鉄の肺」の発明によって呼吸を取り戻せるようになった。それは大型の機械で、患者はその機械の中にすっぽり入らなければならないが、命は救われた。のちにもっと小型の人工呼吸器と酸素吸入器に置き換わった。

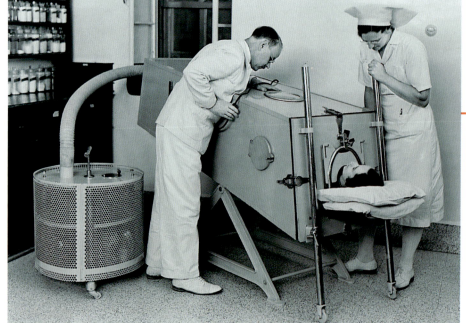

「鉄の肺」が患者の呼吸を助ける（1940年）

アンプル入りのサルファ薬プロントシル（1936-1940年）

細菌と戦う

❖ 発明　サルファ剤系抗菌薬
❖ 発明者　ゲルハルト・ドーマク
❖ 時代と国　1932年ドイツ

1940年代に抗生剤（細菌を殺す薬）が普及し始めるまで、サルファ剤という合成抗菌薬が用いられていた。特定のサルファ剤はいくつかの細菌感染症に有効だったが、すべての市販サルファ剤が安全というわけではなかった。1937年にアメリカでこの薬剤による集団中毒が発生し、100名以上が死亡した。この事件をきっかけにアメリカ政府は1938年にはじめて新薬の安全性を検証する制度を導入した。

心臓を救う

❖ 発明　携帯型除細動器
❖ 発明者　フランク・パントリッジ
❖ 時代と国　1965年イギリス

除細動器は心臓発作で異常になった心拍を電気ショックで正常に戻す装置。初期の機械は大きく扱いがやっかいで、利用できるのは病院だけだった。フランク・パントリッジが発明した除細動器は救急車に乗せられるくらいまで小型になった。現在では多くの公共施設に必要な時に誰でも使え、さらに小型になった自動体外式除細動器（AED）が設置されていて、はじめてでも操作できる。

電極パッドを患者の胸部に当てる。

誰でも利用できる除細動器（2006年）

手順が録音されていて、どうすればいいのか落ち着いた音声でわかりやすく教えてくれる。

健康

コレステロールを減らす

❖ 発明　スタチン系薬剤
❖ 発明者　遠藤章
❖ 時代と国　1971年日本

コレステロールは血管に蓄積して血流を止め、心臓発作の原因にもなる脂質性の物質。そのコレステロールを減らすのがスタチンだ。この薬は菌類を調査する中で発見され、世界一のベストセラー医薬品となった。

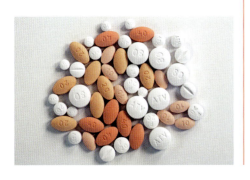

マラリア治療薬

❖ 発明　アルテミシニン
❖ 発明者　屠呦呦（トゥ・ヨウヨウ）
❖ 時代と国　1972年中国

キニーネなど初期の抗マラリア薬の多くがかかえていた問題は、薬剤に耐性を持つ寄生虫が出現することだった。この問題を解決するには新薬を発見するか、古い薬の中から再発見するしかなかった。中国人化学者の屠呦呦（トゥ・ヨウヨウ）は、クソニンジン（*Artemisia annua*）という植物を利用した1600年前の処方を再検証していてアルテミシンを発見した。屠呦呦（トゥ・ヨウヨウ）はその功績でノーベル生理学・医学賞を受賞した。

収穫したクソニンジン（*Artemisia annua*）を販売用に調整する（ウガンダ）

顕微鏡

かつては病気の原因を知るものはいなかった。1860年代になって細菌という微生物が病気の原因になることを明らかにしたのが、フランス人化学者ルイ・パスツール(pp.244-245 参照)。細菌は非常に小さいので肉眼で見ることはできない。パスツールがこの「細菌説」にいたるまでの道のりは、それより250年ほど前に顕微鏡が発明され、はじめて微生物を観察できるようになったときに始まった。

レーウェンフックの顕微鏡の複製
- 焦点を合わせるネジ
- 標本を乗せる針
- レンズは2枚の板ではさんである

最初のころ

1590年代にオランダのレンズ職人ハンス・ヤンセンとザハリアス・ヤンセンは1本の筒にレンズをつけて最初の顕微鏡を製作した。次世紀になるとオランダ人科学者のアントーニ・ファン・レーウェンフックがさらに強力な顕微鏡を製作し、はじめて単細胞微生物を観察した。レーウェンフックの装置はレンズ1枚だけだが、物体を270倍まで拡大できた。

▶**生物顕微鏡**
フックの生物顕微鏡の複製。レンズを2枚以上使っている。
- 接眼レンズを通して観察する。
- ネジで装置を上げ下げして焦点を合わせる。
- 標本を固定する金属製のピン
- 対物レンズホルダー

微視的な生命

17世紀、科学者は顕微鏡をいろいろなことに使い始めた。1665年、イギリスの科学者ロバート・フックは「ミクログラフィア」という本を出版した。顕微鏡を通して見た植物や微小昆虫(上のノミも掲載されていた)の標本を扱った世界初のイラスト集だった。

生物の微小単位

イギリスの科学者ロバート・フックが17世紀に使った顕微鏡は大部分が木製だった。焦点を合わせるにはレンズや標本を動かすのではなく装置全体を動かした。フックはコルク片を拡大して見ている時、コルクが小さな微小単位でできていることに気付いた。それをフックは「セル」(小部屋の意味)と呼んだが、今ではすべての生物を構成する小さな構造を示す言葉となった。「細胞」だ。

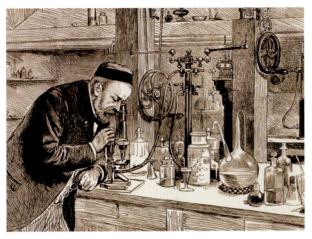
実験中のルイ・パスツール

細菌説

感染性の病気は細菌あるいは微生物によって広がるとする説を「細菌説」という。今でこそ「細菌説」は受け入れられているものの、パスツールの時代にそうした見解は論争の的となった。パスツールは顕微鏡の助けを借りて、微小な生物がミルクを腐らせる原因で、酵母菌という別の微生物がビールやワインが発酵する原因であることを明らかにした。

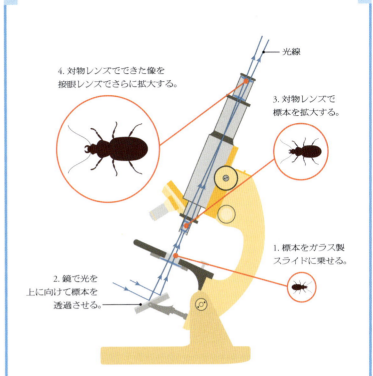

生物顕微鏡

4. 対物レンズでできた像を接眼レンズでさらに拡大する。

光線

3. 対物レンズで標本を拡大する。

2. 鏡で光を上に向けて標本を透過させる。

1. 標本をガラス製スライドに乗せる。

生物顕微鏡は簡単にいえば望遠鏡と正反対の装置だ。望遠鏡には遠くからの微かな光を集める大きなレンズがついているが、顕微鏡はすぐ近くにある小さい物体に当たった光を集める小さなレンズがある。顕微鏡は光源と焦点を合わせられる対物レンズ、そして固定された接眼レンズでできている。2枚のレンズが光を曲げて大きな像を作る。

健康

実験中のロベルト・コッホ

細菌を見つける

パスツールが細菌は病気の原因になることを明らかにしたころ、ドイツでは科学者のロベルト・コッホが具体的に病原菌を突き止めていた。コッホは顕微鏡を使って、たとえば炭疽(1876年)や結核(1882年)、そしてコレラ(1883年)といった病気の原因となる細菌を同定できた。こうした発見により、コッホは「細菌学の父」としても知られる。

電子顕微鏡

1930年代、ドイツ人物理学者エルンスト・ルスカは倍率を50万倍まで上げられる顕微鏡を開発した。光ではなく、電子ビームを使う顕微鏡だ。最終的には分子や原子の画像まで得られるようになる。現在最も強力な顕微鏡は3000万倍まで拡大できる。

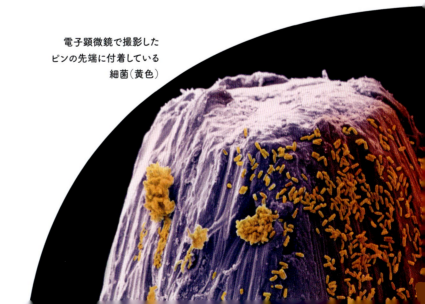
電子顕微鏡で撮影したピンの先端に付着している細菌(黄色)

細菌との戦い

1800年代のはじめ、病院では多くの患者が手術や出産の際にかかった感染症で死亡していた。19世紀中ごろまでに科学者は感染症が目に見えない細菌が原因であることを突き止めていた。そこで科学者は病院を清潔にする活動を開始したが、そうした新理論を受け入れない医師らの反対にあった。

健康

病院の衛生管理

今日の病院スタッフは念入りに手を洗ってから患者と接する。こうした習慣は1847年にオーストリア、ウィーンの病院でハンガリー人医師センメルヴェイス・イグナーツがはじめた。センメルヴェイスは、医師が手術前に薄い塩素水で手を洗うと、患者の死亡率が低下することを発見した。

最初の消毒薬

1860年代、イギリスの外科医ジョゼフ・リスターは手術中の空気感染を防ぐためはじめて具体的な手段をとった。まず最初に開発された消毒薬(病原菌を殺す薬品)の石炭酸で傷口を洗浄した。さらに手術中にも石炭酸の細かな霧を噴き付ける機械を準備した。この方法で感染率は大幅に減少した。

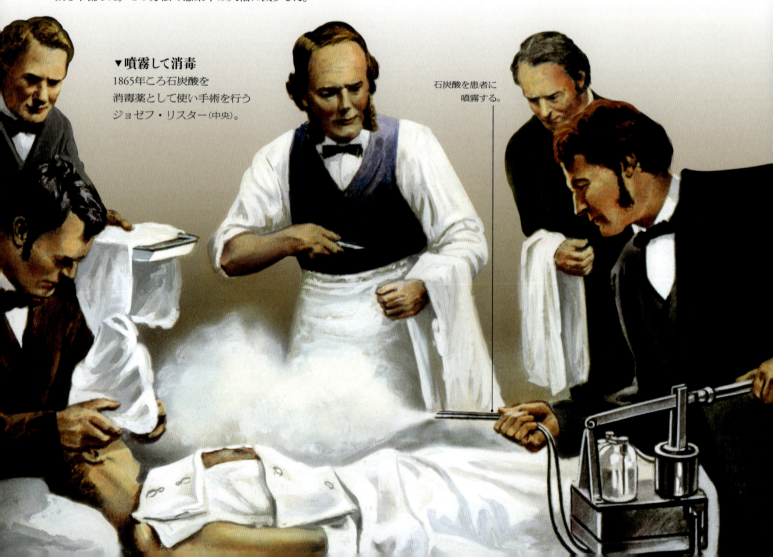

▼噴霧して消毒
1865年ころ石炭酸を消毒薬として使い手術を行うジョゼフ・リスター(中央)。

石炭酸を患者に噴霧する。

医療器具の殺菌

リスターの方法を学んだ医師たちは、手術前に手術道具も煮沸して殺菌するようになった。1886年、アメリカの実業家ロバート・ウッド・ジョンソンは兄弟とともにジョンソン＆ジョンソンという製薬会社を創立し、殺菌した絆創膏と手術器具の製造を始めた。2年後には世界初の市販ファースト・エイド（救急箱）を発売し、家庭でも殺菌して手当する方法を普及させた。

救急箱を仕切って医薬品や殺菌した包帯が収められている。

救急箱（1930年ころ）

健康

石炭酸石鹸（1894年）

殺菌石鹸

1834年、ドイツ人科学者フリードリープ・フェルディナンド・ルンゲは石炭酸（フェノール）を発見した。リスターが殺菌剤として使った物質だ。19世紀末までにこの殺菌剤は広く利用され、固形石鹸として大量生産され一般家庭でも利用されるようになった。

殺菌パッドで血液を吸収する。

絆創膏

20世紀まで、包帯を使って傷の手当をするのは小さい傷でもふたりがかりの面倒な作業だった。1920年、アール・ディクソン（アメリカ人発明家でジョンソン＆ジョンソン社の社員）が思いついた名案が絆創膏。四角形の小さい包帯に粘着テープを付けたものだった。バンドエイドの商品名で製造され、今では世界中で利用されている。

WOW! ワーオ！

口内洗浄液リステリンは製品の殺菌作用を際立たせるため、ジョゼフ・リスターにちなんだ商品名とした。

安全な手術

最近の外科医は感染を防ぐために多くの予防措置をとる。マスクに手術帽、手術着（衛生衣）そしてゴム手袋を着用する。さらに殺菌剤を使い、手術室を衛生的に保っている。

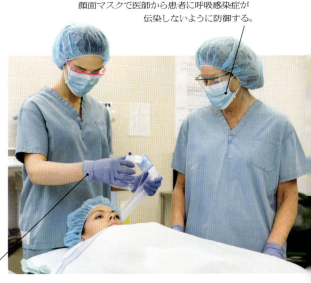

顔面マスクで医師から患者に呼吸感染症が伝染しないように防御する。

殺菌手袋は使い捨て。

治療の進歩

これまで250年間の医学の進歩により、
病気を抑制したり、病気そのものを撲滅したりする
効果的な様々な治療が開発されてきた。
その多くは試行錯誤と技術革新による
科学的理解の飛躍的な高まりによってもたらされた。

健康

> **情報早わかり**
> - ウィレム・コルフの腎臓透析器の膜はもともとはソーセージ用の人工の皮を使っていた。
> - 血液型は1901年にオーストリアの医師カール・ランドスタイナーが発見した。
> - ニュージーランドの外科医ハロルド・ジリーズは、第一次世界大戦中に顔面を負傷した兵士の傷を修復する方法を開発し「形成外科の父」といわれる。
> - 今日のレーザー眼科手術にかかる時間はわずか数分。

壊血病の予防

ジェームズ・リンドが壊血病の患者にレモンを与えている（20世紀の絵画）

長い航海をする船乗りは、18世紀になるまで不思議な病気で倒れることが多かった。それが壊血病だった。柑橘類などに含まれるビタミンCの欠乏が原因だ。1747年、イギリスの外科医ジェームズ・リンドはレモンなどの柑橘類を定期的に食べた船乗りはこの病気にかからないことを実証した。イギリス海軍が重い腰を上げこの助言を受け入れると、柑橘類の摂取により船乗りの壊血病はまたたくまに回復した。

輸血

ブランデルが輸血に使った器具（19世紀）

血液を抜いたり戻したりするポンプの取っ手
ポンプに針を付ける

イギリス人医師ジェームズ・ブランデルは1818年世界ではじめて人間への輸血を実行した。出産の時に大量に出血した女性に彼女の夫の血液を注射した。ブランデルの処置は成功したが、当時の輸血は必ず成功するわけではなかった。血液型についての理解が不十分だったため、異なる型の血液を混ぜて命を落とすこともあった。

腎臓透析

初期の透析器（1949年）

1944年にオランダ人医師ウィレム・コルフは透析器を発明した。腎臓が機能しなくなった患者を治療する機械だ。この世界初の「人工腎臓」は大きな機械で、患者の血液を体外へ取り出し、膜で濾過し老廃物を除去した血液を再び体内に戻す。今ではこうした腎臓透析は、ごくふつうに行われている。

レーザー眼科手術

メスを使って患者の角膜（眼球の外側にある透明な部分）の形状を正常にして視力を回復する手術（屈折矯正手術）は1950年代にスペイン人眼科医ホセ・バラケルがはじめて実施した。その後何年もの研究と実験ののち、切開道具として紫外線レーザーを用いた最初の屈折矯正手術はアメリカ人医師マグリート・マクドナルドが1988年に行った。

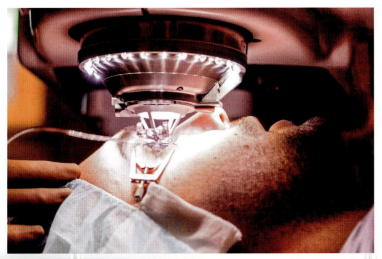

WOW! ワーオ！

1665年、イギリスの医師リチャード・ロウアーは史上初の輸血を行った。2匹のイヌの間でだった。

健康

ロボットで手術

単独で手術を行えるロボットはまだ発明されていないが、手術を補助するロボットはすでに1980年代はじめから実用化している。最初の手術用ロボットが「アースロボット」で、ジェームズ・マクウェン博士率いるカナダの研究者チームによって1983年に開発された。このロボットは整形外科手術を補助し、手術中に外科医の声による指示どおりに患者の足を動かした。

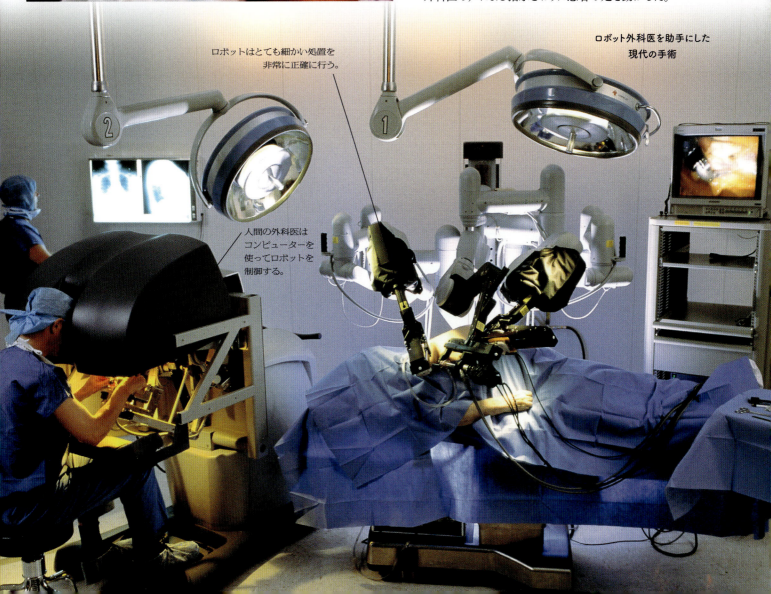

ロボット外科医を助手にした現代の手術

ロボットはとても細かい処置を非常に正確に行う。

人間の外科医はコンピューターを使ってロボットを制御する。

健康

健康

素晴らしきカビ

この拡大写真は走査型電子顕微鏡(p.235参照)で撮影したアオカビ(*Penicillium*)。このアオカビから世界初の抗生物質であるペニシリンが作られた。アオカビが細菌を殺す性質は1928年スコットランド人医師のアレクサンダー・フレミングが偶然発見。ペニシリンをはじめとする抗生物質はこれまでに数多くの命を救ってきた。

予防接種

ワクチンは病気の原因となる微生物の毒性を弱めたものから作られる。このワクチンを投与すると（ふつうは注射で）、身体はその病気と闘う準備をする。最初の有効なワクチンはイギリス人医師エドワード・ジェンナーが18世紀後半に開発した牛痘のワクチンだった。それ以来、科学者はその他の病気に有効な数多くのワクチンを作ってきた。

健康

最初のワクチン

ジェンナーは牛痘に感染した乳母が、天然痘に感染しないことに気付いた。牛痘は天然痘によく似た病気だが症状はずっと軽い。そこでジェンナーはある少年を牛痘に感染させ、それからその少年を天然痘に感染させようとした。すると予想通りこの少年は天然痘にかからなかったため、ジェンナーは少年が天然痘に対する免疫を獲得したことを確信した。上の絵はジェンナーが息子に予防接種をしているところ。

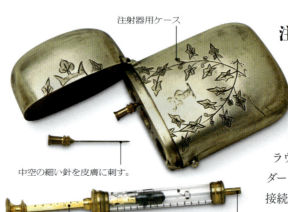

注射器用ケース

中空の細い針を皮膚に刺す。

ピストン棒　　ここに針を取り付ける。

注射器と交換用の針そして金属製のケース
（19世紀後半）

注射器

1853年に皮下注射器が発明され、医師は予防接種がしやすくなった。この発明には3人の男が関わっている。アイルランド人フランシス・リンドが中空の針を発明し、フランス人外科医シャルル・プラヴァスとスコットランド人医師アレクサンダー・ウッドがそれぞれ独自に針を注射器に接続する方法を開発した。

パスツールの功績

はじめのうちワクチンで予防できる病気は天然痘だけだった。19世紀のはじめ、毒性の弱い菌株が自然に存在する病気は、牛痘以外に知られていなかったからだ。大きな飛躍がおきたのは1862年だった。フランス人科学者ルイ・パスツール（pp.244-245 参照）は熱と化学物質を使って細菌の毒性を人工的に弱める方法を発見した。この方法を使ってパスツールは1885年にはじめて狂犬病のワクチンを製造した。

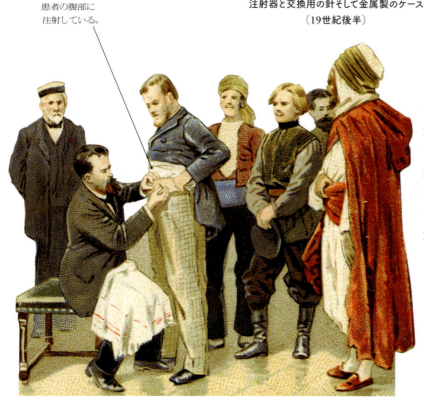

狂犬病ワクチンを患者の腹部に注射している。

◀ 予防する
パスツールが狂犬病の予防接種をしているところ。パスツールは炭疽のワクチンも開発した。

WOW!
ワーオ！

今では多くの病気に対する
ワクチンがあるが、
まだ風邪のワクチンはない。

ジェット式注射器

1936年にアメリカ人技術者マーシャル・ロックハートが発明したジェット式注射器は、液体を高圧ジェットの細流にして皮膚を貫通させ、薬剤を注入する。非常に手早く処置ができるため、集団予防接種で使われるようになった。しかし最近では感染予防のため、ジェット式注射器も使い捨てタイプが用いられている。

ジェット注射器でインフルエンザ・ワクチンを注射

健康

赤血球を攻撃するインフルエンザ・ウイルス（下の写真では白く写っている）

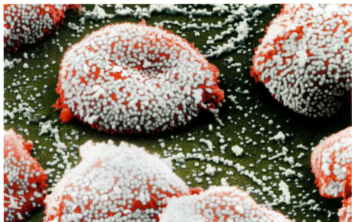

最近のワクチン

20世紀中には結核（1921年）やはしか（1963年）、風疹（1966年）など多くのワクチンが開発された。1950年代にアメリカ人医師ヨナス・ソークはポリオワクチンを開発したが特許は取得せず、誰にでも利用できるようにした。

病気と闘う

新しいワクチンの研究は今も進行中だ。1940年代に最初のインフルエンザ・ワクチンが登場し、1990年代にはA型肝炎のワクチン、2018年にはマラリアのワクチンが開発された。しかしエボラやエイズなど命に関わる病気でワクチンのできていないものが今でも数多くある。

▼経口接種ワクチン

イエメンの少女に与えている経口摂取のポリオワクチンは、1960年代にアメリカ人医師アルバート・セイビンが発明した。

情報早わかり

▶かつて世界で最も恐ろしい病気のひとつだった天然痘により、18世紀後半のヨーロッパでは1年間におよそ40万人が死亡した。
▶1980年、世界保健機関（WHO）は天然痘がワクチンによって撲滅されたと宣言した。これまでに根絶された唯一の感染症だ。

ルイ・パスツール

フランス人生物学者であり化学者のルイ・パスツールは19世紀医学の巨人のひとりだ。パスツールによる多くの発見、とくに細菌説と予防接種の分野での発見は(pp.242-243参照)、当時の科学的常識に革命を起こした。またこうした発明が炭疽や狂犬病など命に関わる病気の治療法を飛躍的に進歩させ、数多くの命を救った。

健康

イギリス、ロンドンの牛乳処理施設で職員が低温殺菌タンクを検査している(1935年)

低温殺菌処理

1860年代、パスツールはワインやミルクなどの液体が細菌汚染によって腐敗するのを防ぐ方法を発明した。パスツールの手法は液体を十分に加熱するもので、細菌が死に液体の風味が保たれる。この方法を低温殺菌処理という。

パスツールがカイコの研究に使った顕微鏡

シルクの原料となるカイコの繭

シルク産業を救う

フランスのシルク産業が蚕病で酷い損害を受けていたときに、この業界を救ったのもパスツールだった。彼はこの病気が、成長したカイコから若いカイコに伝染することを発見した。そこでパスツールは感染したカイコ蛾が産んだ卵を捨てることを推奨した。これによって感染していないカイコだけが生き残るようになり、病気を根絶することができた。

生涯

1822年	1859年	1860年代
12月27日にフランスのドールで誕生。のちにパスツールは化学の道に進む。1848年にフランスのストラスブール大学教授に就任。	食品が空気中の微生物によって腐敗することを実証するため、パスツールは密閉した特殊なフラスコ(右)を利用した。	1863年に低温殺菌法を発明したパスツールは、1868年に脳卒中で左半身不随となる。回復には時間がかかったが、研究を続けられるようになる。

ワクチンの発見

1879年、パスツールは家禽コレラという鶏の病気を研究していた。そのとき弱った病原菌の菌株を毒性の強い同じ病原菌のワクチンの製造に使えることに気付く。この発見が炭疽や狂犬病のワクチン開発に結びついた。

健康

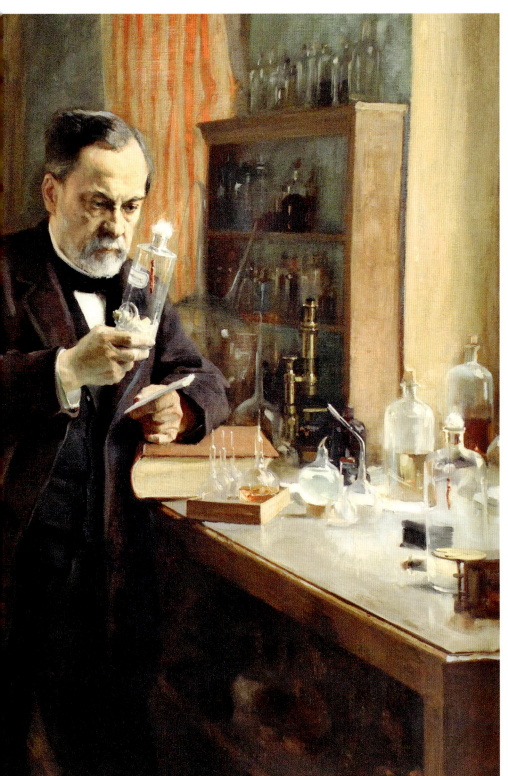

研究室のルイ・パスツール

狂犬病の予防接種をする医師

狂犬病との戦い

パスツールは1885年に狂犬病（動物も人間も罹る感染症）のワクチンを製造した。パスツールが診た最初の狂犬病患者は9歳だったジョゼフ・マイスターで、狂犬病に感染したイヌに嚙まれた。この少年の病気が完治すると、パスツールは国家的英雄となった。

1881年	1885年	1887年	1895年
パスツールは命に関わる炭疽のワクチンを開発した。ヒツジやヤギ、ウシなどの動物に投与し、炭疽の免疫を獲得させることに成功。	パスツールははじめて人間にワクチン接種し、狂犬病の少年を治療。	感染症を研究するためのパスツール研究所をパリに設立。	パスツールは再び脳卒中を起こしたが、今回は回復できなかった。1895年9月28日死去。

歯の健康

18世紀はじめまで歯学と医学は区別されていなかった。18世紀になってフランス人外科医ピエール・フォシャールが歯の病気の予防と治療に関する影響力のある書籍を出版した。その後科学者は歯科技術を次々と進歩させ、歯を清潔で健康に保ち見栄えまでよくできるようになった。

健康

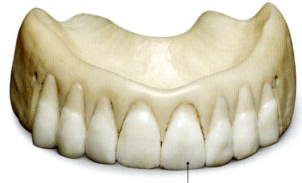

カバの歯で作られた義歯（1795年ころ）

大きな前歯2本は人間の歯を再利用している。

入れ歯

人間や動物の歯で作った義歯（入れ歯）は、有史以前から使われていた。18世紀になって砂糖を多く食べるようになると虫歯が増え、義歯の需要が増した。陶器など人工素材の入れ歯の製造は、1774年に手がけたフランス人アレクシ・ドゥシャトーが草分けで、その後フランス人歯科医ニコラス・デュボア・デ・シェモンが改良し1791年にイギリスの特許を取得した。現代の義歯はふつうはプラスチック製だ。

歯医者さんの椅子

アメリカ人歯科医ミルトン・ハンチェットは1848年にはじめて調節可能な歯科治療専用椅子を発明した。ヘッドレストに角度を調整できる背もたれ、上げ下げできる座面があった。もうひとりのアメリカ人歯科医ベイジル・マンリー・ウィルカーソンは1877年に油圧昇降式の椅子を考案し、ペダルを使って椅子を上下させられるようになった。

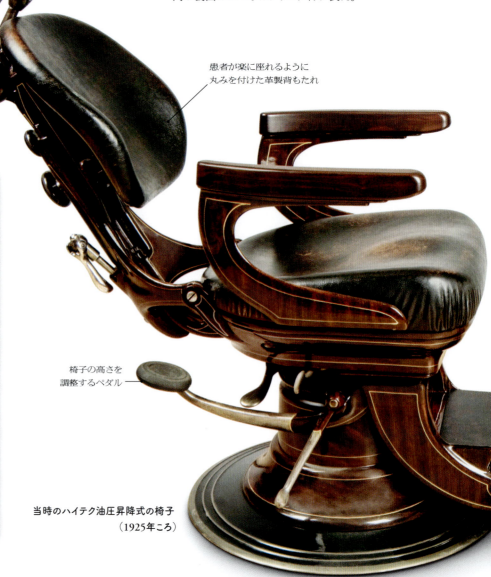

ヘッドレスト

患者が楽に座れるように丸みを付けた革製背もたれ

椅子の高さを調整するペダル

当時のハイテク油圧昇降式の椅子（1925年ころ）

歯を磨こう

最古の歯ブラシは中国で発見されたもので、750年ごろにまでさかのぼる。骨製の取っ手に豚の剛毛（硬い毛）のブラシを付けたものだった。現代の歯ブラシはプラスチック製の取っ手にプラスチック製のブラシが付いている。上の写真はイギリスの子どもたちが歯を磨いているところ（1920年ころ）。

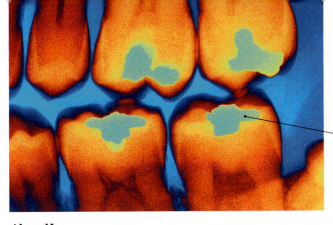

歯のX線写真を
カラー加工

アマルガム充填

詰め物

1820年代にフランスのオーギュスト・タヴォーやイギリスのトマス・ベルをはじめとする数名の歯科医が、アマルガムという新しい充塡材（歯の詰め物）を使い始めた。銀と水銀の合金で、歯に開いた穴にぴったり合うように簡単に整形できた。20世紀になると粉末ガラスやセラミック、プラスティックなどを使ったもっと自然な感じの白い詰め物が開発された。

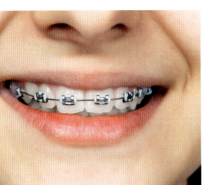

歯列矯正具

歯並びを整える歯列矯正具はフランス人歯科医師クリストフ＝フランソワ・デラバーが1819年に開発した。その後様々な改良が加えられ、1840年代には弾力性のあるバンド、1970年代には矯正具を固定する歯科用接着剤が開発された。

現代の歯列矯正具

WOW! ワーオ！

アマルガム充填剤が発明されるまで、歯科用充填剤は金属を溶かしたものでとても熱く、痛い治療だった。

ドリルヘッド

ドリルを自在に扱える
フレキシブルアーム

健康

虫歯部分の除去

歯科用ドリルは主に歯の虫歯部分を除去するのに用いられる。19世紀中ごろから大きく進歩し、1864年に機械式ドリルが導入され、続いて1875年には電気ドリルが開発された。その後1949年には圧縮空気によるエアータービンが利用されるようになった。ニュージーランドの歯科医師ジョン・パトリック・ウォルシュが発明したこのエアータービンのヘッドは毎分40万回転もする。電気ドリルはわずか3000回転だった。

ロープと滑車の組み合わせで
ドリルヘッドを回転させる。

◀ 手早く治療

アメリカ人歯科医
ジェームズ・ビール・モリソンが
1871年に発明した
足踏み式ドリルにより、
歯の治療がスピードアップした。

調節可能な
フットレスト

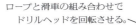

フット・ペダルを
上げ下げして
ドリルを回転させる。

足踏み式ドリル（1871年）

新しい身体

今では様々な人工的な身体補助器具(補装具)が利用できるようになっている。聴力や視力を補助する器具やスムーズに動く義肢、さらに人工心臓もある。これまで知られている最古の補装具は木と革でできたつま先で、紀元前800年ごろまでさかのぼるエジプトのミイラから見つかった。

健康

14世紀のドイツ絵画に見られるメガネ

はっきり見える

- 発明 メガネ
- 発明者 ロジャー・ベーコン、アレッサンドロ・ディ・スピナ
- 時代と国 13世紀イギリス、14世紀イタリア

メガネの起源ははっきりしていない。13世紀にイングランドの托鉢修道士ロジャー・ベーコンはレンズを使って視力を補助することを記述している。イタリアの修道士アレッサンドロ・ディ・スピナとサルヴィーノ・デリもまたこのアイデアを発展させ、14世紀はじめにメガネを考案した。最も古いメガネには水晶製の分厚いレンズが使われていた。

よく聞こえる

- 発明 電気補聴器
- 発明者 ミラー・リース・ハッチンソン
- 時代と国 1898年アメリカ

最初の電気補聴器は1898年に登場したが、とても大きかったうえ別にバッテリーパックも必要だった。1950年代にトランジスタが普及すると補聴器を小さくできるようになり、耳にフィットするくらい小さな装置になった。1980年代にはデジタル技術の到来とともに補聴器はさらに小型化した。

補聴器(1929年)
増幅器が音声を大きくする
バッテリー・パック
イヤホン

心臓を補助する

X線写真で植え込みペースメーカーの位置がわかる。

- 発明 植え込み式ペースメーカー
- 発明者 ルネ・エルムクヴィスト
- 時代と国 1958年スウェーデン

ペースメーカーは心臓に弱い電気信号を送って正常な心拍を保つ装置。最初のペースメーカーは身体の外部に大型の装置を設置する必要があったので、患者は自由に動けなかった。1958年に体内に植え込むペースメーカー(上)が開発され、患者は健康時に近い動作ができるようになった。

コンタクトレンズ

- 発明 ソフト・コンタクトレンズ
- 発明者 オットー・ヴィヒテレ
- 時代と国 1961年チェコスロヴァキア

最初のコンタクトレンズは1888年にドイツ人眼科医アドルフ・ガストン・オイゲン・フィックが製作した。吹きガラス製で装着していられるのはせいぜい2、3時間だった。もっと軽いプラスチック製コンタクトレンズは1936年にアメリカ人科学者のウィリアム・ファインブルームが開発した。さらに1960年代にはハイドロジェルという柔らかいプラスチックを使ったソフト・コンタクトレンズが登場した。このソフト・コンタクトレンズを発明したのはチェコの化学者オットー・ヴィヒテレだ。今日のコンタクトレンズにはシリコン・ハイドロジェルという耐久性のある素材が用いられている。

義足

- ❖ 発明　フレックス・フット
- ❖ 発明者　ヴァン・フィリップス
- ❖ 時代と国　1996年アメリカ

軽量でしなやかな最新の人工義肢つまり義足は、使用者の運動機能を高める。アメリカ人生物工学者のヴァン・フィリップスは21歳の時に片足の膝から下を失った。そしてフレックス・フットという様々な義肢を発明した。なかでも「フレックス・フット・チーター」はカーボンファイバー製の「ブレード」でできていて、アスリート向けに開発された。地上と接触すると湾曲し、アスリートの素早い動きを補助する。

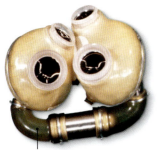

この人工心臓はアルミニウムとプラスティックで作られた。

人工心臓

- ❖ 発明　ジャーヴィク7
- ❖ 発明者　ロバート・ジャーヴィク
- ❖ 時代と国　1982年アメリカ

1982年、はじめて人工心臓を埋め込まれたのは心臓疾患を持つあるアメリカ人歯科医だった。歯科医は術後112日間生存できた。この世界初の人工心臓は発明者の名にちなんでジャーヴィク7という。その後数十年の間に数多く人工心臓が製作された。移植に適合する本物の心臓が得られる機会が訪れるまで一時的に用いられることもある。

▶ブレード・ランナー
2011年世界パラ陸上競技選手権大会で競技する幅跳び選手。義足がスプリングのように機能し、選手は速く走り跳ぶことができる。

ブレードの底に付いているスパイクで走路をしっかりグリップする。

健康

義手

- ❖ 発明　I-Limb（アイ・リム）
- ❖ 発明者　デイヴィッド・ガウ
- ❖ 時代と国　2007年イギリス

スコットランドの病院で開発されたI-Limb（アイ・リム）は世界初の完全に機能する筋電義手（電気で制御する義手）。I-Limbの指は腕から送られる筋信号で1本ずつ独立して動く。パトリック・ケイン（右）は13歳の時に世界ではじめてこの筋電義手を装着した。

情報早わかり

▶10世紀ごろ、中国ではすでに読書用の拡大レンズを利用していた。

▶補聴器は電話の技術から発展した。電話で音声を拡大する送話器が初期の補聴器として利用された。

▶イギリス人外科医ジョン・チャーンリー卿は1960年代のはじめに、人工股関節置換手術をはじめて成功させた。

宇宙

今や宇宙飛行士は宇宙で生活しながら作業をし、ロボット探査船が他の惑星を探査し、望遠鏡がはるか彼方の星雲の姿を見せてくれる。発明は人類をどこへ向かわせるのだろう?

宇宙

星を見る

人は先史時代から恒星や惑星に興味をかき立てられてきた。
しかし数千年間は肉眼で観察することしかできなかった。
17世紀になって望遠鏡が発明され、それが宇宙を観察する新たな方法となると、
天文学者はより大きくより性能の高い装置を作ってきた。

宇宙

反射望遠鏡（1724年）

オリオン大星雲の写真（1883年）

赤外線カメラによるオリオン大星雲（2010年）

望遠鏡とは何か？

望遠鏡は大きなレンズか鏡で光を集め、接眼レンズという小さなレンズと組み合わせて、遠方にある物体の像を肉眼で見るより明るく大きくしている。この原理は1608年ごろにオランダのレンズ職人ハンス・リッペルハイが発見した。

天体写真

19世紀に写真が発明されると、すぐに天文学者は望遠鏡にカメラを取り付けた。カメラは長時間かけて光を集めるので、人間の目で見るよりずっと明るく詳細な天体の画像が得られる。現代の電子素子を利用したカメラは、人間の目に見えない赤外線などの光も検出できる。

望遠鏡の種類

最初に発明されたのは屈折望遠鏡だった。レンズを使って光線を曲げて焦点に集める。反射望遠鏡は凹面鏡で光線を反射させて焦点へ導く。焦点をすぎ光線が再び広がったところで、接眼部にある1枚以上のレンズで光の進路を変えて、拡大した像を得る。

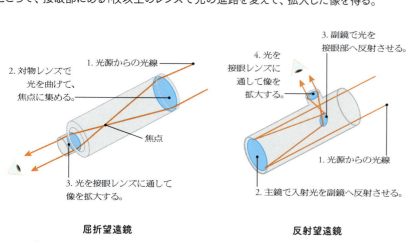

屈折望遠鏡　　　　反射望遠鏡

▶ 超大型望遠鏡（VLT）

チリの高地砂漠に建設されたヨーロッパ南天天文台の4つの巨大天体望遠鏡のひとつ。各望遠鏡の主鏡は直径8mで重さは22トン。このVLTを用いると肉眼で検出可能な最も弱い光より、40億倍も暗い天体の画像が得られる。

光を分解する

分光器は1814年にドイツ人物理学者ジョゼフ・フォン・フラウンホーファーが発明した。星からの光線が分光器を通ると、その色つまり光のエネルギーによって異なる経路へ進み、帯状に広がる（スペクトル）。フラウンホーファーは太陽のスペクトルに暗くて細い線があることを発見した。その後科学者は、この暗線が太陽に含まれる物質によって特定の光が吸収されたためであることを明らかにした。現在の天文学者は、分光学を応用して天体がどんな物質で構成されているのかを研究している。

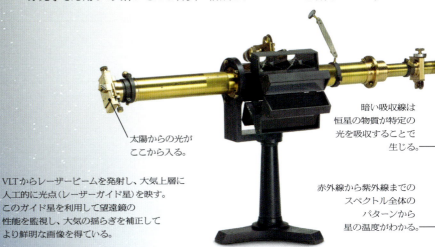

VLTからレーザービームを発射し、大気上層に人工的に光点（レーザーガイド星）を映す。このガイド星を利用して望遠鏡の性能を監視し、大気の揺らぎを補正してより鮮明な画像を得ている。

太陽からの光がここから入る。

暗い吸収線は恒星の物質が特定の光を吸収することで生じる。

赤外線から紫外線までのスペクトル全体のパターンから星の温度がわかる。

太陽分光器（1881年）　　ある恒星のスペクトル

宇宙望遠鏡

可視光は天体が放射している電磁波のほんの一部に過ぎない。温度が低いため可視光は放射していない物体でも、赤外線（熱）は放射している。一方非常に高温の物体や、激しい天文学的現象が起きた場合には高エネルギーの紫外線やX線、ガンマ線が放出される。こうした電磁波の大部分は地球の大気で遮られてしまうため、天文学者は衛星軌道に乗せた望遠鏡を使って宇宙を観察している。

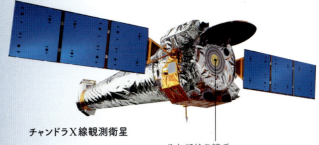

チャンドラX線観測衛星

入れ子状の鏡で、遙か彼方で爆発した恒星が発するX線を反射させて焦点を合わせる。

コンピューター制御の望遠鏡

現代の大型望遠鏡はすべて反射望遠鏡だ。薄く軽量な材料を用いて巨大な1枚鏡を使っている望遠鏡もあるが、ほとんどの望遠鏡は小さな六角形の鏡を何枚も組み合わせることで軽量化している。鏡の後ろにはコンピューター制御のモーターがあって、全体の形状を調整して像のゆがみを修正し、望遠鏡がどの方向を向いても完全な像が得られるようにしている。

望遠鏡

レンズ職人のハンス・リッペルハイが長い筒の両端に1枚ずつレンズをつけて望遠鏡を製作したのは1608年のこと。それから望遠鏡は4世紀をかけて大きく進歩した。現代の望遠鏡は巨大装置になっていて、宇宙のはるか彼方にある星雲を検出し、恒星間にあるガスや塵が発する目に見えない放射まで観測できる。

ガリレオの最初の望遠鏡

初期の望遠鏡

- **発明** ガリレオ式望遠鏡
- **発明者** ガリレオ・ガリレイ
- **時代と国** 1609年イタリア

リッペルハイの発明を伝え聞き、自ら望遠鏡を製作した天文学者もいた。中でも最も成功したのがイタリアのガリレオ・ガリレイだった（pp.258-259参照）。綿密な研究により、ガリレオは望遠鏡の性能を3倍（×3）から20倍（×20）に上げたことで、宇宙に関する重要な発見ができた。

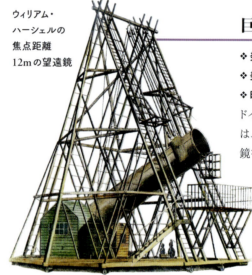

ウィリアム・ハーシェルの焦点距離12mの望遠鏡

巨大反射望遠鏡

- **発明** 最初の巨大望遠鏡
- **発明者** ウィリアム・ハーシェル
- **時代と国** 1789年イギリス

ドイツ生まれの天文学者ウィリアム・ハーシェルは、イギリスに渡り当時最も高性能な反射望遠鏡を建造した。1781年に天王星を発見するとイギリス王ジョージ3世の資金提供を受け、直径1.2m焦点距離12mの主鏡を持つ巨大な望遠鏡を建造した。この望遠鏡は巨大な回転台に載せ様々な方向へ向けられるようにした。

拡大する鏡

- **発明** ニュートン式反射望遠鏡
- **発明者** アイザック・ニュートン
- **時代と国** 1668年イギリス

イングランドの科学者アイザック・ニュートンは1660年代に光の性質を研究している間に、レンズと同じように湾曲した鏡でも光を曲げて焦点へ集められることに気が付いた。ニュートンの「ニュートン式望遠鏡」は初期のレンズ式望遠鏡では防げなかった像の色ズレ（色収差）が生じなかった。

接眼レンズ

ニュートンの望遠鏡の複製

電波望遠鏡

- **発明** ラヴェル望遠鏡
- **発明者** バーナード・ラヴェル、チャールズ・ハズバンド
- **時代と国** 1957年イギリス

電波天文学という科学分野は、太陽の他にも電波を放出している天体があることが発見された1930年代に始まる。電波は可視光よりも波長が長いため、星からの電波を集めるには、可視光望遠鏡よりずっと巨大な望遠鏡が必要になる。1950年代に、イギリスの天文学者バーナード・ラヴェルがマンチェスターに近いジョドレルバンクに、巨大な皿を載せたような初の電波望遠鏡を建設した。

直径76.2mの金属製反射板で電波を集める。

電波の焦点にアンテナがあり、そこで電波を電気信号に変換する。

イギリス、チェシャー州マックルズフィールド近郊にあるラヴェル望遠鏡

衛星軌道から観測

❖ **発明** 赤外線天文衛星（IRAS アイラス）
❖ **発明者** NASA
❖ **時代と国** 1983年地球低軌道

1940年代後半から、ロケットに搭載した放射検出器によって、宇宙は目に見えない放射で満ちていて、それらは地上に到着する前に大気で吸収されていることが明らかになった。1960年代以降打ち上げられた紫外線観測衛星は紫外線を捉え、IRASに始まる赤外線衛星は特別に冷却した望遠鏡を使って微弱な熱放射を検出し、夜空を観測している。

断熱材で宇宙空間での強力な太陽光から望遠鏡を保護している。

内部にある主鏡は直径2.4m

太陽電池パネルで太陽光を電力に変換し宇宙船と装置を駆動する。

通信用アンテナ

宇宙

日よけでIRAS望遠鏡を保護しつつ温度上昇を防ぐ。

大型宇宙望遠鏡

❖ **発明** ハッブル宇宙望遠鏡
❖ **発明者** NASA
❖ **時代と国** 1990年地球低軌道に乗る

1946年、アメリカ人天体物理学者ライマン・スピッツァーは、地球大気による像のゆがみが生じない宇宙空間の軌道に望遠鏡を乗せることをはじめて提案した。ついにハッブル宇宙望遠鏡が軌道に乗せられたのは1990年。深宇宙の非常に明瞭な姿を見せてくれている。アメリカ人天文学者エドウィン・ハッブルを記念して命名されたこの望遠鏡によって、天体の鮮明な画像が得られるようになった。また太陽系内にこれまで知られていなかった衛星を発見し、宇宙の端にある遙か彼方の星雲を発見した。

将来の望遠鏡

❖ **発明** 欧州超大型望遠鏡（E-ELT）
❖ **発明者** ヨーロッパ南天天文台
❖ **時代と国** 2024年ごろチリ

現在建造中の次世代望遠鏡は巨大で強力だ。チリのアタカマ砂漠に建設される欧州超大型望遠鏡（E-ELT）は六角形の鏡を組み合わせ、それらの位置はコンピューターで調節する。鏡を合わせた差し渡しは39.3mで、肉眼の集光能力の1億倍になる予定だ。この望遠鏡ができれば天文学者は他の恒星を周回する惑星まで観察でき、地球から最も遠い銀河の研究も可能だ。

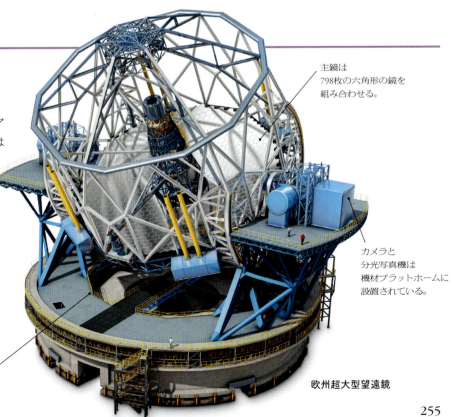

主鏡は798枚の六角形の鏡を組み合わせる。

カメラと分光写真機は機材プラットホームに設置されている。

メインデッキは望遠鏡の重量を支え、望遠鏡を回転させることができる。

欧州超大型望遠鏡

アタカマ天文台

現在の世界最大級の天文台は、チリのアタカマ砂漠にあるアタカマ大型ミリ波・サブミリ波干渉計のように、ずらりと並んだ多数の電波望遠鏡を連結したものだ。66台もの可動式電波アンテナの信号を結合すると直径16kmの単一の電波望遠鏡として機能し、詳細な画像を生み出す。

宇宙

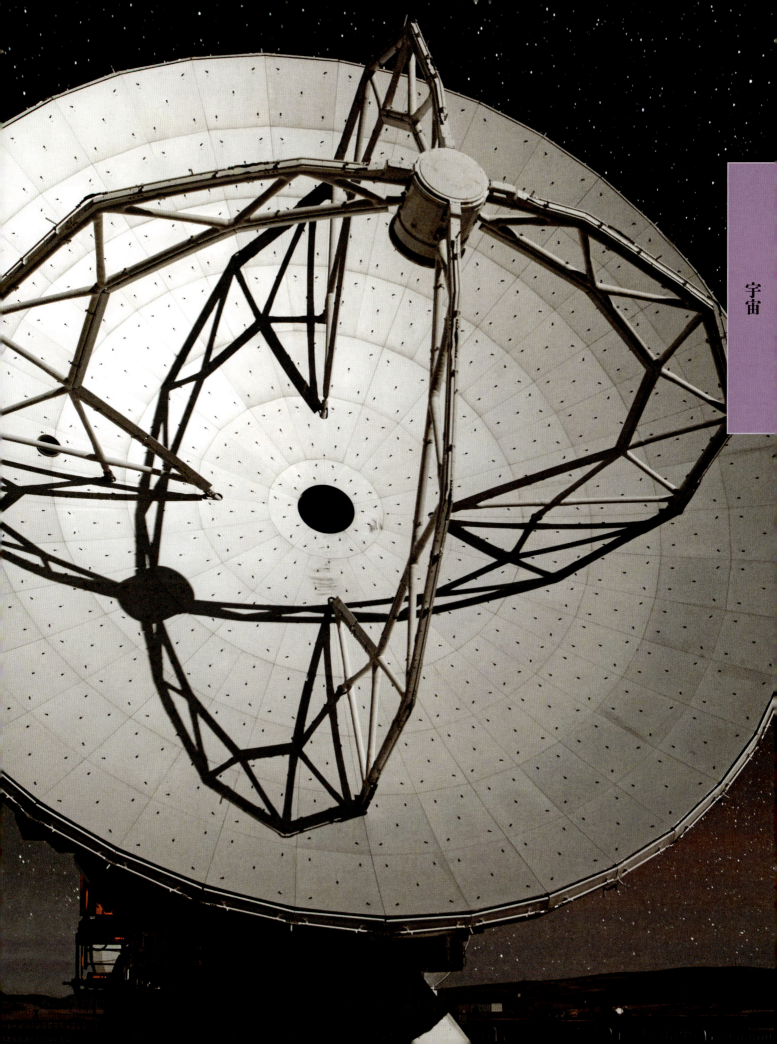

宇宙

ガリレオ・ガリレイ

1564年、イタリアのピサで生まれたガリレオ・ガリレイは、惑星が地球ではなく太陽を中心として回っていることを発見したことでよく知られている。またガリレオは博学者でもあり、多くの分野の科学者であり発明家だった。ガリレオは最初ピサ大学で医学を学んだが、揺れるシャンデリアが規則正しく動くのを見て物理学のとりこになったと伝えられている。

宇宙

望遠鏡をのぞいて

ガリレオ・ガリレイは新発明の望遠鏡の報告を聞いて、1609年ごろにずっと性能のいい望遠鏡を自作した。ガリレオはその望遠鏡を使って金星にも満ち欠けがあることを明らかにし、木星を周回する一群の衛星も発見した。こうした観察からガリレオは、1543年にポーランドの天文学者ニコラウス・コペルニクスが提唱した宇宙の太陽中心説が正しいはずだと、確信した。

実際には大きく重い物体の方が、小さく軽い物体よりもわずかに早く落下するが、それは、重さに対する表面積の比が小さいため（空気の影響を受けにくいから）。

重力の検証

ガリレオは落下する物体（落体）の特徴を研究し、空気抵抗がなければ物体の質量が異なっても、まったく同じ速度で地上に落下することに気付いた。1590年ごろには、ピサの斜塔の一番上から異なる質量のふたつの物体を落下させ、弟子たちにこのことを実証してみせたと伝えられている。

ガリレオによる月のスケッチ

▶ イタリアの博学者
このイタリアの肖像画にはガリレオとともに彼の愛用の道具類が描かれていて、テーブルの上には望遠鏡と天球儀がある。

生涯

1564年	1581年ごろ	1592年	1609年
ガリレオは父ヴィンチェンゾ（有名な音楽家）と母ジュリアの間にピサで生まれる。	ピサ大学で医学を学ぶが、数学と自然哲学も学び、物理学の研究に数学的分析を応用した。	ガリレオはパドヴァ大学の数学教授となり、この間にサーモスコープと軍事コンパスを発明。	最初の望遠鏡を製作しそれを使って天体観測をした。

ガリレオの温度計

1600年ころガリレオは「サーモスコープ」を発明する。これは温度の変化を示す装置で、温かくなったり寒くなったりすると流体の密度が変化することに気付いて、ガリレオが考案した。のちに弟子たちがこの原理を用いて、錘を付けたガラス玉の浮き沈みで温度を示す装置を設計した。

ガリレオ温度計の複製

宇宙

権威との衝突

ガリレオによる宇宙の太陽中心説は、当時強大な権威だったカトリック教会との衝突を招くことになった。教会は地球が万物の中心であるとする聖書の教え(天動説)を主張していたからだ。ガリレオは晩年に異端審問(教会裁判)にかけられたとき、地動説が正しいことを主張した。その結果ガリレオは異端の罪で有罪となり、生涯最後の9年間をフィレンツェ近郊の自宅で軟禁生活を送り、1642年に死去した。1992年に教会はガリレオが正しかったことを公式に認めた。

1610年	1633年	1633年	1642年
ガリレオは『星界の報告』(山田慶、谷泰訳 岩波文庫)を出版し、望遠鏡での発見を概説。ガリレオは天動説(地球中心説)ではなくコペルニクスの地動説(太陽中心説)を支持。	ローマでの異端審問で、ガリレオはコペルニクスの宇宙論を教えないことを命令される。	『天文対話』(青木靖三訳 岩波文庫)を出版後、ガリレオは2度目の異端審問にかけられ異端の罪で有罪となる。	ガリレオはフィレンツェ近郊で死去。生涯最後の4年間は盲目だったが、最期まで著作と発明を続けた。

宇宙

衛星

衛星とは、天体の周りを回る自然あるいは人工的な物体のこと。ちょうど月が地球の周りを回るように、宇宙に打ち上げられた人工衛星も地球の周回軌道上を回る。軌道上の人工衛星は猛スピードで飛行しているが、地球の重力に引かれるため、ほぼ円形の軌道を維持している。1950年代以来、人工衛星はわたしたちの日常生活に多くの革新的な変化を起こし、さらに地球と広大な宇宙に関する新たな知識をもたらしてくれている。

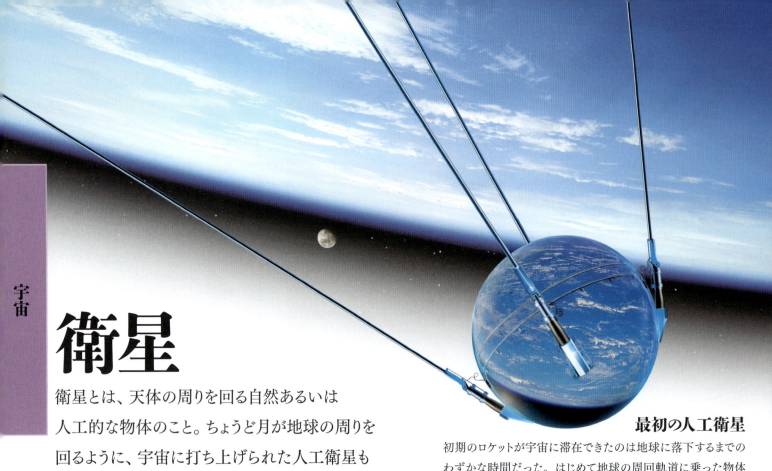

最初の人工衛星

初期のロケットが宇宙に滞在できたのは地球に落下するまでのわずかな時間だった。はじめて地球の周回軌道に乗った物体は、1957年10月にソビエト連邦（現在のロシア）が打ち上げたスプートニク1号だった。フットボールぐらいの大きさの単純な球体で、アンテナとバッテリーで動作する電波送信機が搭載され、宇宙時代の幕開けを告げた。

軌道に乗せる

人工衛星を軌道に乗せるには、ソビエト連邦が開発したR-7ミサイルのようなまったく新しい強力なロケットが必要だった。現在はインサット3気象衛星などの人工衛星は高くそびえる多段式ロケットで打ち上げている。ロケットの下段のエンジンで人工衛星を初期軌道へ乗せ、さらに上段のエンジンを点火し加速させて最終軌道へ乗せる。

流線型のカバーは「フェアリング」といい打ち上げ前に衛星の上にかぶせる。

インサット3-D衛星を搭載する（2013年）

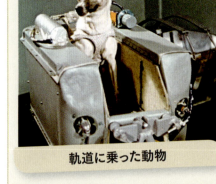

軌道に乗った動物

初期の人工衛星の中には宇宙飛行が人間に与える影響を検証するため、動物を乗せたものもあった。1957年に打ち上げられたスプートニク2号にはライカという名のメスの小型犬が乗せられた。ライカは帰還する希望のない片道切符で宇宙へと送られたが、その後の動物宇宙飛行士の大部分は特製の宇宙服を着て安全に帰還している。1961年にはNASAが2匹のチンパンジーを宇宙へ送り出した。

人工衛星の動力源

初期の人工衛星は電池を使っていたが、極寒の宇宙ではすぐに消耗し寿命が短かった。1958年に打ち上げられたアメリカ第2の衛星ヴァンガード1号は、太陽電池パネルを使って太陽光から電力を得るアイデアを検証した。現在ではほとんどの人工衛星が太陽光発電を利用している。

「ソーラー・ウィング」は3枚の太陽電池パネルを並べたもので7.1m²あり、最大出力は2300ワット。

カメラを使って上空から地球に関する情報を収集する「リモートセンシング」という技術。

リモートセンシング衛星センチネル-2の想像図

宇宙

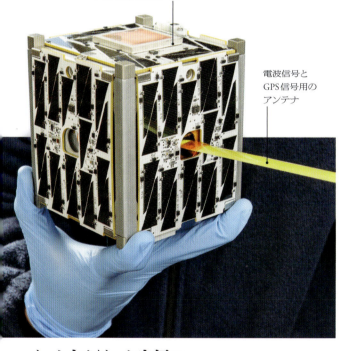

NASAのフォンサット2.5はスマートフォンの部品を利用し、太陽電池で駆動する。

電波信号とGPS信号用のアンテナ

もっと小さくもっと安価に

エレクトロニクスの進歩により、人工衛星は小さく安価で丈夫になった。CubeSat(キューブサット)は規格化されたユニットを組み合わせて作る小型人工衛星。通常の衛星とくらべてはるかに軽量だが、一般の衛星と同等の機能を数多く備えている。短時間で製作できるうえ小型なので、大きな衛星を打ち上げるときにヒッチハイクのように便乗させてもらうことで、打ち上げ費用も安上がりにできる。

衛星軌道

衛星はその目的によって異なる軌道に乗せられる。衛星電話用の通信衛星(コムサット)などは、地球の大気の上に出ればいいだけなので、地上200-2000kmの地球低軌道(LEO)を利用する。またコムサットは赤道上空の一定の位置に静止する静止軌道に乗せられることも多い。また長楕円軌道を使う特殊な人工衛星もある。地球観測衛星は極軌道を用い、回転する地球を広い範囲で詳細に観察する。

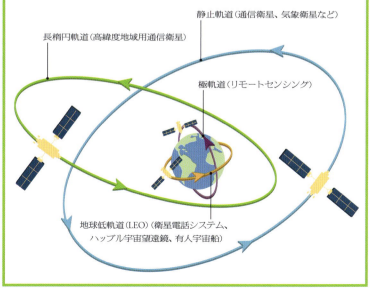

長楕円軌道(高緯度地域用通信衛星)
静止軌道(通信衛星、気象衛星など)
極軌道(リモートセンシング)
地球低軌道(LEO)(衛星電話システム、ハッブル宇宙望遠鏡、有人宇宙船)

地球を監視する

上空を周回する軌道から、何十機もの人工衛星が地球を監視している。
偵察衛星は敵対する国々の領土を撮影し、気象衛星は正確な天気予報を提供、
リモートセンシング衛星は最先端技術を利用して地球の地理情報、
土地利用、気候変動を調査している。

宇宙

ランドサット1号

初期の宇宙飛行士が上空から肉眼で見た地球の詳細を報告し、宇宙開発機関による調査が進むまで、宇宙から地球を観測する「リモートセンシング」がこれほど役立つとは誰も想像できなかった。リモートセンシングを目的に設計された最初の地球観測衛星がNASAのランドサット1号。1972年に打ち上げられ、カメラと複数の波長を捉える多重スペクトルスキャナーを用いて地球上の大陸を観察し、農業や林業、鉱物資源、水資源の状況を調査した。

WOW! ワーオ！

1967年、アメリカの核実験監視衛星が数十億光年彼方にある星雲からのガンマ線バーストを捉えた。

▼ **氷河を監視する**
赤外線画像に着色加工（レタッチ）して、グリーンランドにあるペテアマン氷河（青色）周辺の氷のない地表（赤色）を強調している。

空飛ぶスパイ

1950年代後半以降、リモートセンシングの道を開いたのがスパイ衛星だった。望遠レンズを付けたカメラを使い敵領土の航空写真を撮影した。撮影したフィルムはカプセルに詰めてパラシュートで落下させた。すぐさま回収用航空機がそのカプセルを空中で回収した。デジタル画像がフィルム画像の品質と肩を並べるくらいに進歩すると、画像は電波で送られるようになった。

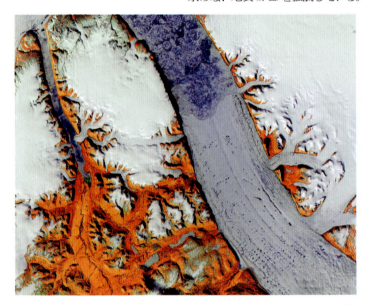

多重スペクトル画像

リモートセンシングで最も有効な技術のひとつが多重スペクトル画像で、異なる色フィルターを通して地形を撮影する。地表から放射される異なる波長の電磁波の強度から、土壌の状態や作物の生育さらには鉱物資源や地下水の分布まで、幅広い情報が得られる。

気象衛星

最初の気象衛星タイロス1号は1960年に打ち上げられた。1970年代までには人工衛星の軌道は高高度を周回する高軌道になり、地球の広範な領域の気象パターンを撮影できるようになった。現在ではリモートセンシング装置を用いて風速、温度、大気や海洋の状態を監視し、地球全体の気候の大域的パターンや変化を測定している。

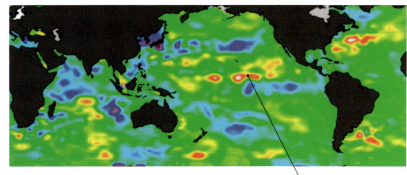

2017年のエルニーニョ現象時の海水温度を衛星画像から読み取る

着色加工により太平洋中央海域が通常より海水温が高いことがわかる。

▼レーダー合成画像

衛星レーダーにより、天候や昼夜にかかわらず、このロシアの火山のような接近できない地域でも地形の詳細な画像が得られる。

色分けによって標高がはっきりわかる。緑が一番低く、高くなるにつれて黄、赤、ピンクとなり一番高い部分が白で示されている。

衛星のレーダーで地図製作

現代のレーダー衛星は、電波ビームを地表に向けて発射しその反射波を測定することで地球表面の地形を高精度で再現する。信号が戻ってくるまでの時間から反射した表面までの距離がわかり、反射波の変化からは表面の特徴や鉱物成分の構成といった詳細な情報が得られる。ドイツ航空宇宙センターのタンデム-X計画では、ふたつの衛星を使ってこれまでで最も詳細な地球の3-D地図を作製する。

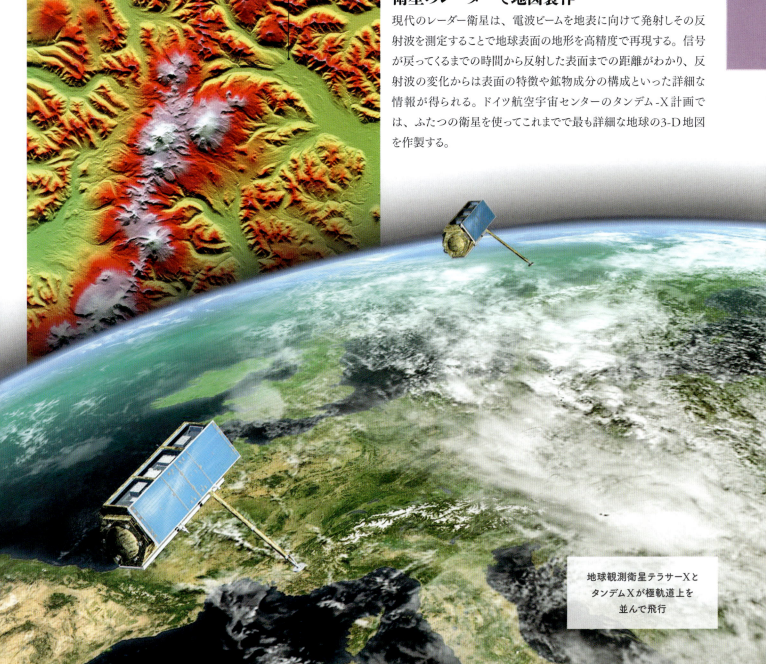

地球観測衛星テラサーXとタンデムXが極軌道上を並んで飛行

宇宙

衛星通信

衛星を利用した技術の中で、毎日利用されている技術が遠距離通信とナビゲーションのふたつ。衛星は地上から高い場所にあるため、遠く離れた地域間を中継して電波信号を送受信するのに理想的だ。また衛星ネットワークからの信号を利用したナビゲーション・システムは、わたしたちの現在位置をピンポイントで特定し、目的地への最善の経路を教えてくれる。

宇宙

> **情報早わかり**
> ▶通信衛星（コムサット）は携帯電話、インターネット、ポッドキャスト、テレビやラジオなどの信号を中継している。
> ▶静止衛星は地球の赤道上空で地球に対して静止していて、両極付近の信号は中継できないため、高緯度地域用のコムサットは長楕円軌道を使う。
> ▶カーナビ（衛星ナビゲーション）は軌道上の数十個の衛星からの信号を利用する。

電波信号を宇宙で反射

衛星を用いる通信方法のうち一番簡単なのが、反射板を使って地上からの電波ビームをただはね返して地上に戻す方法。1960年に打ち上げられたNASAのエコー1Aはこの原理を利用した初期の試験衛星で、巨大な金属製の気球だった。最大高度1600kmの軌道を回り、地上からの電波信号を反射するための標的となった。

衛星の全重量はわずか180kg
膨らませた衛星の直径は30.4m

衛星ナビゲーション

科学者がすぐに気付いたのは、周回衛星からの電波を使えば地球上の現在位置をピンポイントで検出できることだった。初期の試験衛星のひとつが1960年に打ち上げられたアメリカ海軍のトランシット・システム。低軌道の5つの衛星を使い、艦船や潜水艦に搭載された受信機に1時間に1回位置情報を提供した。

湾曲したアンテナで地球から衛星への命令を受信する。

太陽電池で作られる14ワットの電力では電球も灯せないが、人工衛星の稼働には十分だ。

衛星のいわば赤道部に並んだアンテナで信号を中継するので、衛星が回転しても常にアンテナが地球を向いている。

太陽電池パネル
アンテナ

トランシット5号衛星は、最初の衛星ナビゲーション・システムの一部

通信衛星

能動的な通信衛星は、搭載する電子機器で地球上のアンテナからの信号を受信し、増幅してから地上の別のアンテナへ送信する。テルスター1号はこうした「通信衛星」（コムサット）としてはじめて打ち上げられた。1962年7月に地球上空数百kmの低軌道に乗り、大西洋を越えてはじめてのテレビ中継を成功させた。

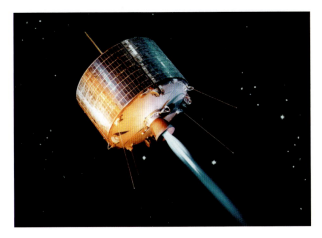

シンコム

SF作家のアーサー・C・クラークは1945年に、高高度の「静止衛星」軌道上の衛星がゆくゆくは全世界の通信信号を中継することになると予想していた。赤道上空で静止する静止衛星なら、衛星を追跡しなくても衛星を介して広い範囲の信号を跳ね返せるようになると考えたのだ。このクラークのアイデアを実現したのがシンコム3号で、1964年東京オリンピックのテレビ生放送を中継した。

GPSの仕組み

全地球測位システム(GPS)やナビゲーション・システム(NS)は、軌道が高精度で知られている衛星のネットワークを利用している。個々の衛星には超高精度原子時計が搭載されていて、絶え間なく時刻の信号を送り出している。コンピューター制御されている地上の受信機は、各衛星からの信号が到着するまでに要した時間を元に、受信機と各衛星との距離を算出する。各衛星からの距離を総合して受信機の正確な位置がピンポイントで測定できる。

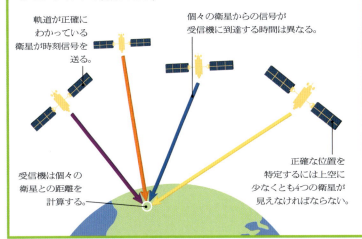

軌道が正確にわかっている衛星が時刻信号を送る。

個々の衛星からの信号が受信機に到達する時間は異なる。

受信機は個々の衛星との距離を計算する。

正確な位置を特定するには上空に少なくとも4つの衛星が見えなければならない。

宇宙

軌道へ電話する

高軌道の通信衛星を介して地上基地間で信号を中継すると長距離通信になり、信号の到着が遅れる。そこで国際電話での通話はほとんどが海底の光ファイバーケーブルを使って行われている。しかし最果ての場所にいて携帯はつながらず固定電話もなかったらどうすればいいのか? 衛星電話は低軌道の衛星へ直接信号を送るので、ほぼあらゆる場所からの通話が可能になる。衛星電話はもともとは1980年代に海上の船舶向けに国際移動通信衛星機構によって構築された。

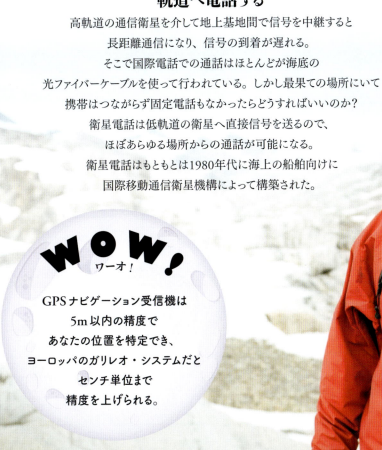

WOW! ワーオ!

GPSナビゲーション受信機は5m以内の精度であなたの位置を特定でき、ヨーロッパのガリレオ・システムだとセンチ単位まで精度を上げられる。

外部アンテナで信号を送る。

▶衛星電話機
現在、衛星電話は孤立した地域で活動する探検家や救助隊に幅広く利用されている。

宇宙

宇宙

宇宙ゴミ

地球を周回する軌道には、古い多段式ロケットの切り離し部分から塗料の微細な破片まで様々な宇宙ゴミが大量に漂っている。高速で飛行する新しい衛星や宇宙船にとってこのゴミは非常に危険だ。そこで技術者は宇宙船を飛ばせないほど危険になる前に、このゴミの山を除去する方法を研究している。

ロケット

ロケットは作用・反作用の原理を利用して推力を得る装置。燃料を燃焼させて膨張するガスを作る。このガスをロケットの一端から放出すると、ロケットはその反作用でガスと反対方向に推進する。最初のロケットは13世紀の中国で花火として用いられたものだが、今日のロケットには衛星や宇宙船を地球上空の軌道へ打ち上げる大きな推進力がある。

宇宙

ロケット工学のパイオニア

ロシア人教師コンスタンチン・ツィオルコフスキーはロケット技術に関する書籍や科学論文を著し、20世紀ロケット工学の土台を築いた。推進力を増加させるために液体燃料と多段式ロケットの利用をはじめて提案した。自らのアイデアを実証する模型も製作したが、実現はできなかった。

液体燃料ロケット

地上の蒸気機関や内燃機関なら地球の大気中の空気で燃料を燃やせる。20世紀初期のロケット開発の先駆者たちは「酸化剤」という化学物質と混合することで地球大気圏外でも燃やせ、もっと大きな出力も得られる液体燃料を開発した。アメリカ人技術者ロバート・ゴダードは1926年に最初の液体燃料ロケットの実験をした。

パイプの骨組みで先端にあるロケットエンジンを支えている。

液体推進燃料ロケットをはじめて発射するロバート・ゴダード（1926年）

燃料タンクと円錐形の保護用ノーズコーン

WOW! ワーオ！

ロケットを使ってはじめて宇宙に物体を投入したのは1949年。アメリカ人技術者らがV-2ロケットを改造し、その先端から発射した小さなミサイルだった。

宇宙開発競争

第二次世界大戦後、ソビエト連邦（ロシア）とアメリカは強力な弾道ミサイルの開発を競っていた。このミサイルは弾頭を上空の高高度へ飛ばしその後地上に落下させるためのロケットで、射程は数千km以上もある。両国の宇宙科学者は、こうしたミサイルを平和的に利用すれば人工衛星を発射できることもわかっていた。1957年にはじめて打ち上げられた人工衛星がスプートニク1号で、ソビエト連邦のR-7ミサイルをセミョルカというロケットとして用いた。これをきっかけにその後20年近く続く「宇宙開発競争」の幕が切って落とされた。

スプートニク1号を載せたR-7ミサイル（1957年）

サターンV

これまでに建造された最も強力なロケットはアメリカのサターンV型で、ドイツ人科学者ヴェルナー・フォン・ブラウンが立案した。このロケットで1967年から1972年にかけて月への飛行を任務とするアポロ宇宙飛行士を8回打ち上げている。その後はサターンV型を改良したロケットでアメリカ初の宇宙ステーションであるスカイラブを打ち上げた。アポロ・ソユーズ共同飛行でアメリカ側が使用したのはサターンIB型ロケットだった。

- 先端にあるアポロ11号宇宙船の重さは4万4000kg
- 3段目は液体水素を液体酸素で燃焼させる単一エンジン
- 2段目には液体水素を液体酸素で燃焼させる5基のエンジンがある。
- 発射までロケットを垂直に保つ発射台
- 1段目には灯油を液体酸素で燃焼させる5基のエンジンがある。
- 3段の切り離し部分も含めると打ち上げ時の全長は110.6m

▼着陸するファルコン9
スペースX社製ロケットの第1段目が衛星打ち上げの役割を終えて垂直着陸する。

再使用型ロケット

打ち上げてから切り捨てられたり破壊されたりするロケットには莫大な費用がかかっている。このことが宇宙探査の大きな障害となっていた。NASAのスペースシャトル（p.273参照）では部分的な再使用ができるようになった。スペースX社ではロケットを再使用するため、2016年からファルコン・ロケットの多段部を回収する技術を大きく進歩させてきた。

多段式ロケット

重い積載物を宇宙へ飛ばすには、複数のロケットを順に点火するのが最も効率的な方法だ。ロケットの各段が燃料を使い果たすと、その段を切り離し地球へ落下させる。こうしてロケットの自重を減らし残りのロケットを推進させる。最終的に軌道に乗せる積載物をロケットのペイロードという。

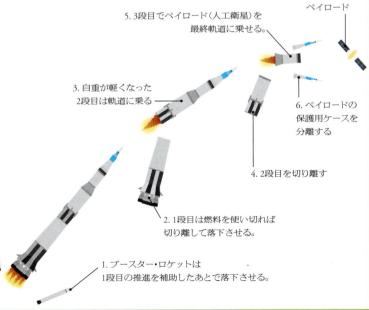

- 1. ブースター・ロケットは1段目の推進を補助したあとで落下させる。
- 2. 1段目は燃料を使い切れば切り離して落下させる。
- 3. 自重が軽くなった2段目は軌道に乗る
- 4. 2段目を切り離す
- 5. 3段目でペイロード（人工衛星）を最終軌道に乗せる。
- 6. ペイロードの保護用ケースを分離する
- ペイロード

宇宙

宇宙

ロケット開発競争

ロケットには花火から戦闘兵器、長距離ミサイルまで、
とてもいろいろな形や大きさのものがある。
最も強力で最大のロケットといえば、
衛星や有人宇宙船を周回軌道や
さらに遠くへ打ち上げるためのロケット。
液体燃料ロケットは早くも1920年代に最初の実験が
行われていたが、宇宙飛行を実現させるには
さらにロケットへの軍事的関心の高まりが不可欠だった。

軍事用ロケット

❖ 発明　V2ロケット
❖ 発明者　ヴェルナー・フォン・ブラウン
❖ 時代と国　1942年ドイツ

1930年代にロケット開発に携わっていたのはほとんどがアマチュアの技術者だった。しかしドイツではヴェルナー・フォン・ブラウン率いるチームがナチスの戦争支援のためにロケット開発を命じられた。その成果がV2長距離ミサイルだった。V2の操縦と誘導のシステムはロケット工学にとって大きな技術的進歩で、1942年には宇宙に達した最初の人工物体となった。しかしV2は恐ろしい戦争兵器でもあり、1945年に第二次世界大戦が終結するまでに推定9000人がこの兵器の犠牲になった。

ジュノー1で衛星エクスプローラーを打ち上げる

衛星打ち上げ機

❖ 発明　ジュノー1
❖ 発明者　ヴェルナー・フォン・ブラウン
❖ 時代と国　1958年アメリカ

1957年にソビエト連邦がスプートニク1号を軌道に打ち上げたあと、自国のヴァンガード・ロケットが爆発してしまったためアメリカの科学者たちは士気をくじかれていた。ソビエト連邦に追いつきたかったアメリカは、そのころアメリカ陸軍で働いていたヴェルナー・フォン・ブラウンに白羽の矢を立てた。フォン・ブラウンのチームはわずか1か月でミサイルを改造した4段式ロケット、ジュノー1で衛星エクスプローラー1号を打ち上げた。

宇宙の働き者

- ❖ 発明　ソユーズ・ロケット
- ❖ 発明者　OKB-1（第1設計局）
- ❖ 時代と国　1966年ソビエト連邦

これまでで世界で最も成功したロケットはソユーズだ。1966年以来ソユーズは有人、無人あわせて1700回以上の打ち上げに用いられ、失敗も少なかった。スペースシャトルが退役したあと、ソユーズは宇宙飛行士を国際宇宙ステーションに送る唯一の手段となった。

▶ソユーズ TMA-15
2009年に打ち上げられたこのソユーズロケットは、6か月間の長期宇宙滞在を開始する3人の宇宙飛行士を国際宇宙ステーションへ輸送した。

ロケットの1段目は主ロケットを4基のブースターロケットが囲む。

情報早わかり

- ▶ロバート・ゴダードの液体燃料ロケットは1926年にはじめて打ち上げられ20秒間の飛行で高度12.5mに達した。
- ▶サターンⅤ型の第1段は210万kgの燃料をわずか161秒で燃焼し、ロケットを時速9920kmまで加速する。
- ▶イオンエンジンは化学ロケットより10倍も燃料効率がいいので、宇宙空間では非常に少ない燃料で推力が得られる。

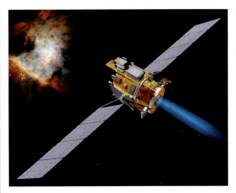

イオンエンジン

- ❖ 発明　ディープ・スペース1
- ❖ 発明者　NASA
- ❖ 時代と国　1998年アメリカ

ほとんどのロケットは燃料の爆発的燃焼を推進力として重力に打ち勝つ。イオンエンジンは太陽電池の電力を使って荷電粒子（イオン）の流れを放出する。イオンエンジンによる推進力は微小だが、数秒間ではなく何か月もかけて加速し続けることで驚異的なスピードに達する。NASAはロボット宇宙探査船ディープ・スペース1ではじめてイオン推進をテストした。

ロケット推進の航空機

- ❖ 発明　スペースシップワン
- ❖ 発明者　バート・ルータン、スケールド・コンポジッツ社
- ❖ 時代と国　2004年アメリカ

1950年代から輸送機に小型ロケット推進機を乗せて高高度で発射することが行われてきた。アメリカ人技術者バート・ルータンのスペースシップワンは、民間として世界ではじめて実現したロケット推進有人宇宙船だ。ヴァージン・ギャラクティック社に採用された。地球周回軌道には乗らず短時間宇宙に滞在したのち、翼があるおかげでゆっくりと滑空して地球に帰還できる。

双胴機で輸送されるスペースシップワン

宇宙

これからのロケット

- ❖ 発明　SLSブロック1
- ❖ 発明者　NASA
- ❖ 時代と国　2019年（計画）アメリカ

2011年にスペースシャトルの退役が決定してから、NASAはこれまでで最強のロケットの開発を進めてきた。スペース・ローンチ・システム（SLS）は月や火星そしてさらに遠い宇宙への新たな有人飛行へ道を開くことになるはずだ。スペースXやブルー・オリジンといった民間企業にも同じように野心的な計画がある。

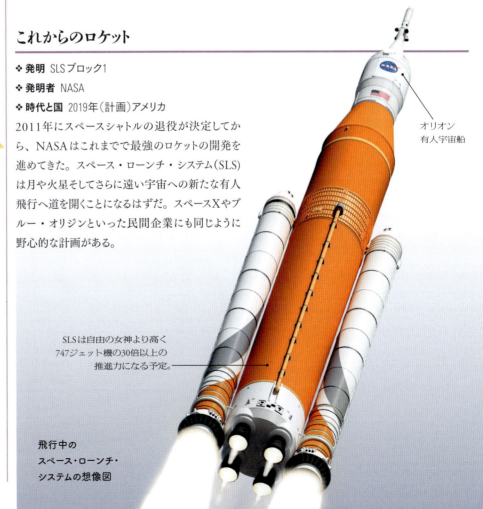

オリオン有人宇宙船

SLSは自由の女神より高く747ジェット機の30倍以上の推進力になる予定。

飛行中のスペース・ローンチ・システムの想像図

有人宇宙飛行

人間が宇宙空間へ飛び出し無事に帰還すること、それが宇宙飛行という究極の挑戦だ。有人宇宙船はミッション中の宇宙飛行士の生命を維持し、地球に帰還する際の危険な状況の中で宇宙飛行士を守るために必要な装備を積載しなければならない。そのため人工衛星より重く構造も複雑だ。

宇宙

WOW！ ワーオ！
ジェミニ6Aとジェミニ7の搭乗員は軌道上でそれぞれの衛星を操り30cm以下の距離まで接近させた。

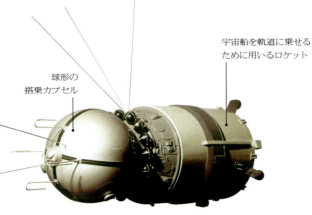

- 球形の搭乗カプセル
- 宇宙船を軌道に乗せるために用いるロケット

ヴォストーク1号

世界初の有人宇宙船ヴォストーク1号は、有人飛行をする前に無人で数回試験的に打ち上げられた。ヴォストークが地球を1周したあと地球へ帰還する際には「逆噴射」を使った。それでも大気圏に高速で再突入するため、熱シールドで高熱からカプセルを守った。この時カプセルに乗っていたのがロシア人宇宙飛行士ユーリイ・ガガーリン。

- 耐熱合金製の保護パネル
- 軌道修正と地球へ帰還するための小型ロケット
- 乗降用ハッチ（フライト終了後にはずされる）
- 緊急脱出用射出座席

◀ ジェミニ7
フランク・ボーマンとジム・ラヴェルが操縦し、軌道上に14日間滞在した。

ジェミニ

最初の有人宇宙船はひとり乗りで、事前に設定された短時間の飛行計画通りの軌道を飛ぶだけだった。1960年代中ごろNASAが開発したジェミニ宇宙船はふたつの点で大きく進歩した。2名の宇宙飛行士を乗せ2週間のミッションが可能になったこと。そしてスラスタ・システムという小型ロケットエンジンを使って、宇宙船を様々な方向に推進できるようになり、軌道修正が可能になったことだ。

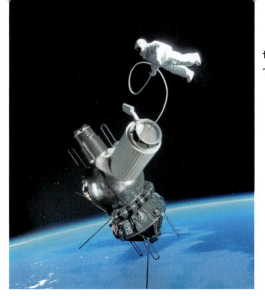

世界初の宇宙遊泳をするレオノフ（想像図）

宇宙遊泳

初期の宇宙飛行士は緊急事態に備え宇宙服とヘルメットを着用していたが、カプセルから離れることなど考えてもいなかった。1965年3月ヴォスホート2号の宇宙飛行士アレクセイ・レオノフは特別に作られた宇宙服を着てカプセルを離れはじめて宇宙遊泳を行った。数か月後にはアメリカ人宇宙飛行士エド・ホワイトもアメリカ人としてはじめて宇宙遊泳を行い、銃のような小型ロケットを使って自分自身を制御した。

バズ・オルドリンが月面に残した足跡。
アポロ11号ミッションで撮影。

月面着陸

1960年代後半の月へ向かうアポロ計画では3つのモジュールからなる宇宙船が使われた。3人の宇宙飛行士を乗せた司令船はミッションに必要な12日間分の物資を運ぶ機械船と連結している。月着陸船は司令船から月面へ2名の宇宙飛行士を輸送し、再び司令船へ戻る。1969年7月、アポロ11号のニール・アームストロングとバズ・オルドリンは人類ではじめて月面に降り立った。

◀STS-129ミッションで打ち上げられる
スペースシャトル アトランティス
オービター（スペースシャトルの宇宙船本体部）5機のひとつアトランティスは、2009年に国際宇宙ステーションへ向かうこのミッションを含め33回飛行した。

軌道を周回する宇宙飛行機

1981年から2011年にかけてNASAが飛ばしたスペースシャトルはまったく新しい宇宙飛行の手法をとった。飛行機のような形の周回宇宙船で最大7人まで搭乗でき、大型キャビンと貨物室を備える。打ち上げの時には巨大なタンクから燃料が供給される。軌道に乗ると、燃料タンクは切り離され宇宙船だけが飛行を続ける。ミッションが終了すると、巨大な紙飛行機のように滑空しながら地上へ帰還し、機体は以降のミッションに再利用された。

宇宙

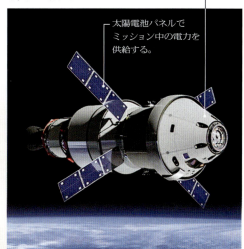

司令船（クルー・モジュール）は
直径5m、全長3m。

オリオンのカプセル

太陽電池パネルで
ミッション中の電力を
供給する。

今後のミッション

2020年代に打ち上げが予定されているのがNASAのオリオン宇宙船で、円錐形の司令船（クルー・モジュール）が円筒状の機械船（サービス・モジュール）に接続されている。アポロ宇宙船とよく似ているが、オリオンはアポロよりずっと巨大だ。再利用可能な司令船には4人から6人が乗り組み最大6か月間のミッションが可能で、火星や小惑星の探査、実験、国際宇宙ステーションの補修にあたる。

有人ミッション

夢に過ぎなかった有人宇宙船というアイデアがこの60年の間にほとんど当たり前の存在(いまでも危険なことに変わりはないが)になった。これまでに550人以上が宇宙へ飛び、大半の宇宙飛行士がアメリカのスペースシャトルか、ロシアのソユーズ宇宙船に搭乗した。今後数十年のうちには、宇宙を短時間体験できる観光が人気になっているかもしれない。

1961年にケネディ大統領がアメリカは60年代中に月へ人間を送り込むと明言した時、NASAによる有人宇宙飛行の実績はわずか15分だった。

宇宙をはじめて飛んだ男

❖ **発明** ヴォストーク1号
❖ **発明者** ユーリイ・ガガーリン(搭乗者)
❖ **時代と国** 1961年ソビエト連邦

宇宙飛行をすると人間がどうなるか、1950年代までは誰にもわからなかった。宇宙飛行士を危険なミッションに就かせる前に、ソビエト連邦はイヌを乗せた宇宙船を数回打ち上げて生存できることを証明しなければならなかった。ユーリイ・ガガーリンが世界をあっといわせた世界初の宇宙飛行は108分で地球を1周した。1963年にははじめて女性が宇宙を飛行。ヴォストーク6号に搭乗したヴァレンティナ・テレシコワは、70時間以上かけ地球を48周した。

アメリカ人も軌道に乗る

❖ **発明** マーキュリー計画
❖ **発明者(乗組員)** 7人のアメリカ人宇宙飛行士(そのうち6人がマーキュリー計画で飛行)
❖ **時代と国** 1958-1963年アメリカ

非力なロケットが障害となり、NASAのマーキュリー計画はソビエト連邦に後れを取っていた。1961年5月にアメリカ人としてはじめて宇宙飛行をしたのがアラン・シェパードだが、宇宙にほんのちょっと飛び出しただけで周回軌道には乗れなかった。1962年2月にアトラスロケットの準備が整うと、ジョン・グレンがマーキュリー宇宙船フレンドシップ7号で周回軌道に乗った。

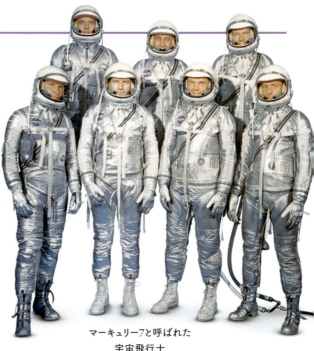

マーキュリー7と呼ばれた宇宙飛行士

2015年、国際宇宙ステーションにドッキングしたソユーズ宇宙船

ソユーズ・モジュール

❖ **発明** ソユーズ宇宙船
❖ **発明者** OKB-1(第1設計局。後の宇宙開発企業エネルギア)
❖ **時代と国** 1967年-現在ロシア(と旧ソビエト連邦)

1967年の最初の打ち上げは失敗に終わったが(このミッションではパイロットが死亡)、ソユーズ宇宙船はそれまでの宇宙船とくらべ大きく進歩した。軌道上での作業と地球への帰還に使う特別なカプセルを含む3つのモジュールによる構成ははじめてのことだった。数世代にわたる改良のおかげで、ロシア宇宙計画の根幹となっている。

▼ムーン・バギー
NASAの月面車(ムーン・バギー)は宇宙飛行士ふたりと岩石標本を乗せて最高時速18.6kmで走行できた。

宇宙

月探検

- ❖ 発明　アポロ計画
- ❖ 発明者　NASA
- ❖ 時代と国　1968-1972年アメリカ

1969年7月、アポロ11号ははじめて月面へ宇宙飛行士を送り込んだ。月面着陸というこの歴史的ミッションはその後7回実施された。アポロ月面着陸ではNASAには新たな難問が山積みで、そのひとつが宇宙服。月面を歩いた12名の宇宙飛行士は特殊な宇宙服を着た。宇宙飛行士に酸素を供給し月面で遭遇する危険から宇宙飛行士を守るためだった。この服のおかげで計測装置を月面に設置し岩石標本を収集することもできた。その後のミッションでは月面車(LRVs)を月へ運び、ずっと広い範囲を探索できた。

歴史的な握手

- ❖ 発明　アポロ・ソユーズ・テストプロジェクト
- ❖ 発明者　アポロとソユーズ19
- ❖ 時代と国　1975年アメリカとソビエト連邦

1975年7月、アポロとソユーズの両宇宙船が軌道上で接近し、特殊なドッキング用モジュールを使って互換性のないふたつの宇宙船をドッキングさせた。この時アメリカとソビエトの間の宇宙開発競争が終結したが、スペースシャトルとミール宇宙ステーションとのドッキングが定期的に行われるようになるのは1990年代になってからだった。

アポロとソユーズ両宇宙船の船長が宇宙で握手を交わす

最初の宇宙旅行客

- ❖ 発明　ISS EP-1ミッション
- ❖ 発明者　デニス・ティトー
- ❖ 時代と国　2001年ロシア

1990年代後半に資金不足に直面したロシア宇宙局は有料の宇宙旅行を企画した。最初の乗客となったのはアメリカの億万長者デニス・ティトーで、2001年に国際宇宙ステーションへ飛行した。2000年代には他にも数名が宇宙旅行しているが、現在では様々な形の宇宙旅行が民間企業によって企画されている。

デニス・ティトー(中央)

275

宇宙ステーション

宇宙ステーションでは宇宙飛行士が軌道上で
長期間にわたり生活し作業を続けることができる。
最初はロケットの仕切りを利用した簡単な実験室に
過ぎなかったが、その後宇宙ステーションは
実験や材料製造、地球の観測、長期宇宙飛行による
人体への影響の研究などを行う科学者たちの
永続的なコミュニティーとなってきている。

ステーションにドッキングしたソユーズT-14
サリュート7号の作業区画
サリュート7号

進歩したサリュート

- **発明** サリュート6号、7号
- **発明者** ソビエト連邦宇宙局
- **時代と国** 1982-1991 ソビエト連邦

サリュート6号、7号宇宙ステーションは両端にドッキング・ポートがあり、新しい搭乗員が到着してから任務を終えた搭乗員が出発することができた。サリュート7号では「ハード・ドッキング」もテストしている。このドッキングによって無人の補給用宇宙船を恒久的に一方のドッキング・ポートに結合させてステーションの作業スペースを拡張することができた。

サリュート1号

- **発明** サリュート1号
- **発明者** ソビエト連邦宇宙局
- **時代と国** 1971年 ソビエト連邦

世界初の宇宙ステーションであるサリュート1号は1971年にソビエト連邦が打ち上げた。この簡素な円筒形の実験室にはソユーズ宇宙船専用のドッキング・ポートがあり、1971年6月にソユーズ11号で3名の宇宙飛行士が23日間滞在した。これは当時としては最長の宇宙飛行となった。残念ながらソユーズ11号が地球へ帰還する際、事故で宇宙飛行士全員が死亡し、その後サリュート1号は廃棄された。

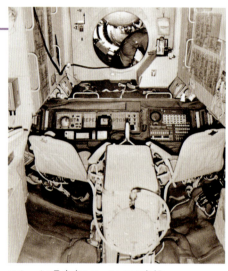

サリュート1号宇宙ステーションの内部

スカイラブ

- **発明** スカイラブ
- **発明者** NASA
- **時代と国** 1973-1974（搭乗員が送られた期間）アメリカ

スカイラブはアメリカ初の宇宙ステーションで、サターンロケットの3段目を改造して作られ、9か月の稼働期間中3回、毎回3人の搭乗員が滞在した。太陽観察用の紫外線望遠鏡や、宇宙の無重力環境で生命や化学の様々な実験を行うための装備モジュールが搭載された。

望遠鏡台座
太陽電池パネル
スカイラブ

組み立てユニット式宇宙ステーション

- ❖ 発明 ミール
- ❖ 発明者 エネルギア
- ❖ 時代と国 1986-2001年ロシア

ロシアのミール宇宙ステーションは軌道上で複数のユニットを「ハード・ドッキング」で結合しながら組み立てられた。これは大きな進歩だった。コア・モジュールは1986年2月に打ち上げられ、続いて科学研究と発電機用のユニットが打ち上げられた。またミールの新しいドッキング・ポートにはNASAのスペースシャトルもドッキングできた。このミール宇宙ステーションでヴァレリ・ポリヤコフは437日間滞在し1995年に宇宙での連続滞在最長記録を樹立した。

コア・モジュールに5つのモジュールが結合している。

スペースシャトル エンデヴァーから見たミール宇宙ステーション

膨張式モジュール

- ❖ 発明 BEAM
- ❖ 発明者 ビゲロー・エアロスペース
- ❖ 時代と国 2016年アメリカ

ビゲロー膨張式活動モジュール(BEAM)は、膨らむ軽量の居住スペースで、2016年に国際宇宙ステーション(ISS)に結合された。このモジュールは内部の空気圧によって形状を保っている。現在搭乗時の環境を検証する実験が行われていて、技術者はBEAMが将来の膨張式モジュールへの道を開いてくれると期待をかけている。

宇宙

国際宇宙ステーション(ISS)

- ❖ 発明 国際宇宙ステーション(ISS)
- ❖ 発明者 NASA、ロスコスモス、ESA
- ❖ 時代と国 1998年国際的協力で打ち上げられた

国際宇宙ステーション(ISS)は少しずつ建設が進められ、2000年から継続的に有人で稼働されている。アメリカ、ロシア、ヨーロッパ、ブラジル、日本などの協力で実現した野心的な宇宙ステーションだ。最終的に完成したのは2011年で、少なくとも2028年まで稼働する予定だ。

太陽電池パネル

▼国際宇宙ステーション(ISS)のモジュール

ISSにはふつう6人の宇宙飛行士が搭乗し、連結されたモジュール内で生活し作業をする。ISSの全容積はボーイング747ジェット旅客機と同じくらいある。

宇宙での生活

宇宙飛行が長期におよび作業も複雑になると、ミッション中宇宙飛行士の体調を維持し健康を保つことが大きな課題となった。問題の克服にはとても多くの独創的なアイデアが不可欠だ。宇宙飛行士は船内の窮屈な環境で生活し作業するだけでなく、宇宙船を離れたときもあるため、そうした場合の安全性も確保しなければならない。

- バックパックに生命維持装置がある。
- 保護バイザー付き圧力密閉ヘルメット
- グローブは手首部分で宇宙服に固定する。
- 宇宙服の胴体部分は上下に分かれ腰で結合する。
- 白色の素材は太陽光と熱を反射する。
- 複層構造の素材で空気を密閉し宇宙飛行士を保護する。
- 生命維持装置などのコントロール装置

宇宙服

初期の宇宙飛行士はミッションの間常に保護用の宇宙服を着ていたが、1960年代中ごろまでには安全性が改善され、宇宙船も大きくなったことから、ほとんどの時間をずっと快適なフライトスーツで過ごせるようになった。1990年代までには、NASAの宇宙飛行士がスペースシャトル外部で作業するときに着用する宇宙服(左)は、必要なものすべてがそろった個人用宇宙船と言えるまでに進化していた。

WOW! ワーオ！

ISSではすべての排水を何層ものフィルターと化学反応を用いて再利用している。最終的に地球上の飲料水よりもきれいになる。

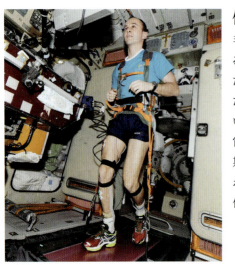

体調の管理

ミッションが数日間から数か月へと長くなるにつれ、宇宙飛行士が地球へ帰還するための健康の維持がますます重要になった。無重力の宇宙空間のように重さがない環境では、筋肉や骨が弱るため、宇宙飛行士は様々なサプリメントを服用し定期的な運動を欠かさない。また重力の代わりに身体に負荷をかけるゴムベルトもよく使われる。

節水シャンプーで洗髪中の宇宙飛行士キャディ・コールマン。

清潔さを保つ

宇宙ではひとりひとりの衛生環境も問題になる。水は非常に貴重なので捨てられない。もし噴霧すれば重さのない水滴となって漂い船内の精巧な電子機器を故障させてしまう。シャワーの代わりに宇宙飛行士が使うのは小型のパウチ容器に入った液体石鹸、水そして洗い流さなくていいシャンプーだ。

ISSでチキンライスを
食べる宇宙飛行士
サニタ・ウィリアムズ

食事
国際宇宙ステーションで必要な食料は無人補給機で届けられる。ふつうは密封パックに乾燥した状態で入っていて、調理施設があるサービスモジュールの蛇口の水で戻す。オーブンで缶詰などの加工食品を再加熱することもできるが、調理の温度には安全性の理由から制約がある。

植物を栽培する
地球周回軌道より遠方へ向かう長期ミッションでは自給自足も必要となるだろう。宇宙開発に関わる組織では、宇宙環境で植物やその種子が受ける影響について実験を行っている。いつの日か、水と栄養素で育てたり(水耕栽培)他の惑星の土壌で栽培したりした作物が食料となり、また空気の浄化もしてくれるようになるだろう。

宇宙空間の
ほんのわずかな
重力のもとでも
苗はよく育つ。

ISSで樹木の苗を手入れする宇宙飛行士 T・J・クリーマー

宇宙

火星での生活
将来の火星探査隊はこれまでにない課題に直面するだろう。そこで技術者はすでに地球で解決策の検証をしている。火星重力のもとで作業をするには軽量で柔軟性のある宇宙服が必要になる。また危険な放射線から宇宙飛行士を守らなければならないので、生活や作業の大部分は地下居住区で行うことになるだろう。

情報早わかり
▶惑星同士の位置関係は太陽を周回しているうちに変化する。火星への有人ミッションは、出発すると再び地球が火星に接近する約3年後まで帰還できない。
▶1990年代にロシアの宇宙飛行士はミール宇宙ステーションで宇宙船での長期滞在記録を立てつづけに塗り替えた。

▲火星生活のシミュレーション
アメリカの研究者がユタ州の砂漠で試作中の宇宙服を着用し、将来の火星表面での探検ミッションの模擬実験をしている。

宇宙開発機関

1950年代に宇宙時代が幕開けて以来、宇宙開発機関は宇宙探査と技術革新の最前線にいる。
宇宙開発機関は各国政府から、あるいは国際的に資金提供を受けた組織で、
長期的な目標を設定し、（しばしば民間企業と共同で）必要な機材の開発、
宇宙飛行士の訓練、さらにミッションの管理をにないながら、
宇宙空間と宇宙技術の新たな用途の開発も支援している。

2014年、ESAのナビゲーション衛星ガリレオ2機がソユーズの上段から切り離される（想像図）。

ヨーロッパの宇宙機関

欧州宇宙機関（ESA）は1975年にそれまであったふたつの組織を統合して設立された。ESAのアリアン・シリーズのロケットは現在6世代目になり、次々と野心的な宇宙探査機や人工衛星を打ち上げ、国際宇宙ステーションにも貢献している。

NASAとは何か？

アメリカ航空宇宙局（NASA）は1958年に設立され、アメリカの宇宙開発計画で運用される多くの研究所や施設を包括的に管理している。1969年にNASAがアポロ宇宙飛行士の月面着陸を成功させたことが、他の国でも独自に宇宙開発機関を創設するはずみとなった。

6.5m反射鏡で赤外放射を捉える。

ジェームズ・ウェッブ宇宙望遠鏡

国際協力

大きなプロジェクトの場合、宇宙開発機関同士が協力して資金と専門知識を出し合うことが多い。ESAはNASAが主導するハッブル宇宙望遠鏡とジェームズ・ウェッブ宇宙望遠鏡にも協力し、日本のJAXAとロシアのロスコスモス両機関もしばしばNASAとパートナーを組んでいる。

宇宙開発機関の年表

1958年
人工衛星と宇宙開発の技術でソビエト連邦に先を越されたことに対抗するため、アメリカではNASAが設立される。

1959年
NASAがはじめて地球に近い宇宙空間へパイオニア宇宙探査機を打ち上げる。1960年代には宇宙探査ミッションがどんどん野心的になる。

1961年
アメリカ大統領ジョン・F・ケネディ（右）が、月着陸有人ミッションの実現をNASAに課した。この目的は1969年7月に達成された。

▲宇宙へ向けた訓練
1960年代からNASAは宇宙の無重力状態を擬似的に実現するため、巨大な水槽を使うようになった。主にテキサス州のジョンソン宇宙センターで行われている。

宇宙

1979年	1992年	2003年	2014年
ESAがアリアン1号ロケットを打ち上げる。まもなくしてESAは民間の人工衛星を打ち上げる主要な担い手となる。	ロシアがロスコスモスを設立。かつてソビエト連邦の宇宙計画に携わった多くの計画局を統合した宇宙開発機関。	日本の宇宙開発機関が宇宙航空研究開発機構（JAXA）として統合される。他にもインド（1969年）やカナダ（1989年）そして中国（1993年）にも国立宇宙機関がある。	インド宇宙研究機関（ISRO）は初の火星探査機マンガルヤーンを火星に到達させた。

地上の宇宙テクノロジー

宇宙探査は日常とかけ離れた科学的な研究であるとか、お金の無駄遣いだとさえ思っているかもしれないが、実は宇宙テクノロジーはわたしたちの生活を大きく変えてきた。人間を宇宙へ送り込み地球へ安全に帰還させるという挑戦が、数え切れないほどの技術者を奮い立たせ、大いに役立っている人工衛星をはじめ数多くの研究成果を生んできた。そうした成果が地球上でも応用できることがわかった。

オマーンのシスルにある石造り要塞の遺跡

衛星考古学

リモートセンシングには幅広い用途があるが(pp.262-263参照)、考古学でも驚くような使い道があった。研究者は衛星写真から古代の踏み跡や地形の乱れを見つけ、そうした情報から埋没した遺跡の位置を推定できる。オマーン、シスルの失われた都市「砂のアトランティス」もそうして発見された埋没遺跡のひとつだ。

CMOSセンサー

レンズをはずしたデジタルカメラ

デジタル画像

初期の宇宙探査と人工衛星はテレビカメラや写真フィルムを使って撮影していた。1990年代のはじめになって、NASAの科学者エリック・フォッサムが電子的なデジタル・データとして画像を撮影するイメージセンサーを改良した。これがCMOSセンサーで、今では携帯電話やデジタルカメラなどの撮影装置に幅広く利用されている。

スペースブランケット

マラソンを走り終えたあとや、災害地域で被災者が温かく過ごせるように断熱フォイル製のブランケットが提供されるが、これもアポロ計画の月着陸船に使われた断熱材が始まりだ。プラスチックフィルムをアルミニウムの薄膜で被覆してあり、このフィルムを被れば身体からの赤外線が反射されて熱を逃がさない。

フリーズドライ食品

食物を保存するフリーズドライ（凍結乾燥）という方法は1930年代に発明された。NASAの科学者は、長期のミッションであるアポロ宇宙船の食料保存の方法を探っている間にフリーズドライ独自の性質を発見した。フリーズドライで食品から水分は抜けるが、ビタミンやミネラルなどの栄養素はそのまま残り、食事の時に水を入れて元の状態に戻すまで保たれる。

果物の食欲をそそる色と香りが残る

フリーズドライのイチゴ

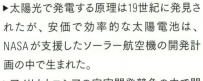

情報早わかり

▶太陽光で発電する原理は19世紀に発見されたが、安価で効率的な太陽電池は、NASAが支援したソーラー航空機の開発計画の中で生まれた。

▶アメリカとロシアの宇宙開発競争の中で開発されたと誤解して伝えられているものにテフロン®、ベルクロ®、集積回路（マイクロチップ）などがある。

宇宙

WOW! ワーオ！

ある推定によると、アメリカの宇宙計画に投じられた資金1ドルあたりの長期的利益は10ドルになる。

耐火性

宇宙船で火災が起きれば乗組員にとって命取りとなる。そこでNASAなど宇宙機関では耐火性を強化する重要な技術を開発してきた。消防士が使う圧縮空気瓶やフェイスマスクなどの装備には耐熱性アルミニウム複合材料が使われている。こうした素材はロケットの被覆材として開発されたものだ。またアポロ宇宙船の熱シールドは高層ビルの構造用鋼鉄に断熱材として利用されている。

軽量の耐熱性合金で装備を軽くできる

宇宙飛行士の宇宙服をもとにした耐熱繊維

探査ロボット

これまで有人の宇宙探査は地球周回軌道上に限られていたが、宇宙開発機関は何十機もの無人探査船を送り出し、惑星や月、彗星そして小惑星を探査してきた。天体へ接近するだけのミッションでは詳しい調査はできないが、周回探査船(オービター)ならより詳しい調査が可能になり、さらに着陸船と探査車を天体表面へ着陸させれば、地表の環境を測定し岩石の分析もできる。

ルナ3号

当然だが地球に最も近い天体である月が初期の探査目標となった。最初に月面探査を成功させたのはソビエト連邦のルナ3号で、1959年10月に月に接近し、はじめて月の裏側の写真を地球へ送った。月の裏側は地球からは見られない月の半球面だ。さらに1960年代にアメリカとソビエト連邦両国は様々な月を周回する着陸探査機(ランダー)を送り込み、調査を進めた。

金星表面のヴェネラ9号の想像図

ヴェネラ計画

金星は地球に最も近い惑星だが、探査は非常に難しいことがわかっていた。何度かアメリカとソビエト連邦の探査機が接近通過(フライバイ)したり周回軌道に乗ったりしたが、ソビエト連邦の初期の着陸船は金星の過酷な大気に耐えられず破壊した。1975年、ソビエト連邦は厳重な防御策を施したヴェネラ9号を送り込み、ついにその火山性地形を収めた最初の画像を地球に送ってきた。

重力アシストを利用するボイジャー

いくら宇宙船が高速でも、遠い外惑星までは数年かかる。さいわいNASAの技術者は、他の惑星の重力を利用して加速し所要時間を短縮する「重力アシスト」(スイングバイともいう)という方法をあみ出した。この方法を使って1970年代と1980年代に、2機のボイジャー宇宙探査機を外太陽系へと送り出している。

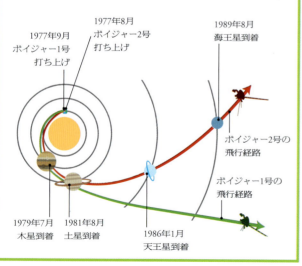

ボイジャー1号宇宙探査機の模型

太陽なしで電力を得る

太陽に近い内太陽系の探査なら太陽電池パネルで電力を得られるが、火星より外側の太陽系を探査するとなると、別の電力供給源が必要になる。この課題を解決するために、NASAは放射性同位体熱電気転換器(RTG)を開発した。この原子力電源は少量の放射性元素プルトニウムの崩壊熱で発電する。

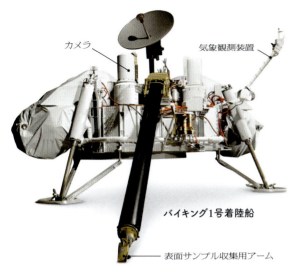

カメラ　　気象観測装置

バイキング1号着陸船

表面サンプル収集用アーム

火星着陸船

火星は他の惑星にくらべ到達するのは容易だが、火星の大気が薄いため探査機を着陸させるのは難しい。1976年、NASAのバイキング周回宇宙船2機が相次いで周回宇宙船(オービター)から着陸機(ランダー)を切り離し、パラシュートと逆噴射ロケットを使って下降を制御しながら火星表面に着陸した。オービターは火星軌道上から火星を撮影し、ランダーははじめて火星表面の画像とデータを送信した。

ガリレオ探査船と木星の想像図

巨大惑星の探査

NASAはパイオニアやボイジャーによるはじめて巨大外惑星の接近通過を成功させてから、こんどは木星そして土星を調査する周回探査機を1機ずつ送り込んだ。1995年に木星に到着した探査機ガリレオは、小さな着陸機を切り離しこの巨大惑星の大気圏の中をパラシュートで降下させた。探査機カッシーニのミッションでは、2005年にヨーロッパ製の着陸機を土星の巨大衛星タイタンに着陸させた。

▶**火星表面のキュリオシティ**
NASAのキュリオシティは太陽光で駆動する自動車サイズの探査車で、2012年8月に火星に着陸し18km以上走行した。

火星探査車

1997年以来NASAは次々と野心的なロボット探査車を送り込み、火星の大気と地質、そして生命と水の存在の痕跡を探った。探査車は地球の管制センターから操作するのだと岩石がごろごろし埃っぽい火星表面の走行条件のもとで、電波信号が届くのに時間がかかることもあって油断がならなかった。そこで近年の探査車は人工知能システム(AI)を利用し、障害物の回避やどの種類の岩石を調査すべきかといった基本的な判断は、人間が命令しなくても探査車自身でできるようにしている。

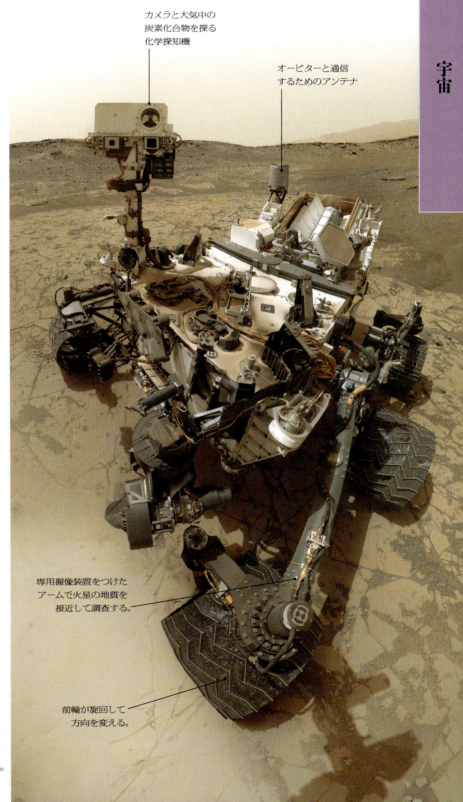

カメラと大気中の炭素化合物を探る化学探知機

オービターと通信するためのアンテナ

専用撮像装置をつけたアームで火星の地質を接近して調査する。

前輪が旋回して方向を変える。

宇宙

限界を超えて

1950年代以来、太陽系のすみずみまで
何十機ものロボット探査機が送られてきた。
初期のミッションでは月へ向かうことに集中していて、
それが有人アポロ宇宙船の着陸へ向けた準備となった。
主要な惑星への1回目の探査は1980年代後半までに実施され、
その後の宇宙探査はさらに複雑で野心的になった。

宇宙

ジオットとハレー彗星の想像図

ハレー彗星の調査

❖ **発明** ジオット
❖ **発明者** 欧州宇宙機関（ESA）
❖ **時代と国** 打ち上げ1985年ヨーロッパ

1980年代中ごろ、複数の宇宙機関が76年に一度太陽付近を通過するハレー彗星を観測するため探査機を打ち上げた。ロシア、日本そしてヨーロッパが参加した。フランス領ギニアで打ち上げられた欧州宇宙機関（ESA）のジオット探査機は、ハレー彗星の氷の核から596kmの距離まで接近した。

火星を周回する

❖ **発明** マリナー9号
❖ **発明者** NASA
❖ **時代と国** 打ち上げ1971年アメリカ

1960年代に金星と火星で初期の接近通過（フライバイ）が行われたあと、1971年11月にはマリナー9号が火星に到着し、はじめて地球以外の惑星の周回軌道に乗った。マリナー9号が到着した時、火星を覆いつくすほどの砂塵嵐が起きていたが、嵐が収まり画像が送られてくると、この赤い惑星の実際の姿は想像とまったく異なるものだった。

太陽電池パネル／アンテナ／テレビカメラ／マリナー9号

小惑星探査

❖ **発明** ニアーシューメーカー
❖ **発明者** NASA
❖ **時代と国** 打ち上げ1996年アメリカ

NASAの「地球近傍小惑星接近計画（NEAR）シューメーカー」探査機は、小型の小惑星の接近通過を数回実施したのち、2000年から2001年にかけて地球近傍小惑星エロスを1年間周回し、最後にこの小惑星の表面に着陸した。最近では探査機ドーン（DAWN）を使ったNASAのミッションで太陽系最大の小惑星セレスとヴェスタを探査した。

エロスを周回するニアーシューメーカーの想像図

WOW! ワーオ！

現在地球から209億km離れた宇宙空間を飛行中のボイジャー1号は、これまでに打ち上げた人工物体の中で最も遠い宇宙に達している。

土星を周回する

❖ 発明　カッシーニ／ホイヘンス
❖ 発明者　NASA／ESA
❖ 時代と国　打ち上げ1997年アメリカ／ヨーロッパ

巨大惑星木星と土星へのフライバイ（接近通過）に続き、NASAは周回探査機を打ち上げた。バスくらいの大きさのカッシーニは2004年に土星に到着した。土星とその輪、衛星を10年以上かけて調査した。またヨーロッパ製のホイヘンスというランダー（着陸機）を切り離し土星の謎の巨大衛星タイタンに着陸させた。

彗星67P上のフィラエの想像図

彗星に着陸する

❖ 発明　ロゼッタ／フィラエ
❖ 発明者　ESA
❖ 時代と国　打ち上げ2004年ヨーロッパ

ヨーロッパのロゼッタ探査機は、10年以上かけて目的の天体である67Pという彗星（チュリモフ・ゲラシメンコ彗星）に到着し、約2年間彗星を周回した。到着後まもなく、ロゼッタはフィラエという小型の着陸機を分離、投下したが、残念ながら表面でバウンドしてしまい太陽による影が濃い部分に突入したため太陽電池の充電ができなかった。最後にロゼッタ自身を着陸させミッションは終了した。

冥王星へ全速力

❖ 発明　ニュー・ホライズン
❖ 発明者　NASA
❖ 時代と国　打ち上げ2006年アメリカ

惑星を越えた先にある外太陽系はエッジワース・カイパーベルトという小さな氷の天体の輪で囲まれている。2006年NASAはこのエッジワース・カイパーベルトにある最も大きく最も近い天体である冥王星に向けて高速探査機を打ち上げた。これまでで最高速の探査機となって地球周回軌道を離れ、木星でスイングバイ（p.284参照）をして、2015年7月に冥王星を通過した。その後も新たな目標に向けて飛行中だ。

宇宙

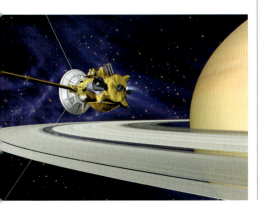

木星に接近

❖ 発明　ジュノー
❖ 発明者　NASA
❖ 時代と国　打ち上げ2011年アメリカ

ジュノーはNASA最新の木星周回衛星。NASAのニューフロンティア計画の一環で、かつて探査したこの巨大惑星をもっと詳細に調査する。2016年に到着し、ジュノーは極軌道に乗り、はじめて木星の高緯度地域の画像を送ってきた。これまでの木星ミッションとは違い、この探査機は太陽光発電で駆動され、3枚の巨大な太陽電池パネルの「ウィング」が太陽光を捉える。

> ▶▶▶ **情報早わかり** ▶▶▶
>
> ▶人工衛星とは違い、宇宙探査機は地球の重力を振り切るための大きな速度が必要になる。打ち上げには秒速11.2kmの「脱出速度」に達しなければならない。
>
> ▶ボイジャー1号と2号には「ゴールデン・レコード」が積まれている。様々な言語や音楽、鳥の声など地球上の生物の鳴き声が収められていて、将来地球外生命体に発見されたときに挨拶のしるしとして再生されることが期待されている。

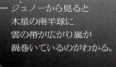

ジュノーから見ると木星の南半球に雲の帯が広がり嵐が渦巻いているのがわかる。

天才的発明家

発明家がひらめいた天才的アイデアには、しばしば想像も付かない魅惑的な背景がある。ここでは非常に有名な発明家とともに、発明そのものは有名でも本人についてはあまり知られていない発明家も紹介する。

天才的発明家

ANDERSON, MARY
メアリー・アンダーソン
[1866-1953]

1903年、アメリカの発明家アンダーソンは路面電車で雪の中を移動中に、フロントガラスの雪を拭き取るワイパーのアイデアをスケッチした。当時の運転手は窓から身体を乗り出し手で拭き取らなければならなかった。アンダーソンのワイパーは木製でゴムのブレードがついていて、車内のハンドルで操作した。しかしアンダーソンにはこの発明を商品化する資金の支援者が見つからなかった。数十年後に他の人物がこのアイデアを模倣し、ワイパーはほとんどの車両の標準装備となった。

BABBAGE, CHARLES
チャールズ・バベジ
[1791-1871]

イングランドの数学者で機械技術者でもあったバベジは、しばしば「コンピューターの父」といわれる。バベジは1821年の階差機関をはじめ数表の計算に用いる様々な数学的機械の原型を設計した。その後の解析機関はある種のメモリーまで備えていた。バベジの機械は彼の生前に完成することはなかったが、のちのコンピューター科学への貢献は不滅だ。

BERNERS-LEE, TIM
ティム・バーナーズ＝リー
[1955-]

バーナーズ＝リーはワールド・ワイド・ウェブ（WWW）を考案した。イギリスのソフトウェア技術者でコンピューター科学者でもあるバーナーズ＝リーは、1980年に世界中の人々が情報を共有するというアイデアを思いつき、1989年までに地球規模の情報システムつまり「ウェブ」を開発した。ウェブの標準化団体であるワールド・ワイド・ウェブ・ファウンデーションを率いるバーナーズ＝リーは次のように述べている。「ウェブはわたしたちみんなで構築してきた。そして今、わたしたちは力を合わせ真に万人のためのウェブを構築しなければならない」

BRUNEL, ISAMBARD KINGDOM
イザムバード・キングダム・ブルネル
[1806-1859]

ブルネルは土木工学と機械工学に貢献した空前絶後の最も重要なイングランド人とされる。グレート・ウェスタン鉄道の軌道と橋梁ネットワークの建設や、1843年に進水した蒸気船グレート・ブリテン号（p.106参照）などの先駆的蒸気船の開発はブルネルの天才の証明だ。

COOPER, MARTIN
マーティン・クーパー
[1928-]

1973年4月にはじめて携帯電話つまりモバイルでの通話を実演して見せたのがアメリカ人技術者マーティン・クーパー。当時クーパーはモトローラ社の社員で、クーパーとそのチームが開発していた小型携帯装置ダイナ・タックを使って電話をかけた。クーパーはその他にもはじめて無線制御の交通信号システムを開発し、携帯式警察無線なども発明している。

DA VINCI, LEONARDO
レオナルド・ダ・ヴィンチ
[1452-1519]

「モナリザ」や「最後の晩餐」などの絵画で最もよく知られるイタリアの画家、彫刻家。同時にダ・ヴィンチは科学や建築、数学、工学、人体の解剖学に情熱的な関心をもち、時代をはるかに超えた進歩的な発明の数々をスケッチとしてノートに残した。しかもダ・ヴィンチはメモの大部分を逆向きの鏡文字で書いていた。空飛ぶ機械、装甲車、ヘリコプター、パラシュート、そしてスキューバ装備もダ・ヴィンチの多くの発明の一部だ。

FLEMING, SANDFORD
サンドフォード・フレミング
[1827-1915]

スコットランド系カナダ人の鉄道技術者フレミングは1876年にアイルランドを旅行中に列車に乗り遅れた。時刻表が間違っていたのか、あるいはフレミング自身の時計が遅れていたのかもしれないが、とにかくその時フレミングは標準時間が必要だと考えた。そして世界標準時という概念が生まれた。1879年フレミングは世界を24の時間帯に分割して各時間帯では同じ時刻を使用することを提案し、1884年にこのアイデアに沿って時計がリセットされた。

FRANKLIN, BENJAMIN
ベンジャミン・フランクリン
[1706-1790]

フランクリンは歴史上でも重要な人物で、アメ

リカ建国の父のひとり。また科学と発明にも熱心だった。フランクリンは電気の研究を始め、1756年に糸の端に金属の鍵をつけた凧を飛ばして、雷が電気であることを実証した。この発見からフランクリンは避雷針を発明している。その後も遠近両用メガネや鋳鉄製ストーブ、アルモニカというガラス製楽器などを発明した。

GOODE, SARAH E
サラ・E・グッド
[1855-1905]

アメリカ人発明家、起業家のサラ・E・グッドは、はじめてアメリカ特許を取得したアフリカ系アメリカ人女性と考えられている。彼女の生涯についてはあまり知られていないが、奴隷から解放されてからシカゴへ移り、そこで大工だった夫とともに家具店を経営した。1885年、グッドは折りたたみ収納式ベッドの特許を取得した。彼女の発明は気が利いていて、蝶番を組み込んだ巧みな設計で、折りたたんだり開いたりしてベッドにもなればライティングデスクにもなった。

GUTENBERG, JOHANNES
ヨハネス・グーテンベルク
[C.1395-C.1468]

ドイツ人印刷業者グーテンベルクは、1439年ころに活版印刷機を完成させ、ヨーロッパ初の書籍となる「42行聖書」(「グーテンベルク聖書」ともいう)を印刷した。グーテンベルクが金属活字を発明するまでは、手彫りの木版を用いていたため、印刷は非常に労力のかかる作業だった。グーテンベルクの発明は印刷に革命を起こしたが、彼自身は貧しい中でこの世を去った。

HANNAH, MARC
マーク・ハンナ
[1956-]

『ジュラシック・パーク』や『美女と野獣』などの映画でおなじみの特殊効果は、電気技術者でコンピューター・グラフィックス・デザイナーのマーク・ハンナのおかげともいえる。アフリカ系アメリカ人で1982年にシリコン・グラフィックス・インク社(SGI)を共同設立。ハリウッド映画の数多くの大ヒット作で利用されている3-Dグラフィックス技術を開発。最近はMP3プレーヤーで音楽を聴くマルチメディアプラグインや携帯テレビゲームプレーヤーの開発に取り組んでいる。

HUYGENS, CHRISTIAN
クリスティアン・ホイヘンス
[1629-1695]

17世紀のオランダ人ホイヘンスは人類史上最も重要な科学者にして天文学者のひとりとされる。1650年代に望遠鏡を製作し、土星の輪と周回する衛星を観察した。光が波であることそして遠心力の計算に関する画期的な理論を展開した。またホイヘンスは発明にも優れていて、振り子時計(1657年)を発明し、小型腕時計の原型や様々な望遠鏡、火薬を使った内燃機関も発明した。

JONES, ELDORADO
エルドラド・ジョーンズ
[1860-1932]

アメリカ人エルドラド・ジョーンズは「アイアン・ウーマン」(鉄の女)のニックネームで知られる。彼女がそう呼ばれるようになったのは、持ち運べる小型アイロンを発明したということもあるが、仕事で男性に厳しかったためでもある(ジョーンズは決して男性を雇わなかった)。また携帯用アイロン台や湿気ないソルトシェイカー(塩入れ)、折りたたみ式帽子立ても発明している。最も有名な発明は1923年に特許となった飛行機用マフラーで、航空機の凄まじい音をエンジンの出力を落とさずに抑えることができた。

KNIGHT, MARGARET
マーガレット・ナイト
[1838-1914]

ナイトは底の平らな紙バッグを製造する機械を発明した。このアイデアを横取りしようとした男との長い法的な争いの末、1871年アメリカ人女性としてはじめてナイトに特許が与えられた。ナイトは多産な発明家で、靴底を切り抜く機械や安全な綿織機、窓枠、エンジン用の様々な装置も発明している。

KWOLEK, STEPHANIE
ステファニー・クオレク
[1923-2014]

クオレクはアメリカの化学者でポリマー科学者。ファッション・デザインへの愛着もあったが化学者の道を選んだ。1965年に化学会社デュポンに就職し、ケブラーという新しい合成繊維を開発した。軽量だが強力なこの繊維は警察や軍隊の防弾チョッキ、航空機やボート、ロープなどに利用されている。

LAKE, SIMON
サイモン・レイク
[1866-1945]

アメリカ人船舶技術者サイモン・レイクは「近代潜水艦の父」として知られる。1894年に与圧区画を使った最初の潜水艦を建造。この浅水域用の潜水艦をレイクはアルゴノート・ジュニアと名付けた。レイクが続けて建造したアルゴノート1号は海で使用でき、車輪で海底を移動できた。1901年にレイクはプロテクターという軍用潜水艦を製造したが、レイクの潜水艦がはじめて海軍に採用されたのは1912年のことだった。

LAMARR, HEDY
ヘディ・ラマー
[1914-2000]

オーストリア系アメリカ人のラマーはハリウッド女優として最もよく知られるが、重要な発明家でもある。1941年ラマーの共同経営者ジョージ・アンタイルとともに、軍用の無線通信システム(Wi-FiやBluetoothの先駆け)の特許を取得した。のちに彼女は「発明なんて簡単」といい「別の惑星から来たからだと思うわ」と述べている。

天才的発明家

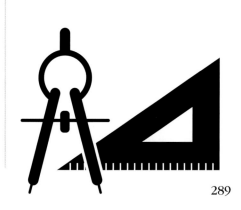

天才的発明家

LEIZU OR XI LING SHI
嫘祖（西陵氏）
[紀元前2000年ころ]

中国の思想家孔子は、古代の王妃嫘祖がはじめてシルクを発見したいきさつを記している。紀元前2640年ごろ黄帝の若き妃がクワの木の下に座っていると、彼女の茶碗にカイコの繭が落ちた。その時嫘祖は繭が細い糸でできていることに気付いた。この驚きの発見がきっかけとなり嫘祖はカイコを育てその繊維を機を使って織物にする実験をした。のちに養蚕として知られるようになる技術だ。

MANGANO, JOY
ジョイ・マンガーノ
[1956-]

アメリカ人発明家のマンガーノは、車輪付き旅行鞄や宝石箱からゴム底靴、老眼鏡まで日用品に関する何百件もの特許を取得している。1990年、彼女はミラクル・モップを発明。プラスチック製の床用モップで、コットン製のヘッドは手を汚さず絞れ、取り外して洗うこともできた。今では億万長者となったマンガーノは自ら設立したインジニアス・デザイン社の最高責任者。2015年には彼女の成功物語がジェニファ・ローレンス主演の『ジョイ』として映画化された。

MARCONI, GUGLIELMO
グリエルモ・マルコーニ
[1874-1937]

「無線通信の父」とよばれるのは、イタリアの若き科学者グリエルモ・マルコーニ。電波の魅力にひかれて実験に明け暮れ、長距離無線通信と電信の草分けとなった。1896年、マルコーニはイギリス、ロンドンのビルの間ではじめて無線通信を実演した。次の年にはイギリス海峡をまたいだ実験を行い、1901年には大西洋を横断してアメリカとの無線通信を成功させた。1909年にノーベル物理学賞をフェルディナンド・ブラウンとともに受賞。

MASON, STANLEY
スタンリー・メイソン
[1921-2006]

アメリカ人実業家、発明家で、非常に多くの消費者向け製品を開発し、電子レンジ用調理器具やプラスチック製デンタルフロス、赤ちゃん用おしりふき、サポートブラ、手術用マスクなどを手がけた。なかでも一番有名なのが押し出せるケチャップ容器と使い捨ておむつ。使い捨ておむつは自分の子どもが生まれた時に思いついたという。「布製のおむつを持ち上げてみたら、四角い。ところが赤ん坊の方は丸みを帯びている。それで技術的に改良の余地があると気付いた」

IBUKA, MASARU
井深大
[1908-1997]

日本人実業家の井深大は大学卒業後、写真化学研究所(PCL)に就職する。光変調伝送システム(走るネオン)を開発し早くから発明家としての片鱗をみせた。1949年にのちにソニーとなる会社を設立し、最初の日本製テープレコーダーやトランジスタ・ラジオ、トリニトロン・テレビを開発。1979年のウォークマンはフライト中にオペラを聴きたいという井深の思いがきっかけとなり、それを実現する軽量で携帯できる個人用プレーヤーとして誕生した。

MATZELIGER, JAN ERNST
ヤン・アーンスト・マッツェリガー
[1852-1889]

オランダ人の父と奴隷の母の間に生まれたスリナム人発明家は、父の造船所で機械への関心を育んだ。1877年までにアメリカ、マサチューセッツ州の靴工場で働くようになり、靴底と靴の上部を機械で結合する方法を考案しはじめた。当時は手作業で行われていて、熟練職人でも1日に仕上げられるのはわずか50足だった。マッツェリガーの機械は1883年に特許がおり、1日に150から最大700足もの靴を生産できるようになった。

MONTAGU, JOHN
ジョン・モンタギュー
[1718-1792]

1762年、イギリスの政治家で第4代サンドイッチ伯爵ジョン・モンタギューは食卓に着かなくても軽食がとれるように、手に持って食べられるものを作ることをシェフに命じた。その結果生まれたのが、スライスしたパンに肉などをはさんだサンドイッチ。

OTIS, ELISHA
エリシャ・オーティス
[1811-1861]

エレベーターと起重機の安全装置を発明したアメリカ人発明家のオーティスは独学の機械工で、ベッドの木製枠組み製造装置や蒸気力耕運機、鉄道用安全ブレーキの特許を取得した。1850年代に考案した安全装置は単純な仕組みで、エレベーターや起重機のケーブルが切れたときに、スプリングで作動する落下防止装置だった。1861年にはエレベーター用蒸気機関で特許を取得したがその年に他界した。

RAUSING, RUBEN
ルーベン・ラウジング
[1895-1983]

ある日ルーベン・ラウジングがスウェーデンの自宅で昼食をとっていると、妻のエリザベスからミルクやジュースなど液体を運べる軽量の容器ができないかともちかけられた。業績不振の食品包装会社を経営していたルーベンはその挑戦に立ち上がった。スウェーデン人技術者エリク・ウォーレンベルクとともにプラスチックでコーティングした四面体の殺菌紙パック「テトラパック」を開発し、1944年に特許を取得した。ルーベンの会社は数年後には直方体のデザインも取り入れた。今日のテトラパック社は世界で最も成功した容器製造会社のひとつ。

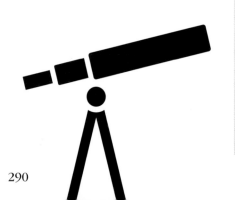

RITTY, JAMES
ジェームズ・リッティ
［1836-1918］

キャッシュレジスター（レジ）はアメリカでバーを経営していたリッティの賢いアイデアだった。リッティは何の記録もないまま売り上げが消えるという問題に直面していた。兄弟で機械工をしていたジョンと手を組み、キーを押すと会計ごとに料金を記録できる機械を発明した。1879年、リッティはこの機械「リッティの公正明朗なキャッシャー（Ritty's Incorruptible Cashier）」の特許を取得し、アメリカ、オハイオ州デートンに工場を建てて製造を始めた。

TALBOT, WILLIAM HENRY FOX
ウィリアム・ヘンリー・フォックス・タルボット
［1800-1877］

1835年タルボットは、イギリス、ラコック・アビーにある自宅の窓のネガ写真を製作した。現存する世界で最も古いネガ写真だ。トールボットは小型のカメラ・オブスクラ（p.156参照）を使って風景画を描くのが好きで、紙にその画像を残す方法はないかと考えた。1841年、タルボットは硝酸銀とヨウ化カリウムで処理した紙をカメラ・オブスクラに入れて撮影するカロタイプ（初期の写真）という技術を完成させた。

TOYODA, SAKICHI
豊田佐吉
［1867-1930］

日本の実業家でのちにトヨタ社となるグループを創設した豊田佐吉は自動織機の発明者でもあった。豊田は18歳で発明家となる決意をする。1891年に最初の発明である木製人力織機の特許を取得。それまでの織機は両手を使っていたが、豊田は片手だけで作業できるように改良した。1896年までに、日本初の蒸気力織機を開発した。豊田は自らの発明を生涯改良し続け、世界中で特許を取得した。

SIKORSKY, IGOR
イーゴリ・シコールスキー
［1889-1972］

ヘリコプターを発明したロシア系アメリカ人発明家シコールスキーは昔から飛ぶことに強い興味をもっていた。そして最も優れた飛行の方法は水平ローターによる垂直上昇と考えていた。シコールスキーはロシアでヘリコプターの原型機まで開発したが成功はしなかった。しかし世界初の4発航空機の開発に成功した。1919年にアメリカに移住し航空機会社を創立、1939年に初のヘリコプターVS-300を開発すると、アメリカ軍に採用された。

WAKEFIELD, RUTH GRAVES
ルース・グレイヴス・ウェイクフィールド
［1903-1977］

多くの発明家は幸運な偶然に恵まれるものだが、ウェイクフィールドの場合もそうだったのかもしれない。1938年ころマサチューセッツの道ばたで商売のクッキーを焼いていた時のことだ。ウェイクフィールドは彼女のチョコチップ入りクッキーはチョコチップが残るように工夫したと述べているが、本当は砕いたチョコレートをクッキーミックス粉の中で溶かすつもりだったという話もある。どちらの話が真実だとしても、ウェイクフィールドの「トールハウス・チョコレート・クランチ・クッキー」がアメリカ人お気に入りの定番クッキーであることに変わりはない。

WELLESLEY, ARTHUR
アーサー・ウェルズリー
［1769-1852］

有名なウェリントン・ブーツは、イギリスの政治家で陸軍元帥でもあった初代ウェリントン卿アーサー・ウェルズリーにちなんで名付けられたもの。この戦の英雄はしばしばお気に入りの革製ブーツを履いていた。1800年代のはじめにウェルズリーはドイツ兵のグループから1足のヘッセン・ブーツを贈られる。ウェリントンはそのヘッセン・ブーツのデザインを生かしたまま、房飾りをなくし、足の保護のため前部が膝上になるようなブーツをブーツ職人に注文した。貴族がみなそのスタイルをまね、「ウェリントン」と呼ぶようになった。1852年にゴム製のウェリントンの特許が認められた。

WOODS, GRANVILLE
グランヴィル・ウッズ
［1856-1910］

ウッズはアフリカ系アメリカ人技術者で生涯に50以上の特許を取得し、その発明の多くは鉄道の安全と改良のためのものだった。1887年に「同時多重鉄道電信」を発明し、走行中の列車と駅の間で通信ができるようにした。トマス・エジソンは自分が最初に発明したとしてウッズを訴えたが、裁判の結果ウッズが勝利している。ほかにも安全回路や電話、蓄音機などの発明を改良し、孵化器と自動ブレーキも発明した。

天才的発明家

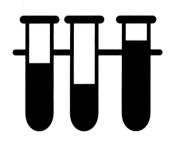

用語集

Air resistance 空気抵抗 空気中を運動する物体に進行方向と逆向きにかかる力で、これによって速度が落ちる。抗力ともいう。

Alloy 合金 2種類以上の金属を混合した材料。

Alternating current（AC） 交流（AC） 1秒間に何回も流れの方向が変化する電流のことで電力を効率的に利用できる。

Altitude 高度 海面あるいは地表から測定した高さのこと。

Ammonia アンモニア 窒素と水素からなる無色の気体。植物の成長を助ける肥料の製造によく使われる。

Anaesthetic 麻酔 痛みを緩和する薬剤やガスで、手術前に患者に投与される。身体の一部だけを麻痺させる「局所麻酔」と大きな手術の前に用い患者を一時的に無意識状態にする「全身麻酔」がある。

Ancestor 祖先 ふつうは祖父母より血縁が離れた人のことで、自分がその人の子孫に当たる。また動物や植物に対しても使われる。

Anode アノード 電池のプラス極。

Antenna アンテナ 電波やテレビ信号を送信したり受信するための装置。空中線ともいう。

Antibiotic 抗生物質 人間や他の動物の身体に感染する細菌を殺したり、その影響を抑える医薬品。

Antiseptic 消毒薬 感染を防ぐため傷口につける薬剤。

Archaeology 考古学 文書による記録が存在しない時代の人々の生活を、様々な証拠から明らかにする研究。

Astronomy 天文学 惑星や恒星、星雲など宇宙に存在する物体の研究。

Atom 原子 化学元素の最も小さな単位、陽子、中性子、電子という粒子でできている。

Bacteria（singular: bacterium） 細菌 非常に小さい単細胞の生物。細菌によっては病気の原因となるものもあるが、人間の身体の働きを助け守ってくれる細菌もある。

Battery 電池 化学物質を小型容器に入れたもので、電気を蓄え、おもちゃから自動車まで様々な装置に電力を供給する。

Bellows ふいご 広げると弁から空気が入り、縮めると管から空気が吹き出す装置。

Bipedal 二足歩行 人間や動物、その他にもロボットなど2本脚で歩行するもの。

Bitumen アスファルト（瀝青） タールや石油から作られる粘着性の黒い物質で、主に道路の舗装に使われる。ビチューメンともいう。

Bronze 青銅 大部分が銅と錫からなる黄褐色の合金。錆びにくく丈夫で長持ちするため、彫像などによく使われる。

▲19世紀中ごろの中国の航海用コンパス

Bronze Age 青銅器時代 石器時代と鉄器時代の間の時代で、武器や道具を製作する最も重要な材料として青銅が使われたことから、こう呼ばれる。青銅器の利用は紀元前3000年ころの中東で始まり、約2500年かけて世界中に広がった。

Carbon 炭素 石炭やダイヤモンドなどいろいろな形態で存在する重要な化学元素。炭素は炭素自身や他の元素と結合して、プラスティックやDNAなど何百万種類もの化合物になる。

Cathode カソード 電池のマイナス極。

Celestial 天体の 彗星や日食など、宇宙空間に存在する物体や事象であることを示す形容詞。

Charcoal 木炭 木材を酸素のない状態で加熱するとできる灰色がかった黒色の多孔質の固体で、ほとんど炭素でできている。燃焼させて暖房や調理用の熱を得るなど、いくつかの用途がある。絵を描く道具としても使われる。

Circuit 回路 電流が流れる閉じた経路のこと。電気製品や電子製品の内部にある。

Combustion 燃焼 木材や石炭などの燃料が空気中の酸素と結合して燃え、熱エネルギーを放出する化学反応のこと。

Conductor 伝導体 熱あるいは電気が流れやすい物質。

Contamination 汚染 汚したり悪影響を与えること。たとえば油の流出が海を汚したり、有害な細菌が人体に悪影響を及ぼしたりすること。

Coolant 冷却剤 車のエンジンや工場の機械などの温度を下げるために使う物質で、ふつうは液体。

292

Copper 銅 化学元素のひとつ。銅は赤く柔らかい金属で、電気や熱のすぐれた伝導体。

Cosmic 宇宙の 宇宙に属したり宇宙と関係があること。

Crankshaft クランクシャフト エンジンについている金属製の軸（シャフト）のことで、ピストンの上下の往復運動を回転運動に変換して車輪を回転させる。

Density 密度 一定の体積に含まれる物質の総量。

Differential 差動装置（ディファレンシャルギア） 歯車を組み合わせた装置で、車の両輪が異なる速度で回転できるようにして車両がスムーズに曲がれるようにする。

Direct current（DC）直流（DC） 電池などから得られる一方向に流れる電流のこと。

Displace 移動させること 何かを通常の位置から動かす作用のことで、たとえば水を満たしたコップに物を入れると水を移動させることになり、水があふれる。

Domesticate 家畜化 動植物を生産しやすいように改良したり、屋内で飼うイヌのようにその生活様式を変化させたりする技術のことで、人間の生活を助けたり改善したりするのが目的。

Efficient 効率がいい 一定のエネルギーや材料から多くの産物が得られる（生産性の高い）機械やシステムのこと。

Elasticity 弾性 材料の性質のことで、押したり引っ張ったりすると伸びたり曲がったりするが、再び元の形に戻ること。

Electricity 電気 原子内の電子によって生じるエネルギーの一種。静電気は一部分に電子がたまることで生じ、電流は電子が流れることで生じる。

Electrode 電極 回路中の電気的な接点のこと。電極には正の電荷あるいは負の電荷が集まる。

Electromagnet 電磁石 針金をコイル状に巻いたもので、この針金に電流を流すと磁力が生じる。

Electron 電子 原子の内部にある粒子で負の電荷を持つ。電子は原子核を中心とした殻という層の中を周回する。

Electronic ignition 電子点火装置 機械を始動させるとき、電子回路を利用して燃料に点火する装置で、自動車などに使われている。

◀ 照明の試験をするトマス・エディソンと同僚たち。

Element 元素 それ以上単純な物質に分解できない純粋物質のこと。あらゆる物体は元素でできている。118種類の元素が存在し、その大部分は自然に存在する。

Energy エネルギー 仕事をする能力のこと。石炭や太陽などからエネルギーを得て発電することもできる。

Engine エンジン 燃料を酸素で燃やし、燃料に蓄えられている熱エネルギーを放出させて機械の動力源とする装置。

Equator 赤道 地球表面の中央を1周する想像上の線。この線が地球の北半球と南半球の境目になる。赤道は世界地図や地球儀に描かれている。

Force 力 物体を押したり引いたりする作用のこと。力がかかると物体の運動の速度や方向、形状が変化する。

Fossil Fuel 化石燃料 簡単に燃えて熱を生じる物質で、古代の植物などの生物の遺骸から生じた。化石燃料には石炭、天然ガス、石油などがある。

Friction 摩擦 ふたつの物体の間に生じる力の一種で、互いの表面がこすれ合って動きが遅くなる。

Fuse ヒューズ 電子機器の保安装置で、大き過ぎる電流を遮断する。

Gasoline ガソリン 可燃性の液体で、主に自動車や船など様々な輸送機関の燃料に使われる。

Gearbox 変速装置 歯車を組み合わせた装置で、車両のエンジンと車輪を接続する。

Generator 発電機 回転運動のエネルギーを電力に変換する装置。

Geocentric 地球を中心とした 地球を中心にして見たり測ったりすること。

Germ 雑菌 非常に小さい植物や動物で、とくに病気の原因となるもの。

Gravity 重力 あらゆる物体間に生じる引力のことで、物体が地面に落ちるのもこの力による。宇宙飛行士が浮いているのは、宇宙では重力が非常に小さいから。

Harpoon 銛 槍のような飛び道具で、獲物に刺さったときにぬけないように先端にかえしがついている。大型の魚やクジラの漁に使う。

Heliocentric 太陽中心の 太陽を中心にして見たり測ったりする方法。

Hieroglyphics 象形文字 古代の文字様式のひとつで、絵を使って音や言葉を表す。古代エジプトなどの文明でこの様式が使われた。

Hull 船体 船舶の本体部分のことで、帆柱や帆桁、帆、索具などは含まない。

Hydrogen 水素 最も単純で軽量の元素で、すべての元素の中で最も豊富に存在する。水素は水を構成する元素のひとつで、持続可能な燃料として利用できる。

Ignition 点火装置 ガソリンエンジンの装置で、シリンダー内に入ったガソリンと空気の混合気に点火する。

Incandescent 白熱光を発する 電球のフィラメントのように非常に高温で輝いていることを表現する形容詞。

Infrared 赤外線 エネルギーを持つ目に見えない電磁波の一種で、高温の物体から放射さ

用語集

293

れる。

Insulator 断熱材／絶縁体 熱や電気を通しにくい素材。

Intake 摂取 食物や水、空気その他の物質を身体や機械に取り込むこと。

Iron Age 鉄器時代 青銅器以降の歴史上の期間のことで、武器や道具を製作する最も重要な材料として鉄が使われたことから、こう呼ばれる。紀元前1200年ころ中東で始まり、約1500年で世界中に広がった。

Laser レーザー "Light Amplification by Stimulated Emission of Radiation"（放射の誘導放出による光増幅）の頭文字をとってレーザー（LASER）と呼んでいる。レーザーは管内の原子を励起させることで光波の山と谷がそろった非常に強力な光線を放出する。

LED 発光ダイオード（LED） "Light-Emitting Diode"（発光ダイオード）の頭文字をとってLEDという。LEDは電流を流すと光を放出する装置。光の色はLEDに使われている化合物によって異なる。

Lever てこ（の作用） 小さな力で大きな仕事をする道具。たとえばくるみ割りを使えば小さな力を加えるだけで堅いクルミを割れる。

Levitation 空中浮揚 空中にとどまること、つまりホバリングすること。

Magnet 磁石 鉄や鋼を含む金属を引き寄せる性質のある物体。

Magnetic field 磁場 磁石を囲んだ空間に生じる性質で、他の物体を引き寄せたり遠ざけたりする。

◀コンサートでのレーザー・ショー

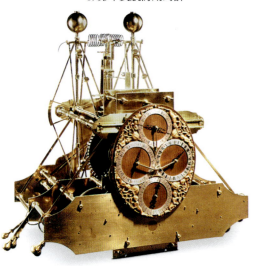

▼ジョン・ハリソンの1753年製航海用時計

Mesopotamia メソポタミア 今日のイラクとその周辺地域にあたり、チグリス川とユーフラテス川にはさまれた一帯のこと。

Medieval 中世 絵画や建築などの時代の表現に使われる用語で、ヨーロッパ史で600年くらいから1500年くらいまでの期間のこと。

Mezzotint メゾチント 版画の技法のひとつで、銅板に刻みを入れたり磨いたりして製作する。

Microbe 微生物 非常に小さいため肉眼では見えない生物。微生物は細菌、ウイルスそして菌類という3つのタイプに大きく分類できる。動植物にとって役に立つものもあれば、有害なものもある。

Microwave マイクロ波 非常に波長の短い電磁波で、レーダーや電子レンジでの調理のほか、無線での情報通信にも用いられる。

Module（space）モジュール 宇宙船を構成する独立した部分のこと。

Mould カビ 腐った食物や長期間湿度の高い状態で放置されたものに発生する菌類の一種。

NASA "National Aeronautics and Space Administration"（アメリカ航空宇宙局）の頭文字からNASAという。NASAはアメリカの連邦機関で宇宙を探査し、宇宙飛行計画の任務を負う。

Navigation ナビゲーション 自動車や船舶、航空機の現在位置を特定し、そこから目的地などへの最適経路を検索する仕組み。

Neutron 中性子 原子核内の電荷を持たない粒子。

Nuclear reactor 原子炉 核反応を維持しつつ制御できるように設計された装置。主に原子力発電所で発電するために使われる。

Nucleus 原子核 原子の中心部で、陽子（正に帯電した粒子）と中性子（電荷を持たない粒子）からなる。

Nutrient 栄養素 植物や動物が生存し成長するために必要な栄養分のある物質や食物のこと。

Orbit 軌道 何らかの物体が恒星や惑星あるいは月を中心にして周回する時に、宇宙でとる経路のこと。

Ore 鉱石 不純物を取り除くことで有用な資源を抽出できる岩石や鉱物のこと。

Oscillate 振動 振り子が前後に行き来するような往復運動のこと。

Patent 特許 製品や製造法を他の個人や企業が模倣しないように保護する法的な制度。

Payload ペイロード 航空機や宇宙船が積載する貨物や搭乗者、またその総重量。

Pendulum 振り子 固定点からつり下げ、重力のもとで前後に振れ続ける錘のこと。振り子は、たとえば時計の動きを規則正しく調整するためによく使われる。

Pesticide 殺虫剤 植物や動物に有害な昆虫などの生物を駆除するために使う化学物質。

Phonetic 表音文字（の） 発話の様々な音声を書き言葉を用いて表現すること。

Pollution 公害（汚染） 環境中に導入した物質が有害な影響を及ぼすこと。

Polymer ポリマー まったく同じ小さな分子が数多く結合してできる有機分子。プラスティック

もポリマーの一種。

Prehistoric 先史時代 文字による記録が現れる以前の時代のこと。

Probe 探査機 地球から監視、制御する無人のロボット宇宙船。宇宙探査機は月に接近するものや惑星や彗星に着陸するもの、太陽系のはるか彼方へ飛行するものもある。

Propeller プロペラ 船舶や航空機に利用されるブレードのついた装置。エンジンでプロペラを回転させて船舶や航空機を推進する。

Proton 陽子 原子内にある粒子で正の電荷を持つ。原子に含まれる陽子の数によって化学的性質が決まる。

Prow 船首 船体の先端部

Radiation 放射（輻射） 空気中や真空の宇宙での熱の伝わり方。

Radioactive 放射性 原子核が不安定な物質が、分裂し放射線という高エネルギーの粒子や電磁波を放出する性質のこと。

Renewable energy 再生可能エネルギー 枯渇しない種類のエネルギーで、太陽光や風力、水力などを源とするエネルギー。

Resistor 抵抗 回路の電流を小さくする電気素子。

Saltpetre 硝石 この化合物の別名は硝酸カリウム。硝石は肥料や花火などいろいろなものの原料になっている。

Satellite 衛星 宇宙空間で他の物体を周回する軌道に沿って運動する物体のこと。地球の軌道に打ち上げる人工衛星は、写真を撮影したり観測データを地球に送ったりし、カーナビにも利用されている。

Semaphore 腕木式信号機（セマフォ） 遠方の情報を伝えるために利用された初期の信号システム。回転する2本の腕木の位置によって様々な文字や数字を表現する。

Semiconductor 半導体 電子技術で利用される物質で、電気を通さない絶縁体から電気を流す伝導体に切り替わる性質がある。

Smelting 精錬 鉱石から金属を抽出する工程。

Solar 太陽の（ソーラー） 太陽と関係したり、太陽が原因となる物事を意味する。

Solar System 太陽系 太陽と、その惑星や衛星など太陽を回るすべての天体の全体。

Spacecraft 宇宙船 太陽系を探査する有人、無人の乗り物。

Steel 鋼（はがね） 鉄と少量の炭素から製造される堅くて丈夫な金属。鋼は高層ビルや橋梁など建設分野で幅広く利用されている。

Sumerian シュメール（語）の 古代メソポタミア（今日のイラク）のシュメール文明に関連することやシュメール語に関すること。

Synthetic 合成の 「人工の」と同じ意味。

Thrust 推力 物体を前進させる力のこと。ある方向に物質を押し出したり加速させたりすると、反対向きにちょうど同じ大きさの力（推力）が生じる。

Torque トルク 物体を回転させる力。

Transistor トランジスタ シリコンの結晶に他の元素をごく微量混ぜることで電気特性を変化させた半導体素子。トランジスタによって電流の流れを非常に正確に制御できるようになった。

Turbine タービン 連続的に出力を得られるように設計された機械。水や蒸気、あるいはガスなどの流れが通過することで高速回転するホイールやローターなどからなる装置。

Vacuum 真空 空気などの物質がまったく存在しない空っぽの空間。

Virus ウイルス 細菌よりずっと小さい感染性の微粒子で、数多くの多様な疾病の原因となる。

用語集

▼チリのパラナル天文台の望遠鏡から放たれる4本のレーザー光線。このレーザーで人工的にガイド星を作り、画像の揺らぎを補正する。

索引

3-D映画 161
3-Dゲーム 209
3-Dテレビ 165
3-Dプリント 74–75
5針式電信機 137
AIBO（アイボ） 78
Bluetooth（ブルートゥース） 145, 207
BMXバイク 86
CATスキャナー 225
CNCフライス盤 43
DDT 45
DVD 16
FMラジオ 152
GM（遺伝子組み換え）作物 45
GPS（全地球測位システム） 85, 95, 145, 159, 261, 265
LPレコード 206
MP3 207
NASA（アメリカ航空宇宙局） 261, 262, 264, 269, 271, 273, 274, 276, 277, 280–87
Sベンド式トイレ 212
V-2ロケット 270
Wii（ウィー） 21
Xbox（エックスボックス） 21
X線 61, 224, 227, 247, 253

あ

アークウィバス（火縄銃） 30
アーク灯 180
アーク溶接 41
アイスクリーム 19
アウトドア衣料 219
足踏み式糸車 25
アストロラーベ 17
アスピリン 232
アタカマ大型ミリ波・サブミリ波干渉計 256–57
アナログ 117, 163
アノード 19
アプリ 146
アポロ宇宙船 269, 273, 275, 280, 283
アマゾン（ドット・コム） 70–7
アマルガム充填 247
アリアン（ロケット） 260, 280, 281
アリスモメーター 66
アルキメデス 20–21, 106
アルキメデス・スクリュー 20
アルテミシニン 233,
アルファベット 35
アレキサンダーソン、アーンスト 150
アレンキー（六角棒スパナ） 43
合わせガラス 64
安全カミソリ 214
安全自転車 84
安全灯 132
安全ピン 220
アンダーソン、メアリー 288
アンモニア 45

い

井深大 207, 290
イオンエンジン 271
医学 222–49
一輪車 13, 202
緯度 110
糸車 25
衣服 218–21
医薬品 232–33
医療診断 228–29
入れ歯 246
印刷 32–33, 35, 74–75, 166
インスタントラーメン 199
インターネット 153, 163, 174–75, 264
インターネットカフェ 175
インターネットバンキング 69
インド宇宙研究機関（ISRO） 8
インフルエンザ・ウイルス 243

う

ウィンドファーム 59, 91
ウェイクフィールド、ルース・グレイヴス 199, 291
ウェブサイト 175
ウェルズリー、アーサー 291
ヴェロチペード 86
ウォーキートーキー 53
ヴォルタ、アレッサンドロ 190
ヴォルタの電堆 19
宇宙 250–87
宇宙開発機関 280–81
宇宙開発競争 268, 283
宇宙環境での植物 279
宇宙航空研究開発機構（JAXA） 280, 281
宇宙ゴミ 266–67
宇宙ステーション 276–77
宇宙船 268–87
　　　——有人宇宙船 272–75
　　　——ロボット宇宙船 284–87
宇宙探査機 280, 281, 282, 284–87
宇宙テクノロジー 282–83
宇宙での健康維持 278
宇宙の太陽中心説 258, 259
宇宙の太陽中心説（地動説） 258–59
宇宙飛行士 78, 269, 272–79
宇宙服 278, 279
宇宙望遠鏡 253, 255, 280
宇宙遊泳 273
宇宙旅行客 275
ウッズ、グランヴィル 291
腕木式信号（セマフォ） 127, 136
腕木式信号機 127
ウラン 227

え

エアーブレイド（ハンドドライヤー） 203

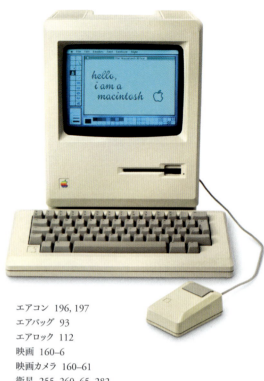

エアコン 196, 197
エアバッグ 93
エアロック 112
映画 160–6
映画カメラ 160–61
衛星 255, 260–65, 282
衛星打ち上げ機 270, 281
衛星軌道 260, 261
衛星考古学 282
衛星電話 145, 261, 265
衛生と身だしなみ 214–15, 278
衛星ナビゲーション 264
エーテル 230–3
液圧プレス機 53
液体燃料 268, 270, 271
駅馬車 15
エジプト人 8–9, 12, 15, 16, 18, 24, 34, 35, 102, 138, 208, 248
エスカレーター 49
エッジワース・カイパーベルト 287
エジソン、トマス 57, 60, 61, 80–81, 186–87, 204, 206
絵文字 147
エレベーター 49
エロス 286
遠隔操作（リモコン） 61, 162
エンパイアステートビルディング 48–49
鉛筆削り 72

お

欧州宇宙機関（ESA） 280, 281, 286, 287
欧州超大型望遠鏡（E-ET） 255
凹版印刷 33
オーディオン真空管 150
オーティス、エリシャ 49, 291
オートバイ 90–9
お菓子 198–9
押しのけ量 21
汚染 62
オリオン宇宙船 273
折りたたみ式自転車 87
織物工場 23, 52, 53
音楽 204–07
温度計（体温計） 229, 259

296

か

カーテンウォール 49
カート(スーパーマーケットの) 66
カーボンファイバー(炭素繊維) 85
壊血病 238
階差機関2号機 170
解析機関 176, 177
懐中時計(腕時計) 140–41
海底通信ケーブル 137, 154–55, 265
顔認識 147
ガガーリン、ユーリイ 272, 274
化学肥料 45
核磁気共鳴画像法(MRI) 22
貨車 13, 14, 15, 126
ガス 56
ガス灯 182
火星 279, 281, 285, 286
化石燃料 58
火槍 29
カソード 19
活字 32
カッシーニ探査機 285, 287
滑車 20
カナート 11
カビ 240–41
貨幣 66, 67, 68–69
紙 35, 166
カミソリ 214, 215
カメラ 156–59
カメラ・オブスクラ 156
火薬 28–29
カラー写真 157
カラーテレビ 163, 164
ガラス繊維(断熱・耐熱材) 65
カラベル(船) 104
刈り取り機 46
ガリレイ、ガリレオ 254, 258–59
ガリレオ探査機 285
ガルヴァーニ、ルイジ 190
カロザーズ、ウォーレス 63, 219
がん 227
灌漑 11, 20
缶切り 194
缶詰食品 44
ガンマ線 253, 262

き

キアロスクーロ 33
亀甲船 19
義手 249
気象衛星 263
義足 249
キッチン用品 194–95
キネトスコープ 186
キャッツアイ 102
キャラック(船) 19
急速冷凍 197
キューブサット 261
キュリー、マリー 226–27
キュリオシティ探査車 285
教育用ロボット 79
競技用自転車 85
狂犬病 244, 245

極軌道 261, 263
局所麻酔 23
ギリシャ火薬 29
金 21
金星 258, 284
金属製の道具 9

く

空気入りタイヤ 84
グーテンベルク、ヨハネス 32–33, 289
クーパー、マーティン 288
クオレク、ステファニー 65, 289
くさび形文字(による筆記) 34
口紅(リップスティック) 215
屈折望遠鏡 252
グッド、サラ・E 289
組み立てセット(レゴブロック) 209
組み立てライン 96
グライダー 119, 121
グラスコックピット 117
クランクシャフト 93
グリニッジ標準時 139
クレジットカード 67, 68
グローバル・ネットワーク 175
クロロホルム 231
軍事用無線 152
軍事用ロケット 270
軍事ロボット 77, 78

け

経口接種ワクチン 243
蛍光灯 181, 183
蛍光ペン 73
計算機 66
軽食 198–99
携帯型ゲーム機 210, 211
携帯電話 143, 144, 145, 282
携帯用除細動器 233
ゲイツ、ビル 170
ゲーム 208–11
ゲーム機 210–11
撃発雷管 31
消しゴム 72
下水道システム 212
血圧計 229
血糖測定器 229
月面車 275
ケブラー 65
検眼鏡 228
現金自動支払い機(CD) 67
健康 222–49
原子 57, 139, 183, 225, 227, 235
原子時計 139, 265
拳銃 31
原子力 57
原子力船 106
原子力潜水艦 113
懸垂式モノレール 130–31
建設 48–49
建築技術 48–49
顕微鏡 234–35
原油 56

こ

ゴアテックス 219
航海 16–17
航海術(ナビゲーション) 16, 17, 110–11, 264, 265
航海時計 110–1
工業化 22–23, 52–53
公共交通機関 100–01
航空機 114–23
──ロケット推進航空機 271
航空母艦 114–15
甲骨文字 34
工場 52–53, 54–55
恒星 37, 252–59
高精細度テレビジョン 163
合成繊維 64, 219
抗生物質 233, 241
鉱石ラジオ 150–51
高速自動車道路 103
鋼鉄 48–49
交流(AC) 60, 61, 187
抗力 117
コードレス電話 145
コーヒーメーカー 194
小型カメラ 158
国際宇宙ステーション(ISS) 277, 278, 279
穀物倉庫 11
コクラン、ジョセフィン 192
焦げ付かないフライパン 195
古代ギリシャ(人) 16, 20–21, 22, 106, 112, 90, 198, 228
コペルニクス、ニコラウス 259
コレステロール 233
コロッサス 170–71
コロとソリでの運搬 12
コンタクトレンズ 248
コンテナ船 109
渾天儀 36
コンバインハーベスター 47
コンパクト・ディスク(CD) 207
コンパス 17, 258

索引

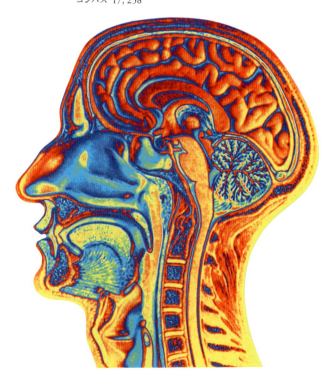

コンピューター 148–49, 170–77, 209, 210–11
コンピューター・プログラム(を入力する) 171, 177
コンピューター制御望遠鏡 253

さ

サーチライト 183
災害救助ロボット 79
細菌 233, 234, 235, 237, 241, 242, 244
サイクロン式掃除機 201, 202–03
再使用型ロケット 269
再生可能エネルギー 58–59
栽培化 10, 11
砕氷船 106–07
作物 10, 44–45
サターンV 269, 27
殺菌 237
殺虫剤 45, 47
サリュート宇宙ステーション 276
サルファ剤系合成抗菌薬 233
産業革命 40, 52–53, 56, 102, 176, 218
産業用ロボット 76
三段櫂船(トライリーム) 16

し

西陵氏(シーリンシ) 290
ジェイムズ・ウェブ・宇宙望遠鏡 280
ジェット機 120–21
ジェット式注射器 243
ジェニー紡績機 52
ジェミニ宇宙船 272
ジェンナー、エドワード 242
ジオット探査機 286
紫外線 253
歯学 246–47
歯科用充填剤 247
時間(時刻) 138–4
時間帯 13
磁気テープ 205
磁気浮上式鉄道(マグレヴ) 129
ジグソーパズル 208
シコールスキー、イーゴリ 122, 291
地震検出器 36, 37
ジッパー 221
自転車 84–87, 119
自転車のベル 84
自転車用ヘルメット 85
自動運転車 95
自動運転配送ロボット 79
自動結束ベーラー 47
自動車 54–55, 92–97
　　──カータワー 98–99
　　──ヘッドライト 182
自撮り 147
四分儀 110
事務用品 72–73
指紋認証 147
車軸 13
写真撮影 156 59, 252
車輪 12–13, 22–23, 93
ジャンク船(中国) 18
銃 30–31
集積回路(マイクロチップ) 283
重力 117, 258
手術 230–31, 236, 237

手術支援ロボット 239
手術時の感染予防 237
ジュノー探査機 287
手砲(ハンドキャノン) 29
手りゅう弾 30
狩猟 8
シュワっと泡立つ飲み物 199
笑気 231
蒸気機関 46, 52–53, 56, 106, 126–27, 128, 268
蒸気船 108
蒸気船グレート・イースタン号 108, 137
蒸気船グレート・ブリテン号 41, 106
蒸気ハンマー 41
消毒薬 236, 237
小惑星 286
ジョーンズ、エルドラド 289
初期の機械装置 22–25
食料(食物) 44–45, 194–99, 283
　　──宇宙食 279
織機 24, 53, 218
食器洗い機 192
シルク産業 244, 290
歯列矯正具 247
信号機 102
人工心臓 249
人工身体補助器具 248–49
人工素材 64–65, 219
人工知能(AI) 76, 77, 285
シンコム3号 265
腎臓透析 238
心電計(ECG) 229

す

水耕栽培 44–45
水車 22–23, 27
水車を回す 22
水準器 41
彗星 286, 287
水洗トイレ 212–13
推力 117
水力 5
スーパーコンピューター 148–49
スーパートイレ 213
スーパーバイク 91
スカイラブ 276
犂(プラウ) 11
スキューバダイビング 113
スクーター 91
スケートボード 88–89
スタチン 23
スティック・チャート(ポリネシア) 16

ステープラー 72
ストックトン・ダーリントン鉄道 126, 128
ストリーミング 163
スナップボタン(ホック) 221
スニーカー 218
スパイ衛星 262
スパナ 41
スパンデックス 65
スプートニク1号 260, 268
スプリングホック 220
スペース・ローンチ・システム(SLS) 271
スペースシップワン 271
スペースシャトル 269, 271, 273, 278
スペースブランケット 282
スマートウォッチ 14
スマート・バイク 85
スマートフォン 69, 145, 146–47, 205
スマート冷蔵庫 197
スライス食パン 199
スワン、ジョゼフ 180–81

せ

静止軌道 261, 264, 265
青銅器時代 9
製瓶機 53
赤外線 252, 253
赤外線天文衛星(IRAS) 255
石炭酸 236, 237
石版印刷 33
石器時代 8
石鹸 237
ゼリグナイト 51
セルフ・レジ 67
セルロイド 62
ゼロカーボン・シティ 59
洗剤 193
戦場用ロボット 79
潜水(潜行) 113
潜水艦 112–13
潜水艇 112
洗濯 192–93
洗濯機 192–93, 202
穿頭術 230

そ

倉庫 70-71
掃除機 200–03
ソーラー・プレーン 121
ソーラー・ボート 109
ソナー 111
ソニー・ウォークマン 207
ソユーズ宇宙船 274, 2 5
空引機 24

た

ダ・ヴィンチ、レオナルド 26–27, 113, 288
タートル(潜水艦) 112
タービン駆動船 109
タルボット、ウィリアム・ヘンリー・フォックス 156, 289
耐火性 283
大西洋横断ケーブル 137
ダイソン、ジェームズ 201, 202–03
タイタン 285, 287
ダイナマイト 50, 51

ダイナモ 187
ダイナリグ 105
タイプライター 167
太陽系 284–87
太陽光（発電）58, 184–85, 261,
　楕円軌道 261
ダゲレオタイプ（による画像）156
多重スペクトル画像 262
多重録音 205
脱穀もみすり機 46
脱水機 193
タッチスクリーン技術 173
タッチパッド 173
タッパーウエア 195
種まき機 44
タブレット（コンピューター）173
弾丸列車 129
探査ロボット 78
炭疽 244, 245

ち
張衡（チァンホン）36–37
チェス（を指すコンピューター）209
地下鉄 128
地球観測衛星 262
蓄音機 187, 204, 206
地図 16, 263
チップ（コンピューター・チップ）147
地動説（太陽中心説）258, 259
地熱発電 58
チャリオット（二輪戦車）14, 15
注射器 242
超大型望遠鏡（VLT）252–53
超音波スキャナー 224
超高層ビル 48–49
朝食用シリアル 199
聴診器 228
潮汐エネルギー 59
直流（DC）60, 61, 187
チョコバー 198
鎮痛剤 232

つ
ツィオルコフスキー、コンスタンチン 268
通信衛星 264–65
月 258, 273, 275, 280, 284

て
ディーゼル電気機関車 128
ディープ・スペース 1 271
低温殺菌 244
デーヴィー、ハンフリー 132, 180
テープレコーダー 205
手織り機 24
テキスト送信 143
テクニカラー（社）160
デジタル画像 282
デジタルカメラ 159, 282
デジタル時計 141
デジタル放送 163
デジタルラジオ 51, 152, 153
デジタル録音 205
テスラ、ニコラ 60–61, 188–89
テスラコイル 61, 189
鉄器時代 9
鉄橋 48
鉄道 126–33, 138
鉄の肺 232
手巻き式ラジオ 151
テレビ 162–65, 264
テレビゲーム 210–11
電気 61, 182, 185, 187
　——高電圧 188–89
　——電気で通信 137
　——電池 190–99
　——電力供給 57
　——動物電気 190
　——発電 57, 181
電気カミソリ 215
電動自転車（eバイク）86
電気自動車 94, 95
電気ドリル 42
電球 180–81, 182, 183, 186, 187
点字（ブライユ） 167
電子 162, 181, 183, 235
電子看板 168–69
電子顕微鏡 235
電磁石 136, 137
電子制御生産ライン 54–55
電子レンジ 195
電信 136–37, 186
天体写真 252
電卓 73
電池 187, 190–91
電動エアタクシー 123
天動説（宇宙の地球中心説）259
天然痘 242, 243
電波 111, 150–51, 209, 225, 254, 263, 264
電波望遠鏡 254
天文学 36, 37, 252–79
電話 142–47, 249
電話交換局 143

と
トイレットペーパー 213
道具
　——現代の道具 40-43
　——古代の道具 8–9
灯台 16

道路 102–03
道路をゆく 14–15, 84–103
トースター 194
時計 138-4
土星 285, 287
豊田佐吉 291
トラクター 46-4
トラベラーズチェック 68
トランジスタ・ラジオ 153
トリップハンマー 23
ドリル
　——歯科用 247
　——電気 42
トルク 41
トレイナー（スポーツシューズ）218
トレヴィシック、リチャード 126
ドローン
　——撮影用 159
　——宅配用 124–25
　——農薬散布用 47
　——旅客用 123

な
内視鏡 224
ナイト、マーガレット 289
内燃機関 94, 268
ナイロン 63, 219

に
ニアーシューメーカー探査機 286
荷車 13, 14, 37, 94, 126, 200
ニュー・ホライズンズ（無人探査機）287
ニューコメン、トマス 52
ニュートン、アイザック 254
人間型ロボット（ヒューマノイド）77
任天堂（ニンテンドー）210, 211

ね
ネオンの光 182–83
ねじ切り旋盤 40
熱気球 122
練り歯磨き 214
粘着テープ 72

の
農業 9, 10–11, 44–47
農業革命 10
農耕（農業）9, 10–11, 44–47
ノーベル、アルフレッド 50–51
乗合バス 100

索引

299

索引

歯 246–47

は

パーキングセンサー 93
バーコード 67
ハーシェル、ウィリアム 254
バーナーズ＝リー、ティム 174, 288
バイキング（ノース人） 18
バイキング周回探査機（オービター） 285
ハイブリッド車 95
ハイブリッド船 107
バウハウスの校舎 49
宝船（バオチュアン） 19
ハガキ 166
白熱電球 181
歯車 27, 86, 93
バス 100–01
パスツール、ルイ 234, 235, 242, 244–45
パソコン 171, 172–73
バックル 220
発光ダイオード（LED） 168, 181, 183
発電所（英） 57
発電所（米） 181
発電道路 103
ハッブル宇宙望遠鏡 2
花火 28, 268
羽根ペン 35
パピルス 34
歯ブラシ 46
バブルラップ（プチプチ） 73
バベジ、チャールズ 170, 176, 177, 288
バミューダリグ（帆装） 105
パラセタモール 232
ハリントン、ジョン 212
ハレー彗星 286
版画 35
反射ジャケット 85
反射望遠鏡 252, 53, 254
帆船 18–19, 104–05

絆創膏 237
半導体 153, 181, 183
ハンナ、マーク 289

ひ

ヒエログリフ 34, 35
光 180–83
　——電子看板 168–69
　——分光 253
光ファイバーケーブル 265
ひき臼 24
ビゲロー膨張式活動モジュール 277
飛行（フライト） 116–23
飛行船 122
飛行艇 116–17
ピストン 93
非接触型ICカード 69
ビチューメン（アスファルト） 102
筆記 34–35, 166–67
ビットコイン 67
ビデオデッキ 161
日時計 138
日焼け止めローション 21
病院の衛生管理 236
肥沃な三日月地帯 10
火を起こす 8
ピンホールカメラ（針穴写真機） 156

ふ

ファスナー（留め金具） 220–2
火車（ファチャ） 30
フィラエ着陸機（ランダー） 287
フィラメント 181
フィルム
　——映画用フィルム 160–61
　——写真用フィルム 157
フーヴァー掃除機 20
風車 25
風船ガム 199
フードプロセッサー 195
風力 25, 58, 59
フォード、ヘンリー 92, 96–97
フォン・ブラウン、ヴェルナー 269, 270
武器（兵器）
　——核兵器 17
　——火薬兵器 28–9, 30–31
　——ロケット兵器 268 270
複合顕微鏡 234, 235
仏教 13
フック、ロバート 234
船 16, 18–19, 104–11, 114–15
フライヤー号 118–1
ブラウン管（CRT） 162, 224
ブラジャー 218
プラスチック 62–63
プラスチック・ボトル 63
プラスチック紙幣 69
プラスドライバー 43
フラッシュ撮影 157
フラットスクリーン・プラズマテレビ 165
フラップ 117
フランクリン、ベンジャミン 190, 289
フリーズドライ食品 283
フリントロック式銃 31
ブルートゥース・ヘッドホン 207
ブルネル、イザムバード・キングダム 41, 106, 108, 288
プレイステーション 211
プレスカメラ（報道用カメラ） 158
フレミング、サンドフォード 139, 288
プログラム言語 171
プロペラ 106, 107, 120
分光学 253

へ

ベアード、ジョン・ロジー 162
ヘアスプレー 215
米ドル 68
ベークライト 63
ペースメーカー 248
ヘッドライト 182
ペットロボット 78
ペナダレン号 126
ペニシリン 241
ベネラ計画 284
ヘリコプター 122
ベル、アレクサンダー・グラハム 142, 145
ベルクロ® 221, 283
ペン 35, 166

ほ

ボイジャー宇宙探査機 284, 287
ホイヘンス、クリスティアーン 141, 289
ホイヘンス着陸機 287
望遠鏡 252–59
方向誘導戦車 36
放射性同位体熱電気転換器（RTGs） 284
放射能 227
防水生地 218, 219
放送 162
ポータブル・テレビ 165

300

ボードゲーム 208, 209
ボールバロー 202
ボールペン 166
ポスト・イット・ノート(付箋) 73
ボストーク1号 72, 275
ポストミル風車 25
補装具 248–49
ボタン 220, 221
補聴器 248, 249
ポッドカー 101
ホッパー、グレース 171
ホモ・ハビリス 8
ポラロイド・(ランド)カメラ 59
ポリエチレン 62
ポリスチレン 63
ポロニウム 227
ポンプジェット 107

ま

マーキュリー計画 274
マイクロプロセッサー 171
マイクロホン 204
マイクロメータ 42
マウス(コンピューター) 171
マウンテンバイク 87
曲がるディスプレー 65
巻き尺 42
馬鍬 10–11
麻酔 230–3
マスダール・シティ 59
マッキントッシュ・コート 218
マッチロック式銃 30
マッツェリガー、ジャン・アーンスト 290
マニキュア液 214
マニ車 13
マラリア 233
マリナー9号 286
マルコーニ、グリエルモ 150, 290
丸鋸 40
マン・オブ・ウォー(軍艦) 104
マンガーノ、ジョイ 290

み

ミール宇宙ステーション 277, 279
ミシン 218
水くみ水車(ノーリア) 22–2
水治療 216–17
水時計 140

む

無重力 278
無線技術(ワイヤレス) 145, 207

め

冥王星 287
メイソン、スタンリー 63, 290
メガネ 248
メソッド-2 ロボット 80–81
メンローパーク 186

も

モールス符号 136, 137, 151
木星 258, 285, 287
木版画 33

モデルT 92–93, 96–97
モンタギュー、ジョン 290–91

や

屋根なし四輪馬車 15

ゆ

油圧昇降式椅子 246
有機ELテレビ 165
有刺鉄線 47
誘導モーター 6
郵便切手 166
郵便制度 166
輸血 238, 239

よ

揚水(水のくみ上げ) 22, 27
揚力 116, 117, 122
ヨット 104–05

ら

ライカ 260
ライト兄弟 116, 118–19
ライフジャケット 104
ラヴェル、バーナード 254
ラウジング、ルーベン 291
ラヴレス、エイダ 176–77
ラウンドシップ 19
ラジウム 227
ラジオ 150–53, 264
ラダイト 52
ラップトップ・コンピューター(ノートパソコン) 172-73
ラマー、ヘディ 290
ランドサット1号 262

り

リカンベント 87
力織機 53
リスター、ジョゼフ 236, 237
リッティ、ジェームズ 66, 291
リッペルハイ、ハンス 252, 254
リノリウム 64
リモートセンシング衛星 261, 262, 282
リュミエール兄弟 16

る

ルービックキューブ 209
ルナ3号 284
ルノアール、エティエンヌ 94

れ

レイク、サイモン 112, 290
嫘祖(レイズー) 290
冷蔵庫 196–97
レーザーカッター 43
レーザー眼科手術 239
レーザー水準器 43
レーザー光 183
レーダー 11
レーダー衛星 263
レコード 206
レコード音楽 204–05
レゴブロック 209
レジスター(金銭登録機) 66

列車 126–33
レンズ 234, 248, 249
レントゲン、ヴィルヘルム 224

ろ

ローター・ブレード 122
ローパー、シルヴェスター 90
(古代)ローマ人 15, 20, 21, 44, 58, 102, 104, 98, 220
ロールプレイング・ゲーム 209
六分儀 110
ろくろ 12
ロケット 260, 268–71
　──多段式ロケット 269
ロケット号(蒸気機関車) 127, 132
ロコモーション1号 132
ロスコスモス(ロシア連邦宇宙局) 280
ロゼッタ探査機 287
ロボット 76–8
ロボット船 109
ロボット掃除機 20
ロボット探査機 284–85
ロボノート 78
路面電車 100
ロングシップ 18

わ

ワールド・ワイド・ウェブ 174–75
ワクチン接種 242–43, 244, 245
ワット、ジェームズ 52

索引

図版クレジット

Smithsonian Institution:
Tricia Edwards, Lemelson Center, National Museum of American History, Smithsonian

Dorling Kindersley would like to thank:
Ellen Nanney from the Smithsonian Institution; Square Egg Studio for illustrations; Liz Gogerly for writing pp.288–291 Ingenious Inventors; Helen Peters for the index; Victoria Pyke for proofreading; Charvi Arora, Bharti Bedi, Aadithyan Mohan, Laura Sandford, and Janashree Singha for editorial assistance; Revati Anand and Baibhav Parida for design assistance; Surya Sarangi and Sakshi Saluja for picture research; Vishal Bhatia for CTS assistance; and Nityanand Kumar for technical assistance.

The publisher would like to thank the following for their kind permission to reproduce their photographs:

(Key: a-above; b-below/bottom; c-centre; f-far; l-left; r-right; t-top)

1 Getty Images: Science & Society Picture Library. **2–3 Alamy Stock Photo:** dpa picture alliance archive. **4 Alamy Stock Photo:** Akademie (crb); Nick Fox (cra); Science History Images (cr); Christopher Jones (cr/ketchup). **Bridgeman Images:** Archives Charmet (tr). **Getty Images:** Saro17 (crb/bike); Time Life Pictures (cra/Vinci). **iStockphoto.com:** crokogen (br). **5 123RF.com:** Roy Pedersen (ca); Shutterbas (ca/flight); Andriy Popov (cra). **Alamy Stock Photo:** Sergio Azenha (c); Phanie (cra/laser). **Depositphotos Inc:** Prykhodov (c/phone). **Dreamstime.com:** Tamas Bedecs (tr). **ESA:** ESA / ATG medialab (crb/sentinel). **Getty Images:** De Agostini Picture Library (cb/engine); Bloomberg (tc); DAJ (cb/port); Heritage Images (cr). **Mary Evans Picture Library:** Illustrated London News Ltd (bc). **NASA:** (cr/EVA); JPL-Caltech / MSSS (br). **Science Photo Library:** NASA (crb). **6–7 Getty Images:** DEA / G. DAGLI ORTI (t). **7 Getty Images:** Print Collector (clb); Jacqui Hurst (cb); Science & Society Picture Library (cb/compass). **8 Alamy Stock Photo:** PjrStudio (c). **Getty Images:** CM Dixon / Print Collector (c); PHAS (ftr). **8–9 akg-images:** Erich Lessing (b). **9 Bridgeman Images:** (4th millennium BC) / South Tyrol Museum of Archaeology, Bolzano, Italy (fcr). **Dorling Kindersley:** Museum of London (cr). **10–11 Getty Images:** Florilegius (b). **11 Bridgeman Images:** Granger (crb). **12 Getty Images:** Print Collector (bc). **12–13 Getty Images:** SSPL (c). **13 Alamy Stock Photo:** Nick Fox (cr). **Getty Images:** SSPL (tr). **14 Alamy Stock Photo:** age fotostock (b). **Getty Images:** Leemage (cr). **15 Alamy Stock Photo:** Science History Images (clb). **Bridgeman Images:** Prehistoric / Ashmolean Museum, University of Oxford, UK (tc). **Getty Images:** Archiv Gerstenberg / ullstein bild (br); Science & Society Picture Library (c). **16 Alamy Stock Photo:** Lebrecht Music and Arts Photo Library (bl). **Mary Evans Picture Library:** The Mullan Collection (cl). **17 Alamy Stock Photo:** Granger Historical Picture Archive (c). **Getty Images:** Science & Society Picture Library (tc). **18 Alamy Stock Photo:** Steve Hamblin (cla). **Getty Images:** Science & Society Picture Library (bl). **18–19 Getty Images:** SSPL (b). **19 123RF.com:** Henner Damke (bc). **John Hamill:** (cr). **Imaginechina:** Wang Jinmiao (tc). **20 Bridgeman Images:** Galleria degli Uffizi, Florence, Tuscany, Italy (clb). **Getty Images:** Popperfoto (tl). **21 Alamy Stock Photo:** Science History Images (bc); World History Archive (t). **22 Collection and Archive of Museum of Kotsanas Museum of Ancient Greek Technology:** (clb). **22–23 Alamy Stock Photo:** Johnny Greig Int (b). **23 Getty Images:** Ann Ronan Pictures / Print Collector (tr); SSPL (cla). **24 akg-images:** Erich Lessing (c). **Alamy Stock Photo:** Antiqua Print Gallery (bl); Tim Gainey (br). **24–25 akg-images:** GandhiServe e.K. (t). **25 Alamy Stock Photo:** imageBROKER (br). **Getty Images:** SSPL (tr). **26–27 Getty Images:** Time Life Pictures. **28 Bridgeman Images:** Archives Charmet (cr). **Getty Images:** View Stock (l). **29 Getty Images:** Fine Art Images / Heritage Images (br); Ullstein bild Dtl. (t). **The Metropolitan Museum of Art:** Purchase, Arthur Ochs Sulzberger Gift, 2002 (bc). **30 Bridgeman Images:** Pictures from History (cl). **Dorling Kindersley:** © The Board of Trustees of the Armouries (cra, cr). **Tomek Mrugalski:** (bc). **31 Dorling Kindersley:** © The Board of Trustees of the Armouries (bl); Wallace Collection, London (t). **Getty Images:** DeAgostini (br). **32 Alamy Stock Photo:** HD SIGNATURE CO.,LTD (clb). **32–33 Alamy Stock Photo:** Josse Christophel. **33 akg-images:** Science Source (tc). **Dorling Kindersley:** Andy Crawford / Ray Smith (bc). **Getty Images:** Universal History Archive / UIG (cr). **34 Alamy Stock Photo:** Berenike (bc). **The Metropolitan Museum of Art:** Purchase, Raymond and Beverly Sackler Gift, 1988 (clb). **34–35 Getty Images:** Heritage Images (t). **35 Alamy Stock Photo:** PBL Collection (bl). **Getty Images:** De Agostini Picture Library (ca). **Science Photo Library:** British Library (cb) **36 Alamy Stock Photo:** Dennis Cox (c); kpzfoto (bc). **Getty Images:** Science & Society Picture Library (crb); SSPL (tlb). **37 Rex Shutterstock:** Roger-Viollet. **38–39 iStockphoto.com:** pr3m-5ingh. **39 Depositphotos Inc:** Mimadeo (cb). **Getty Images:** Bettmann (clb); Bloomberg (cb/SUVs). **40 Getty Images:** Historical (b); Science & Society Picture Library (cra). **41 Alamy Stock Photo:** Age Fotostock (crb). **Depositphotos Inc:** Hayatikayhan (bl). **Getty Images:** Photo 12 (tl). **42 123RF.com:** Anton Samsonov (br); Maxim Sergeenkov (cl). **43 Alamy Stock Photo:** Peter Llewellyn RF (cra); Erik Tham (c); Geoff Vermont (bc). **Getty Images:** Fertnig (bl). **44 Getty Images:** Science & Society Picture Library (tl, cl). **44–45 Getty Images:** Kerry Sherck (b). **45 Alamy Stock Photo:** Photofusion Picture Library (tl). **Avalon:** Woody Ochnio (cra). **Science Photo Library:** Martyn F. Chillmaid (cr). **46 Alamy Stock Photo:** The Print Collector (cr). **Dorling Kindersley:** Ernie Eagle (bc). **Getty Images:** Science & Society Picture Library (clb). **47 123RF.com:** Winai Tepsuttinun (t). **Alamy Stock Photo:** Islandstock (crb). **Dorling Kindersley:** Doubleday Swineshead Depot (clb); Happy Old Iron, Marc Geerkens (cra). **Getty Images:** STR (br). **SGC:** (ca). **48 Getty Images:** Neale Clark / robertharding (cl). **48–49 Getty Images:** The Print Collector. **49 Alamy Stock Photo:** Granger Historical Picture Archive (c). **Getty Images:** Bettmann (tr); Gregor Schuster (br). **50 Alamy Stock Photo:** Akademie (crb); Chronicle (cl). **Getty Images:** Heritage Images (tl). **51 Dreamstime.com:** Penywise (bl). **Getty Images:** Print Collector. **52 Getty Images:** Science & Society Picture Library (clb). **52–53 Dorling Kindersley:** Dave King / The Science Museum, London. **53 Alamy Stock Photo:** croftsphoto (br). **Bridgeman Images:** Hand-powered hydraulic press. Engraving, 1887. / Universal History Archive / UIG (cr); Power loom weaving, 1834 (engraving), Allom, Thomas (1804-72) (after) / Private Collection (br). **54–55 Science Photo Library:** Lewis Houghton. **56 Getty Images:** Hulton Deutsch (cla); Science & Society Picture Library (cra). **56–57 Getty Images:** Bloomberg (b). **57 Alamy Stock Photo:** Bildagentur-online / McPhoto-Kerpa (br). **Bridgeman Images:** Granger (cla). **Getty Images:** Science & Society Picture Library (c). **58 Alamy Stock Photo:** Paul Fearn (bl). **Dreamstime.com:** Mikael Damkier / Mikdam (tr). **Getty Images:** Mark Newman (c); Universal Images Group (crb). **59 Alamy Stock Photo:** Michael Roper (cl). **Dreamstime.com:** Neacsu Razvan Chirnoaga (tr). **Getty Images:** Iain Masterton (br). **60 Getty Images:** Bettmann. **61 Alamy Stock Photo:** Science History Images (clb). **Getty Images:** Science & Society Picture Library (cra); Roger Viollet (bl). **62 Science Photo Library:** Gregory Tobias / Chemical Heritage Foundation. **63 123RF.com:** Pauliene Wessel (bc). **Alamy Stock Photo:** Martyn Evans (ca); Christopher Jones (crb). **Rex Shutterstock:** AP (tr). **64 Alamy Stock Photo:** Anton Starikov (tr). **Science Photo Library:** Hagley Museum And Archive (bl); Patrick Landmann (cr). **65 Alamy Stock Photo:** dpa Picture Alliance Archive (bl); Image Source (c). **Depositphotos Inc:** Fotokostic (tr). **iStockphoto.com:** Marekuliasz (cla). **66 Alamy Stock Photo:** Paul Fearn (clb); LJSphotography (br). **Getty Images:** Science & Society Picture Library (cra). **67 Alamy Stock Photo:** Matthew Chattle (tc); Andriy Popov (cl). **Getty Images:** Ulrich Baumgarten (bl); Bloomberg (cr). **68 Alamy Stock Photo:** STOCKFOLIO ® (cr). **Dreamstime.com:** Andrew Vernon (bc). **Library of Congress, Washington, D.C.:** Library of Congress (136.04.00) [Digital ID# us0136_04] (cl). **69 Alamy Stock Photo:** David Izquierdo Roger (cra); MIKA Images (br). **Dreamstime.com:** Anurak Anachai (tr); Igor Golubov (cb). **70–71 Getty Images:** Bloomberg. **72 akg-images:** Interfoto (clb). **Alamy Stock Photo:** Joseph Clemson 1 (c); Granger Historical Picture Archive (crb). **73 Alamy Stock Photo:** Chris Willson (cr). **Dreamstime.com:** Alla Ordatiy (clb); Wittayayut Seethong (tl); Chee Siong Teh (br). **74–75 iStockphoto.com:** Dreamnikon. **76 National Museum of American History / Smithsonian Institution:** (cra). **Rex Shutterstock:** Sipa USA (tl). **77 Getty Images:** VCG (r). **Rex Shutterstock:** Ray Stubblebine (c); Seth Wenig / AP (clb). **Science Photo Library:** Peter Menzel (tl). **78 Depositphotos Inc:** Ilterriorm (bc). **NASA:** (br). **Science Photo Library:** Sam Ogden (tl). **79 Getty Images:** Bloomberg (cl); Chip Somodevilla (tr, bc). **Starship Technologies:** (cr). **80–81 Getty Images:** Chung Sung-Jun. **82–83 Getty Images:** Blackstation. **83 Alamy Stock Photo:** ITAR-TASS News Agency (cb). **Getty Images:** (cb/ship). **Rex Shutterstock:** TESLA HANDOUT / EPA-EFE (clb). **84 Alamy Stock Photo:** dumbandmad.com (bc). **Getty Images:** Culture Club (tr); Science & Society Picture Library (cl). **84–85 Getty Images:** NurPhoto (b). **85 Bryton Inc.:** (c). **Getty Images:** Andrew Bret Wallis (tr). **Lumos**

Helmet: (tl). **86 Alamy Stock Photo:** Alex Ramsay (cb). **Dorling Kindersley:** Bicycle Museum Of America (bl); National Cycle Collection (cla); Gary Ombler / Jonathan Sneath (cra). **87 Dorling Kindersley:** Bicycle Museum Of America (ca). **Getty Images:** Saro17 (bl). **88–89 iStockphoto.com:** Homydesign. **90–91 Alamy Stock Photo:** SuperStock (tc). **90 Getty Images:** Science & Society Picture Library (clb). **91 BMW Group UK:** BMW Motorrad (br). **Dorling Kindersley:** Motorcycle Heritage Museum, Westerville, Ohio (cra). **Dreamstime.com:** Austincolle (c). **Getty Images:** Science & Society Picture Library (tc). **Lightning Motorcycle/Worlds Fastest Production Electric Motorcycles:** (clb). **92 Getty Images:** Bettmann (cl). **92–93 Getty Images:** Joseph Sohm (c). **93 Getty Images:** fStop Images - Caspar Benson (crb). **magiccarpics.co.uk:** John Colley (bc). **94 Foundation Museum Autovision/Museum AUTOVISION:** (cb). **Dorling Kindersley:** Simon Clay / National Motor Museum, Beaulieu (cra). **Rex Shutterstock:** Gianni Dagli Orti (cla). **94–95 Alamy Stock Photo:** Drive Images (b). **95 Audi AG:** (cra). **Getty Images:** Owaki / Kulla (tr). **96 Alamy Stock Photo:** Granger Historical Picture Archive (cr). Image from the Collection of The Henry Ford: (cl). **Getty Images:** Bettmann (tl). **97 Alamy Stock Photo:** Granger Historical Picture Archive. **Getty Images:** Heritage Images (bl). **98–99 Alamy Stock Photo:** Fabian Bimmer. **100 Alamy Stock Photo:** Oldtimer (tr). **Getty Images:** Rolls Press / Popperfoto (bc); Ullstein Bild Dtl. (cl). **100–101 Getty Images:** Paul Kane (b). **101 Alamy Stock Photo:** Viennaslide (cra). **Getty Images:** Bloomberg (br); Underwood Archives (cla). **102 Alamy Stock Photo:** Studio Octavio (br). **Getty Images:** Javier Larrea (c). **103 Getty Images:** Keystone (b); VCG (tr). **104 Alamy Stock Photo:** Dudley Wood (tr). **Getty Images:** Bettmann (clb); Science & Society Picture Library (c). **104–105 © ORACLE TEAM USA:** Photo Sander van der Borch (c). **105 BURGESS YACHTS:** Rupert Peace (cr). **106 Alamy Stock Photo:** Lordprice Collection (clb). **Getty Images:** Science & Society Picture Library (cla). **106–107 Alamy Stock Photo:** ITAR-TASS News Agency (c). **107 Alamy Stock Photo:** Loop Images Ltd (cra). **iStockphoto.com:** crokogen (tl). **108 Dorling Kindersley:** Science Museum, London (cb). **108–109 SD Model Makers:** (b). **109 Alamy Stock Photo:** Chronicle (tl); dpa picture alliance (cb). **Getty Images:** Rainer Schimpf (cra). **Yara International:** (br). **110 Getty Images:** Imagno (clb); Science & Society Picture Library (cl). **110–111 Alamy Stock Photo:** Granger Historical Picture Archive (c). **111 Getty Images:** Todd Gipstein (br). **112 Dorling Kindersley:** The Royal Navy Submarine Museum (tl). **Getty Images:** Universal History Archive (c). **112–113 Getty Images:** Education Images / UIG (b). **113 123RF.com:** Roy Pedersen (bl). **114–115 Rex Shutterstock:** Sipa USA. **116–117 Copyright The Boeing Company. 116 Dorling Kindersley:** Real Aeroplane Company (bl). **Getty Images:** Science & Society Picture Library (tl). **117 123RF.com:** Shutterbas (tr). **Alamy Stock Photo:** Robert Harding (cla). **118 Getty Images:** Apic / RETIRED (tl). **118–119 Library of Congress, Washington, D.C.:** (c). **119 Alamy Stock Photo:** American Photo Archive (bc); Science History Images (tl). **Getty Images:** Universal History Archive (cra). **120 Bridgeman Images:** Avion de chasse Heinkel He 178 / © SZ Photo (tr). **Maurits Eisenblätter:** (b). **121 Alamy Stock Photo:** RGB Ventures (cl). **DARPA Outreach:** (br). **Getty Images:** NASA (tr); Jean Revillard-Handout (cr). **122 Alamy Stock Photo:** imageBROKER (cra). **Getty Images:** Barcroft Media (bl); Science & Society Picture Library (cla). **123 Lilium GmbH:** (b). **Volocopter:** Nikolay Kazakov (tl). **124–125 Getty Images:** Bloomberg. **126 Alamy Stock Photo:** Chronicle (tr). **Getty Images:** Science & Society Picture Library (b). **127 Dorling Kindersley:** The National Railway Museum, York / Science Museum Group (b). **iStockphoto.com:** Daseaford (r). **128 Alamy Stock Photo:** Archive PL (tr). **Dorling Kindersley:** National Railway Museum, York (bl). **Getty Images:** Science & Society Picture Library (ca, clb). **129 Getty Images:** Paul Almasy (cla); Gavin Hellier / robertharding (tr); VCG (b). **130–131 Alamy Stock Photo:** blickwinkel. **132 Getty Images:** Science & Society Picture Library (crb). **Science Photo Library:** Royal Institution Of Great Britain (cl). **133 Getty Images:** Science & Society Picture Library (bc). **134–135 Alamy Stock Photo:** Jochen Tack. **135 Alamy Stock Photo:** Sean Pavone (cla); Ahmet Yarali (ca). **Getty Images:** Ullstein Bild (ca/sea). **136 Dorling Kindersley:** The Science Museum, London (b). **Getty Images:** Print Collector (tr); DEA / A. DAGLI ORTI (ca). **137 Getty Images:** Science & Society Picture Library (tl); Universal History Archive (tr). **138 Alamy Stock Photo:** National Geographic Creative (cla). **Dreamstime.com:** Drimi (bl). **Getty Images:** FPG (br). **139 Alamy Stock Photo:** Greg Balfour Evans (cr); Lander Loeckx (t). **Getty Images:** Science & Society Picture Library (b). **140 Alamy Stock Photo:** DPA picture alliance (bc). **Dorling Kindersley:** The Science Museum, London (cr). **Getty Images:** SSPL (cl). **141 Cottone Auctions:** (tr). **Getty Images:** J. B. Spector / Museum of Science and Industry, Chicago (tl); SSPL (c); Neil Godwin / T3 Magazine (crb). **Seiko U.K Limited:** (bc). **142 Getty Images:** Stefano Bianchetti / Corbis (cla); SSPL (br). **143 123RF.com:** Antonio Diaz (bl). **Getty Images:** SSPL (cra); Welgos / Hulton Archive (tl). **Rex Shutterstock:** J. L. Cereijido / Epa (cb). **144 Getty Images:** Nicholas Eveleigh (bl). **145 Dreamstime.com:** Norman Chan (bl); Krystyna Wojciechowska - Czarnik (cl); Boris Fojtik (br); Kenishirotie (tc). **Getty Images:** Heuser / Ullstein Bild (tr). **146 Alamy Stock Photo:** Deezee / iPhone® is a trademark of Apple Inc., registered in the U.S. and other countries. (c). **Ericsson:** (tr). **147 123RF.com:** Shao-Chun Wang (bl). **Alamy Stock Photo:** Cristian M. Vela (tl). **Depositphotos Inc:** Prykhodov (br). **iStockphoto.com:** MarKord (cl). **Rex Shutterstock:** AP (tr). **148–149 Alamy Stock Photo:** Xinhua. **150 Dorling Kindersley:** The Science Museum, London (cla). **Getty Images:** Science & Society Picture Library (c). **Science Photo Library:** Miriam And Ira D. Wallach Division Of Art, Prints And Photographs / New York Public Library (clb). **150–151 Bridgeman Images:** Granger (b). **151 Alamy Stock Photo:** Ahmet Yarali (crb). **Science Photo Library:** Emmeline Watkins (tr). **152 Getty Images:** Science & Society Picture Library (r). **Mary Evans Picture Library:** Interfoto / Hermann Historica GmbH (bl). **153 akg-images:** Interfoto (c). **Alamy Stock Photo:** Jeffrey Blackler (bl). **Dreamstime.com:** Mphoto2 (crb). **Joe Haupt:** (cr). **154–155 Getty Images:** Ullstein Bild. **156 from Camera Obscura & World of Illusions, Edinburgh:** (bl). **Getty Images:** Science & Society Picture Library (r, cb). **157 akg-images:** Interfoto (cr). **Alamy Stock Photo:** imageBROKER (cr). **Getty Images:** Royal Photographic Society (tc); Science & Society Picture Library (bl, br). **158 Alamy Stock Photo:** Sergio Azenha (cr). **Getty Images:** CBS Photo Archive (cl, bl); Science & Society Picture Library (cl, bl). **159 Dreamstime.com:** Bagwold (tl). **Getty Images:** Digital Camera Magazine (bl); George Rose (tr); Hulton Archive (c); T3 Magazine (crb, br). **160 Alamy Stock Photo:** World History Archive (clb). **Getty Images:** Science & Society Picture Library (cl). **160–161 Getty Images:** Science & Society Picture Library (c). **161 Alamy Stock Photo:** David Cook / blueshiftstudios (cr); Mike V (br). **Getty Images:** Science & Society Picture Library (tl). **Toshiba Corporation:** (cra). **162 Alamy Stock Photo:** Darkened Studio (crb). **Dorling Kindersley:** Glasgow City Council (Museums) (bl). **Getty Images:** Fox Photos / Hulton Archive (cla); Thomas J Peterson (cra). **163 Alamy Stock Photo:** Goran Mihajlovski (clb); Hugh Threlfall (cra). **Getty Images:** Thomas Trutschel / Photothek (br); SSPL (tl). **164 Alamy Stock Photo:** Interfoto (bl, br). **Getty Images:** Steven Taylor (c). **165 123RF.com:** Sergey Kohl (clb); Andriy Popov (br). **Alamy Stock Photo:** Interfoto (cla); Vitaliy Krivosheev (c). **166 123RF.com:** Carolina K. Smith, M.D. (cr). **akg-images:** (bl). **Getty Images:** Science & Society Picture Library (cl). **167 Alamy Stock Photo:** imageBROKER (b). "Courtesy of Perkins School for the Blind Archives, Watertown, MA": (tr). **168–169 Alamy Stock Photo:** Sean Pavone. **170 Dorling Kindersley:** The Science Museum, London (cl). **Getty Images:** Joe McNally (tr). **170–171 Alamy Stock Photo:** Mike Stone (b). **171 Alamy Stock Photo:** Science History Images (tl). **Dreamstime.com:** Leung Cho Pan / Leungchopan (ca). **Getty Images:** Apic (cra); Mark Madeo / Future Publishing (crb). **172 Alamy Stock Photo:** Agencja Fotograficzna Caro (clb). **Getty Images:** Future Publishing (cla); Mark Madeo / Future Publishing (cr, br). **173 Alamy Stock Photo:** DJG Technology (c); Sergey Peterman (crb). **Dreamstime.com:** Alexander Kirch / Audioundwerbung (tr); Jovani Carlo Gorospe / iPad® is a trademark of Apple Inc., registered in the U.S. and other countries. (br). **Getty Images:** SSPL (tl). **174 Alamy Stock Photo:** ukartpics (c). **Science Photo Library:** CERN (b). **175 Alamy Stock Photo:** Ian Dagnall (bl). **© CERN:** (tr). **Depositphotos Inc:** simpson33 (crb). **Getty Images:** AFP (cla). **176 Getty Images:** De Agostini Picture Library (cl); Science & Society Picture Library (br). **176–177 Getty Images:** Print Collector (c). **177 Bridgeman Images:** British Library, London, UK / © British Library Board. (cra). **Fotolia:** Sai Chan / Zoe (br). **Science Photo Library:** European Space Agency / Cnes / Arianespace, Service Optique (cr). **178–179 Alamy Stock Photo:** Jerónimo Alba. **179 123RF.com:** Leo Lintang (cb). **Alamy Stock Photo:** Christina Peters (cb/mixer). **180 Alamy Stock Photo:** Artokoloro Quint Lox Limited (tr); Science History Images (c). **Getty Images:** Science & Society Picture Library (bl). **181 Dorling Kindersley:** The Science Museum, London (l). **© Philips:** Philips Hue Lights / Philips Lighting (tr). **182 Getty Images:** Tim Graham (cla). **182–183 Candice Gawne:** (b). **183 123RF.com:** swavo (br). **Alamy Stock Photo:** Hemis (tc); Jason Lindsey (cla). **Dreamstime.com:** Tamas Bedecs (cra). **184–185 Getty Images:** China News Service. **186 Alamy Stock Photo:** Pictorial Press Ltd (tl). **Getty Images:** Science & Society Picture Library (cl). **186–187 Getty Images:** Chris Hunter (t). **187 Alamy Stock Photo:** Falkensteinfoto (cra). **Getty Images:** Bettmann (bc). **Rex Shutterstock:** Ernest K. Bennett / AP (bl). **188–189 Getty Images:** Bettmann. **190 Science Photo Library:** Science Source (cl). **190–191 Reuters:** David Gray (b). **191 Depositphotos Inc:** Studioarz (ca). **Dorling Kindersley:** The Science Museum, London (t). **192 Getty Images:** Bettmann (cla). **192–193 123RF.com:** Stefano Sansavini (b). **Getty Images:** Science & Society Picture Library (c). **193 123RF.com:** Ivanna Grigorova (bc); Andriy Popov (cr). **Getty Images:** Science & Society Picture Library (tc). **194 The Advertising Archives:** (cl). **iStockphoto.com:** Blacklionder

図版クレジット

303

(tl). **Rex Shutterstock:** Alex Lentati / Evening Standard (c). **195 Alamy Stock Photo:** Cultura Creative (clb); Science photos (tl); Rasoul Ahadi Borna (bc). **Getty Images:** Pictorial Parade / Archive Photos (c). **196 Getty Images:** Science & Society Picture Library (r). **197 Alamy Stock Photo:** Bamboofox (cra). **Getty Images:** DAJ (tl); Ryan McVay (clb). **Samsung Electronics:** (br). **198 Alamy Stock Photo:** Martin Lee (tr). **Getty Images:** Bert Hardy Advertising Archive (b). **199 123RF.com:** Anurak Ponapatimet (bc). **Alamy Stock Photo:** Felix Choo (c). **Depositphotos Inc:** Mrsiraphol (cla). **iStockphoto.com:** Dbhanu (cra). **200 Science & Society Picture Library:** Science Museum (tl). **200–201 Bridgeman Images:** Private Collection / © Look and Learn (b). **201 Alamy Stock Photo:** Korn Vitthayanukarun (cb). **Getty Images:** Science & Society Picture Library (cl, tr). **202 Tony Buckingham:** (cl). **Rex Shutterstock:** (crb). **TopFoto.co.uk:** (tl). **203 Alamy Stock Photo:** Randy Duchaine (br). **204 Getty Images:** Science & Society Picture Library (tr). **Mary Evans Picture Library:** (b). **205 Alamy Stock Photo:** Julian Ingram (clb); Pillyphotos (cra). **Rex Shutterstock:** Gavin Roberts / Future Publishing / iPad® is a trademark of Apple Inc., registered in the U.S. and other countries. (br). **206 Alamy Stock Photo:** Lynden Pioneer Museum (tl); Yakoniva (br). **Getty Images:** Science & Society Picture Library (c). **207 Alamy Stock Photo:** Design Pics Inc (br); Granger Historical Picture Archive (tr); D. Hurst (cl). **iStockphoto.com:** Gratomlin (tr). **208 Alamy Stock Photo:** Heritage Image Partnership Ltd (c); Science History Images (bl). **Getty Images:** Yasuhide Fumoto (tr). **209 Alamy Stock Photo:** Tracey Lane (bl). **Dreamstime.com:** Bazruh (cb). **Getty Images:** STR (br). © 2019 The LEGO Group: (t). **210 Alamy Stock Photo:** Chris Willson (ca, bc). **Getty Images:** GamesMaster Magazine (cr). **National Museum of American History / Smithsonian Institution:** (clb). **211 Alamy Stock Photo:** B Christopher (cra); Mouse in the House (tc); Oredia (b). **212 Alamy Stock Photo:** ART Collection (cla). **Getty Images:** Otto Herschan (bl); Science & Society Picture Library (cr). **212–213 Mary Evans Picture Library:** INTERFOTO / Sammlung Rauch (c). **213 123RF.com:** Alexghidan89 (c). **Ningbo JT Intelligent Sanitary Ware Technology Co., Ltd.:** (br). **214 Alamy Stock Photo:** Neil Baylis (cl); John Frost Newspapers (br). **Getty Images:** Science & Society Picture Library (bl). **215 Alamy Stock Photo:** XiXinXing (br). **Getty Images:** Lambert (tr); Science & Society Picture Library (bc). **Mary Evans Picture Library:** Illustrated London News Ltd (cl). **216–217 Science Photo Library:** US PATENT AND TRADEMARK OFFICE. **218 123RF.com:** vitalily73 (tr). **Dreamstime.com:** Raja Rc (crb). **Getty Images:** Topical Press Agency (c). **Mary Evans Picture Library:** Illustrated London News Ltd (clb). **219 Bridgeman Images:** Peter Newark American Pictures (tr). **Dreamstime.com:** Ilja Mašík (c). **220 Depositphotos Inc:** pp_scout (b). **Getty Images:** H. Armstrong Roberts / ClassicStock (cb). **iStockphoto.com:** Kyoshino (crb). **Science Photo Library:** (clb). **The Metropolitan Museum of Art:** Gift of J. Pierpont Morgan, 1917 (c). **221 123RF.com:** Ellirra (tl). **Alamy Stock Photo:** Igor Kardasov (cb). **Getty Images:** POWER AND SYRED / SCIENCE PHOTO LIBRARY (cb). **222–223 Getty Images:** Science Photo Library - SCIEPRO. **223 Alamy Stock Photo:** Phanie (cb/eye); Kumar Sriskandan (cb). **iStockphoto.com:** Annebaek (clb). **224 Dorling Kindersley:** Science Museum, London (crb). **Getty Images:** Petershort (cl); Ariel Skelley (bl). **Wellcome Images http://creativecommons. org/licenses/by/4.0/:** (tr). **225 Getty Images:** Hero Images (tl); Alfred Pasieka / SCIENCE PHOTO LIBRARY (r). **226 Alamy Stock Photo:** Science History Images (c). **Getty Images:** Paul Popper / Popperfoto (bc). **227 Dorling Kindersley:** RGB Research Limited (tr). **Science Photo Library:** Library Of Congress (clb). **Wellcome Images http://creativecommons. org/licenses/by/4.0/:** (c). **228 Getty Images:** Science & Society Picture Library (ca, bl). **228–229 Getty Images:** Universal Images Group (b). **229 Depositphotos Inc:** Simpson33 (crb). **Getty Images:** Science & Society Picture Library (tl). **iStockphoto.com:** Annebaek (tr). **230 Alamy Stock Photo:** Heritage Image Partnership Ltd (clb). **Wellcome Images http://creativecommons.org/licenses/by/4.0/:** Science Museum, London (ca). **230–231 Wellcome Images http://creativecommons. org/licenses/by/4.0/:** Science Museum, London (c). **231 Getty Images:** BSIP (tr); Echo (cr). **Wellcome Images http://creativecommons. org/licenses/by/4.0/:** Science Museum, London (tl). **232 Getty Images:** Everett Collection Inc (bl). **Getty Images:** Denver Post (tl); Science & Society Picture Library (cr). **233 Alamy Stock Photo:** Joe Loncraine (br); Kumar Sriskandan (bl). **Getty Images:** Business Wire (cr). **Wellcome Images http://creativecommons. org/licenses/by/4.0/:** Science Museum, London (tl). **234 Alamy Stock Photo:** Pictorial Press Ltd (clb). **Dorling Kindersley:** The Science Museum, London (r). **Wellcome Images http://creativecommons.org/licenses/by/4.0/:** Science Museum, London (tl). **235 Alamy Stock Photo:** The Granger Collection (clb). **Science Photo Library:** Custom Medical Stock Photo (tl); Dr Tony Brain & David Parker (br). **236 Depositphotos Inc:** Monkeybusiness (tr). **Getty Images:** Bettmann (bl). **237 123RF.com:** Evgeniya Kramar (c); Tyler Olson (br). **Alamy Stock Photo:** Lowefoto (cla). **Wellcome Images http://creativecommons.org/licenses/by/4.0/:** Science Museum, London (tr). **238 Alamy Stock Photo:** Granger Historical Picture Archive (cl). **National Museum of American History / Smithsonian Institution:** (crb). **Science & Society Picture Library:** Science Museum (bl). **239 Alamy Stock Photo:** Phanie (cla). **Science Photo Library:** Peter Menzel (b). **240–241 Wellcome Images http://creativecommons. org/licenses/by/4.0/:** David Gregory & Debbie Marshall. **242 Getty Images:** Culture Club (bl); Science & Society Picture Library (c). **Wellcome Images http://creativecommons.org/licenses/by/4.0/:** Wellcome Collection (tl). **243 Reuters:** Khaled Abdullah (b). **Science Photo Library:** TSGT. DOUGLAS K. LINGEFELT, US AIR FORCE (tr); NIBSC (cl). **244 Getty Images:** Douglas Miller (cla); Science & Society Picture Library (crb, bc). **244–245 Getty Images:** Heritage Images (c). **245 Alamy Stock Photo:** The Granger Collection (cr). **246 Getty Images:** Science & Society Picture Library (tr). **Wellcome Images http://creativecommons.org/licenses/by/4.0/:** Wellcome Collection (clb). **246–247 Wellcome Images http://creativecommons. org/licenses/by/4.0/:** Science Museum, London (b). **247 Getty Images:** Barcin (cl); Science Photo Library - PASIEKA (tl). **Science Photo Library:** British Dental Association Museum (r). **248 Alamy Stock Photo:** Interfoto (cla). **Getty Images:** Science & Society Picture Library (cb); Thomas Trutschel (br). **Science Photo Library:** (cra). **249 Alamy Stock Photo:** WENN Ltd (bc). **Getty Images:** Martin Hunter (r). **Science Photo Library:** Hank Morgan (tl). **250–251 NASA:** NASA / JPL-Caltech. **251 NASA:** (ca, ca/ISS). **Science Photo Library:** Babak Tafreshi (cla). **252 ESO:** ESO / J. Emerson / VISTA. (cra). **Getty Images:** SSPL (cla). **Science & Society Picture Library:** Science Museum (ca). **252–253 ESO:** ESO / F. Kamphues (c). **253 Alamy Stock Photo:** Archive PL (tr). **Getty Images:** Science & Society Picture Library (cra). **NASA:** (crb). **254 Alamy Stock Photo:** The Granger Collection (c); ZUMA Press, Inc. (br). **Getty Images:** Science & Society Picture Library (bc). **SuperStock:** Iberfoto (tl). **255 Alamy Stock Photo:** NG Images (cl). **ESO:** (bc). **NASA:** (tr). **256–257 ESO:** ESO / B. Tafreshi (twanight.org). **258 Getty Images:** Alinari Archives (br); Print Collector (cl); Stocktrek Images (cr). **258–259 Wellcome Images http://creativecommons.org/licenses/by/4.0/:** (c). **259 Depositphotos Inc:** Prill (cra). **260 Alamy Stock Photo:** SPUTNIK (crb). **ESA:** ESA / CNES / ARIANESPACE-Optique Video du CSG, P. Baudon (bl). **Science Photo Library:** Detlev Van Ravenswaay (t). **261 ESA:** ESA / ATG medialab (t). **NASA:** (crb). **262 Getty Images:** Science & Society Picture Library (cla). **Science Photo Library:** US GEOLOGICAL SURVEY (crb); US AIR FORCE (clb). **263 DLR (CC-BY 3.0):** (b). **NASA:** (tr). **Science Photo Library:** NASA (cl). **264 Getty Images:** SSPL (crb). **NASA:** (cl). **National Air and Space Museum, Smithsonian Institution:** (bc). **265 Alamy Stock Photo:** Everett Collection Inc (tl); imageBROKER (b). **266–267 ESA. 268 Getty Images:** SSPL (cl); Sovfoto / UIG (bl). **Rex Shutterstock:** Sovfoto / Universal Images Group (tr). **269 Alamy Stock Photo:** Newscom (2/ca); SpaceX (ca); PJF Military Collection (cra). **NASA:** (l). **270 Alamy Stock Photo:** RGB Ventures / SuperStock (cr). **Getty Images:** Hulton-Deutsch Collection / CORBIS (l). **271 Alamy Stock Photo:** NG Images (b). **Getty Images:** Stephane Corvaja / ESA (l). **NASA:** JPL / Martha Heil (tc). **Rex Shutterstock:** Scaled Composites (cr). **272 Getty Images:** SSPL (cla). **National Air and Space Museum, Smithsonian Institution:** (r). **273 Getty Images:** Scott Andrews (c). **NASA:** (clb, crb). **Science Photo Library:** Detlev Van Ravenswaay (tl). **274 ESA:** ESA / NASA (bc). **NASA:** (cr). **Science Photo Library:** SPUTNIK (cl). **275 Getty Images:** AFP (bl). **NASA:** (t). **Science Photo Library:** SPUTNIK (br). **276 Getty Images:** SVF2 (tr). **NASA:** (bl). **Rex Shutterstock:** Sovfoto / Universal Images Group (c). **276–277 NASA:** (b). **277 NASA:** (ca, tr). **278 NASA:** (l, crb, bl). **279 NASA:** (tl, cra). **Rex Shutterstock:** George Frey (b). **280 ESA:** ESA–Pierre Carril (cra). **NASA:** (br); NASA / MSFC / David Higginbotham (cb). **281 NASA:** Bill Stafford (c). **282 123RF.com:** Valentin Valkov (clb). **Alamy Stock Photo:** Jurate Buiviene (tr); sportpoint (bc). **282–283 Getty Images:** Shaunl (b). **283 Alamy Stock Photo:** Björn Wylezich (ca). **284 Alamy Stock Photo:** Granger Historical Picture Archive (c). **NASA:** ARC (crb). **Science Photo Library:** GIPhotoStock (tl). **285 NASA:** (cl); JPL-Caltech / University of Arizona (tl); JPL-Caltech / MSSS (r). **286 ESA:** (tr). **NASA:** NSSDCA / COSPAR (c, bc). **286–287 NASA:** JPL-Caltech / SwRI / MSSS / Kevin M. Gill (b). **287 Getty Images:** ESA (tc). **NASA:** Johns Hopkins University Applied Physics Laboratory / Southwest Research Institute (JHUAPL / SwRI) (cr); NASA / JPL (cl). **292 Getty Images:** Science & Society Picture Library (bc). **293 Getty Images:** Chris Hunter (tc). **294 Alamy Stock Photo:** Granger Historical Picture Archive (bl). **Dreamstime.com:** Tamas Bedecs (tc). **295 ESO:** ESO / F. Kamphues (tr). **296 Dreamstime.com:** Alexander Kirch / Audiounderwerbung (tr). **297 Getty Images:** Alfred Pasieka / SCIENCE PHOTO LIBRARY (br). **298 Alamy Stock Photo:** Mouse in the House (bc). **299 Dreamstime.com:** Anurak Anachai (tl); Mphoto2 (br). **300 Dorling Kindersley:** Ernie Eagle (br). **301 Depositphotos Inc:** Mimadeo (br)

All other images © Dorling Kindersley
For further information see:
www.dkimages.com